苏州大学211工程第三期项目标志性成果

Integrating into City Life
Space Theory and Migrant Workers in Southern Jiangsu

空间理论视角的外来农民工城市融入问题研究

对苏南的考察

高 峰/著

本书获
国家哲学社会科学基金项目（06BSH022）
教育部人文社科重点研究基地重大项目（11JJD840004）
苏州大学211工程第三期项目的资助

科学出版社

内 容 简 介

本书是作者历经五年，对苏州、无锡、常州三市近 5000 名农民工进行城市融入行动实践过程和结果的实地考察的成果。研究发现：作为能动的个体，农民工与城市社会结构相互型塑，直至新的城市物质、社会和心理空间不断被"再生产"出来，从而逐渐满足农民工融城实践持续展开的需要。政府、企业和基层社会都应当充分关注城市"新工人"融城的冲动和力量，制度、市场、网络和文化也都应积极回应"新工人"的城市社会空间实践的渴求。只有实现农民工融城实践中物质空间、社会空间与心理空间的统一，才能实现农民工与城市社会关系的和谐。

本书可供关注当下中国新型城镇化进程中人口城镇化问题的专家学者、党政机关工作人员、高等院校相关专业师生及社会各界人士参阅。

图书在版编目（CIP）数据

空间理论视角的外来农民工城市融入问题研究：对苏南的考察／高峰著.
—北京：科学出版社，2013

ISBN 978-7-03-037407-3

Ⅰ.①空… Ⅱ.①高… Ⅲ.①民工–城市化–研究–江苏省 Ⅳ.①D422.64

中国版本图书馆 CIP 数据核字（2013）第 092564 号

责任编辑：林　剑／责任校对：赵桂芬
责任印制：徐晓晨／封面设计：东方文华

科学出版社 出版
北京东黄城根北街 16 号
邮政编码：100717
http://www.sciencep.com

北京中石油彩色印刷有限责任公司 印刷
科学出版社发行　各地新华书店经销

*

2013 年 5 月第 一 版　　开本：B5（720×1000）
2017 年 4 月第二次印刷　印张：12 3/4
字数：244 000

定价：160.00 元
（如有印装质量问题，我社负责调换）

前　　言

改革开放三十多年来，农民工日益成为城市经济发展重要的人力支撑，与此同时也与城市社会形成了彼此依赖而又矛盾重重的复杂关系。在当前，随着我国"人口红利"期即将结束，曾利用这一度高速发展的城市也将面临与此阶段相应的"人口负债"的压力。因此，解决好农民工与城市社会的关系问题，无论对农民工群体而言，还是对城市而言，乃至乡村都是事关前途命运的关键问题。本书正是基于以上背景而提出，希冀通过理论解读和实证研究，探索促进农民工与城市社会关系和谐的政策依据。

农民工城市融入问题以社会学理论来解读，在本质上属于个人与社会的关系问题。既然问题涉及"关系"双方，问题的解决自然要从两者自身及相互间的互动着手。以往农民工城市融入问题的研究较多分立于"城市社会"或"农民工"单个关系对象的立场来分析和提出问题解决的对策。这对于深刻剖析城市社会结构（制度、市场、文化、社会网络）层面阻碍农民工城市融入的因素，以及农民工个体层面影响其城市融入的原因是十分适宜的。然而，还需要从农民工与城市社会关系互动的角度，即将"城市社会"与"农民工"两者相统一的立场，来分析解决如何促进农民工融入城市或者二者相互融合的问题。本书抓住农民工城市融入问题研究转向的关键，以及和第一代农民工相比新生代农民工留居城市意愿日益趋强的现实，从而选择了考察"个人与社会关系问题"的"社会互构论"视角，具体以吉登斯的"结构二重性"观点与"城市社会空间"理论，实证分析了苏南地区外来农民工城市融入的问题。

本书根据相关理论，提出了"农民工基于个人的融城行动、体验在城市空间中与社会结构相互建构过程"的逻辑假设；以及"通过这种'个人行动-实践反思-社会结构'之间不断互为影响的过程，农民工展开融城实践的条件——'空间'被重新建构或'再生产'出来（'空间'因此也是农民工融城实践的结果），从物质、社会、心理三个层面来共同满足农民工与城市社会相互融合的需要"的假设。研究选取苏南地区（苏州、无锡、常州）农民工为研究对象，考察了自 2007 年 9 月至 2012 年 8 月期间在该地区务工农民工的融城实践行动，以及调研当地政府、企业对农民工融城实践行动的回应，还包括苏南地区城市社会结构中一些主要的制度、劳动力市场、文化心理及社会网络在与农民工融城实践行动互动过程中所发生的重要变迁。研究涉及的被访农民工近5000名，主要运用了问卷调查法和访谈法收集被访农民工融城实践的数据资料；运用个别访谈、座谈会形式向被访政府机关、企业收集了与农民工城市融入相关的政策出台、执行、评估与改进的文件资料；以及运用文献法梳理了全国乃至苏南地区涉及农民工城市融入问题的学术文献、政策文本以及媒体报道。对所获得的大量研究资料，课题组运用SPSS统计软件处理了问卷信息获得了量化研究结果；运用归纳法、比较法分析了访谈记录与各类文献，获得了详尽的定性分析结果。

研究结果表明：苏南地区农民工通过在居住、就业、劳动权益保护与救助、社会保障、日常生活空间（社区）以及心理层面展开的城市融入行动，对城市原有的户籍制度、劳动力市场结构、劳动权益保护与救助机制、社会保障制度、城市社会管理体制以及城市文化产生了冲击与影响，促成以上城市社会结构要素发生调整与变革。例如，苏南地区出现了满足农民工居住生活需要的"集宿区"、"租赁屋群"，从而改变了城市的住宅空间布局（包括依照住宅区空间布局而形成的生活圈布局）；城市工业、建筑业、服务业的兴起为农民工提供了大量就业岗位，引起城市的产业结构发生调整；农民工定居苏南的强烈期望和苏南地区工业发展对劳动力资源储备的内在要求，促使苏南城市逐步向农民工开放城市的公共服务系统；大量农民工留居城市，一方面改变了城市的人口结构，另一方面也对市民的日常生活与文化观念产生影响，从而触动城市更新其内在社会秩序的运行机制。由此，不仅吉登斯的"结构二重性"观点基于苏南地区农民工城市融入行动与城市社会结构互构共变关系的经验依据得到了验证；同时"城市社会空间理论"中的"实践的空间性""空间中的生产""空间生产包含物质、社会、心理三个层面与三者的统一""政府干预空间生产"以及"空间中的权力关系"的基本观点也在苏南地区农民工融城实践的结果中得到了证实。

对研究提出的农民工城市融入过程的假设，课题组还在苏南近代工业化以来流动农民工的融城生活史料中找到了实证依据。近代苏南农民工争取务工待遇的能动性社会实践，促成近代苏南资方为缓解劳资矛盾而纷纷响应当局政府倡导的"惠工"政策。这些政策既包括对农民工住宿、医疗、饮食等方面基本生活条件的改善，同时还包括对农民工开展识字教育、技术教育等提升劳工人力资本等"惠工之策"的施行。在当时的情形下，资方对农民工务工生活诉求的"让步"以及政府于社会管理之便对农民工融城生活需求满足的介入，都推动着农民工产生尝试适应和融入城市的更强冲动。由此，苏南地方社会借自近代以来工业文明先行萌发的历史优势，较早在全国形成显现了农民工融城行动与城市社会相互建

前 言

构与共变的关系。我们的研究发现,"苏南模式"乃至"新苏南模式"下的当代苏南工业发展路径与城市发展脉络,都能从近代苏南工业化形成的城市史中找到重要的历史根据。

最后,就社会融合情况而言,总体上苏南农民工处于城市的"半融入"状态,农民工户籍融入、就业融入和社会保障融入状况相对良好,而居住融入、社区融入、子女教育融入方面尚待促进。具体表现为:在苏南产业工人日益紧迫的城市融入需求对当地政府和资方形成的压力下,苏南农民工的户籍身份融入以"居住证制度"的探索和施行获得了制度层面的保障。苏南地区提供的相对开放的就业门槛,以及在政府大力倡导和资方积极配合下的人力资源培训制度,有力地促进了农民工在当地城市中的就业融入。苏南地区已能够做到农民工城市生活基本保障和险种的覆盖,借助"城乡一体化"的改革实践,实现了农村保障体系建设与城镇保障体系建设的有效对接,尽可能地解决农民工流动过程中的社会保障之忧。苏南农民工的居住融入尽管探索了"集宿制",但资本的力量对城市空间安排的影响仍不利于农民工的城市融入。当前苏南农民工及其子女的社区融入状况仍不容乐观,农民工的居住模式限定了农民工基于居住地融入城市社区的客观条件,以及农民工的城市生存现状也影响其社区参与。尽管苏南当地针对农民工的户籍制度、教育制度和社会保障制度改革成效显著,但苏南农民工子女的教育融入仍因受到城乡文化差异、家庭、学校、社区以及同辈群体因素影响而并不顺畅。由此,依据运用城市社会空间理论与吉登斯"结构二重性"理论对农民工城市融入问题实质及原因的重新解读,我们认为应当基于争取"空间公平、正义"的角度提出农民工城市融入问题解决的总体策略。策略设计应当是顶层性、长期性与综合性的,是涉及人口转型、城乡互融、社会和谐而影响深远的社会政策变革。

依据本研究,我们对促进农民工城市融入问题暨农民工与城市社会关系和谐问题的对策建议是:第一,政府和资方(企业)应当承担起改善农民工城市居住条件与环境的责任,而不能只索取农民工的劳动力价值却不顾劳动力可持续再生产的需要。此项政策建议是从保障农民工融城实践的"物质空间公平"角度而提出。第二,扩展农民工城市就业的社会空间,确立"劳动给养"的思维,并建立长期而有效的面向农民工人力资本提升的教育培训机制。第三,构建完善的农民工劳动权益保护与社会保障的实践空间,具体涉及农民工权益保护和社会保障的制度构建、利益表达机制的构建与个体维权能力建设。第四,深化户籍制度改革,力促城市社会公共服务向农民工群体的全面覆盖和在社区层面的落实。这项政策针对的则是农民工城市日常生活空间的扩展。第五,重视农民工群体健康精神文化生活的引领，培育农民工的城市心理归属，实现农民工融城实践物质空间、社会空间与心理空间的统一，实现农民工与城市社会关系的和谐。

目　录

前言

1 导论 ··· 1
  1.1 研究缘起与课题意义 ·· 1
  1.2 文献述评与研究目的 ·· 4
  1.3 研究设计 ·· 14

2 近代以来苏南地区工业化与流动农民工 ······························· 31
  2.1 近代苏南工业化与流动农民工 ··· 31
  2.2 "苏南模式"与"离土不离乡" ··· 34
  2.3 "新苏南模式"与外来农民工 ·· 36

3 农民工融城的物质空间实践：居住融入 ································ 40
  3.1 苏南外来农民工的城市居住空间评价 ································ 40
  3.2 农民工城市居住实践与结构性因素的互动影响 ···················· 45
  3.3 争取农民工居住空间公平的政策实践 ································ 58

4 农民工融城的社会空间实践：就业融入 ································ 70
  4.1 外来农民工的城市就业空间评价 ······································ 70
  4.2 城市劳动力市场对农民工就业融入的结构性影响 ················· 74
  4.3 苏南农民工就业融入的行动选择 ······································ 77
  4.4 扩展农民工城市就业空间的政策实践：以苏州为例 ·············· 80

5 农民工融城的社会空间实践：劳动权益保护与救助 ················· 84
  5.1 农民工劳动权益保护与救助的空间评价 ····························· 84
  5.2 苏南农民工的劳动权益保护与救助空间实践 ······················· 85

6 农民工融城的社会空间实践：城市社会保障 ... 91
6.1 农民工的社会保障空间评价 ... 91
6.2 苏南农民工城市社会保障空间实践 ... 92
6.3 苏南农民工城市社会保障空间实践：以医疗参保行动为例 ... 93

7 农民工融城的社会空间实践：社区融入 ... 112
7.1 苏南农民工城市社区融入的空间评价 ... 112
7.2 促进苏南农民工城市社区融入的政策实践 ... 114

8 农民工子女的城市社会空间实践：教育融入 ... 116
8.1 农民工子女教育融入的城市空间评价 ... 116
8.2 农民工子女教育融入的结构性约束 ... 118
8.3 苏南农民工子女教育融入的行动选择 ... 121
8.4 苏南地区推动农民工子女教育空间公平的政策实践 ... 127

9 农民工融城的心理空间实践：城市生活满意度与城市认同 ... 129
9.1 外来农民工融城实践的心理空间 ... 129
9.2 农民工融城实践的心理空间评价：以苏州为例 ... 130

10 研究总结论 ... 136
10.1 研究结论概述 ... 137
10.2 苏南外来农民工城市融入的空间评价 ... 140
10.3 农民工融城行动与社会结构相互建构的空间解读 ... 147
10.4 基于空间理论的外来农民工融城对策建议 ... 155

参考文献 ... 162

附录 ... 177

后记 ... 194

1 导　　论

1.1　研究缘起与课题意义

1.1.1　问题背景

我国大规模农民入城务工现象始于20世纪70年代末改革开放初期。在城乡户籍制度松动的最初十年（1978～1988年），农民进城务工人数就从几百万扩至4753余万（余红和丁骋骋，2004；苏黛瑞，2009）。"民工潮"开始替代"盲流"成为农民在春节前后集中返乡后又入城谋工的标签式话语，"农民工"一词亦成为这一群体的特殊称谓。以1992年邓小平南方谈话为重要标志，之后十年又因为我国户籍制度大尺度放开及城市发展对密集劳动力的迫切需要，1996年，农民流动至城市谋生的人数迅速增至8000多万（文军，2008），2006年农民入城务工数量已过亿（不含本地从事非农业务工农民）[①]。虽然1994年、1998年、2004年、2008年全球经济气候萧条引起"民工荒"现象在我国南部、东部地区局部波动，但农民外出务工大军仍潮涌不止（尽管农村新增剩余劳动力总量逐年下降，但当前我国工业化、城镇化发展仍对农民工存在巨大需求）。据国家统计局抽样调查结果推算，2011年全国农民工总量达到25 278万人，其中，外出农民工15 863万人，增加528万人，增长3.4%。住户中外出农民工12 584万人，举家外出农民工3279万，本地农民工9415万人。专家预测，到2030年，我国仍将面临2亿左右的农业劳动力转移压力。与20世纪农民工群体特征较为突出的一点不同是，"新生代农民工"成员数量激增。目前，"80后""90后"这些被称为"第二代农民工（新生代农民工）"的群体数量已占到了全部外出务工人员数量的半数以上（58.4%，截至2009年）。"新生代农民工"群体在他们的父辈外出务工三十年后替代他们的父辈成为中国当代农民工的主体。

[①] 根据全国第二次农业普查结果，2006年农业外出从业农民工达13 181万人。

农民大规模入城务工对中国经济与社会的整体改变引起世人关注。中外学者从不同侧面对"民工潮"现象的正、负两方面社会后果进行了研究与分析，并认为：农民工向城市的流动在宏观上对我国的产业结构、农村收入结构、城市消费结构、职业结构、社会阶层结构产生深刻影响，同时也直接影响了我国农村土地制度、户籍制度、社会保障制度与就业制度的变革（黄平，1997；苏黛瑞，2009；瑞雪·墨菲，2009；余红和丁骋骋，2004；韩长赋，2007；熊贵彬，2009）。微观上，农民工群体自身也经历了流动、返乡、适应、移居和融入城市的艰辛与忍耐过程，期间的身份转换、职业转换、观念转换及心理与交往方式的城市适应，都为这一群体及后代最终成为真正意义上的市民积累了经验和聚积了资本。农民入城务工带来我国工业的繁荣与城市的发展，农民外出打工为自身带来了非农收入、消费选择与市场信息。尽管如此，大量农民工群体进入城市谋生，对自己、对城市包括对农村仍不可避免产生了一些负面效应。对农村方面造成的负面影响主要包括：农业劳动力结构的女性化与老年化、农用耕地经营纠纷升级、农村生产型公共投入下滑、农村公共文化活动空洞化、农村民主选举形式化、农户生产和生活互助网络残损等（敖德玉等，2006；蔡昉，2007；杨建平等，2007；沈新坤和张必春，2009；周凯，2010）。对城市造成的压力包括：短期内大量无稳定收入、无固定居所农民工的聚居考验着城市的公共服务承载能力；遭受城市不公正就业待遇、政治排斥与社会歧视而产生失衡心理的农民工群体对城市公共安全保障形成挑战；长期流动而难以融入城市生活的农民工无法为城市企业形成稳定的、不断积累经验和技术的产业大军进而直接影响城市的工业发展、经济增长和财富创造（宋林飞，2005；李景治和熊光清，2006；韩俊，2009；孙秀林，2010；赵曼和刘鑫宏，2010）。如果说，农民工大量入城务工对城市和农村造成的负面影响就全国来讲还具有某种局部性和地区性特点（不同产业结构与社会管理体制的城市、不同经济积累与劳动力结构的乡村，农民工外出务工所造成的影响有所差异），那么，因为进城务工而对农民工家庭和自身所造成的负面影响则在全国都具有普遍性。例如，农民工城市劳动权益保障不全、农民工及子女城市公共服务资源共享的非均等化（文化、教育、体育、卫生）、农民工城市基本生活保障（衣、食、住、行）缺失、农民工缺乏市民身份认同感与城市归属感，以及农村留守儿童家庭照顾与养育的非正常化、农民工家庭关系与情感支持维系的脆弱化、农民工家庭经济开支的非理性化等。

从横向上看，农民工入城务工的社会后果形成了以上所谈到的正负两方面。纵向上，不同历史时期农民工群体所面临的社会问题不仅具有共性，更具有各阶段的特殊性，突出表现为：新生代农民工不仅面临着第一代农民工曾经历过的城市谋生问题，而且更面临基于他们已受现代化深刻影响而渴望融入城市谋求发展的问题。大量关于中国当代新生代农民工问题的研究已非常明确地指出了这一论点（刘传江等，2009；王春光，2010；李培林和田丰，2011；简新华，2011）。并且，当我们从农民工个体、家庭及群体的角度（从主体能动性的角度），而不只是从化解农民工入城务工对城市和农村造成负面影响的角度看农民工问题的解决，那么，当前对农民工问题的研究将不约而同地指向"外来农民工城市融入问题"这一选题。因为，农民工对城市的真正融入涉及农民工城市生存与发展的全部方面：从就业融入到获得稳定的收入与充分的劳动保障，从教育融入到获得有效的人力资本积累，从社区融入到获得城市公共服务资源，从公共参与融入到获得公民权与城市认同感，推动和促进农民工任何一个层面的城市融入都是在回应之前所述的我国农民工个人、家庭、群体在城市普遍存在并亟待解决的问题。

1.1.2 外来农民工城市融入问题研究的应然与实然

在我国，农民工城市融入问题研究的兴起与发展有其应然性与实然性。站在应然的角度，作为已被深刻卷入现代化进程并不断发生社会结构转型的国家，中国具体转型的过程与路径与西方发达国家有所不同，一旦学者借以西方现代化理论解读中国的现代化，发生在这一时期的农业工业化、农村城市化及农民市民化就自然被理解为中国现代化进程中所包含的三个维度，而其中农民市民化维度就是从现代化主体性角度来探讨中国的现代化进程。基于此维度的理解，农民要成为市民，不仅要到城市谋职以求生存，更要通过移居城市、融入城市并获得市民资格来实现个人的现代化。因此历经现代化转型过程的中国农民工群体，其融入城市的过程也不可避免要被予以学理性关注，它是借助西方现代化理论理解中国现代化进程不可或缺的一部分。也就是说，只要中国社会在当前所发生的社会结构变迁过程被认定为是西方现代化在中国的实践，那么依据西方现代化理论研究中国社会发展问题的学者就会认为：中国的社会必然经历一个从传统农业社会向现代工业社会转型的过程，中国的农业生产者也必然经历一个从农民到市民转型的过程，即西方现代化理论为学者们提供了中国农民工城市融入问题研究的应然性。

强调中国农民工城市融入问题研究的实然性则是，改革开放至今三十多年间，中国的社会领域的确发生了农民工大量入城并试图谋求生存之道与发展机遇的经验事实。在这些经验事实中，真切包含着农民工在城市构筑其生活世界的种种行动与体验——农民工融入城市的契机与阻力，农民工融入城市的期盼与失望。因此，从尊重社会客观事实的角度，以实证精神回应当代中国所发生的最具普遍性、复杂性与集群性的社会问题——农民工城市融入问题，通过研究这一问题而了解问题的表征、检视问题的本质、预测问题的走向，寻求解决农民工城市融入问题的方法与途径，这正是研究的一种实然性表现，即以解决农民工城市融入问题作为开展相关研究的主旨。

1.2 文献述评与研究目的

1.2.1 不同理论视野中的农民工城市融入问题研究

概括来看，当前关于我国农民工城市融入问题的研究主要涉及现代化理论、宏观社会结构理论、社会网络分析理论以及移民理论。

1.2.1.1 现代化理论对农民工城市融入问题的解读

现代化理论的核心议题是"什么是发展"及"如何实现发展"，兼论发展的主体、客体及原因。现代化理论将农民工城市融入问题纳入社会发展的范畴，学者们聚集在这一理论下集中探讨了农民工入城务工面临城市融入困境的必然性。在现代化理论看来，社会的发展是从"传统"社会向"现代"社会逐步变迁的结果，其中农民、农村及农业是传统社会的构件，而市民、城市及工业是现代社会的组成部分。以现代城市、现代工业、现代人作为现代化社会发展的目标，传统农村、传统农业及传统农民被认为是"落后的"与"守旧的"，农民一旦直接进入"先进的""革新的"的社会环境，在尚未理解现代社会规范、文化规则并掌握现代生产方式、生活方式的情况下直面城市社会系统，农民的城市社会适应与融入问题则必然会被提出来。农民如果不能够对城市产生"适应性契合"，不能够"融入城市"，就会陷入被"边缘化"的危险。站在城市的角度，现代化具体体现为"城市化"，而站在人的角度，现代化就体现为"市民化"，并且"人的现代化"即市民化是"城市化"即现代化的最终落脚点。正如美国著名现代化理论学者英克尔斯（1985）指出，现代化进程中，人是基本的因素。一个国家，只有当它的人民是现代人，它的国民从心理到行为都能转变为现代化的人格，它的现代政治、经济和文化管理机构中的工作人员都获得了某种与现代化发展相适应的现代性，这样的国家才可真正称之为现代化国家。因此在现代化理论

| 1　导　　论 |

看来，农民从农村社会关系中走出，进入城市社会系统，适应并融入城市且获得都市人格，现代化才得以真正实现。

国内学界，依据现代化理论研究我国农民工城市融入问题所得出的结论与上述判断大致吻合。一方面，农民工的城市融入过程被理解为这一群体放弃传统的"乡土性要素"而获得"城市性与现代性"的过程，另一方面，农民工城市融入受阻的原因主要归结为"农民工自身人力资本和文化资本的不足"（梁波和王海英，2010）。与此同时，一些学者超越"农民工借以城市融入单向实现由传统向现代转型"的思维，强调城市社会应对农民工城市融入的行动予以积极回应，从而突出城市社会与农民工以双向互动共同推进现代化进程的观点（张雪筠，2008；熊辉，2008）。总而言之，在现代化理论分析框架之下，"现代化"与"城市化"既是农民工融入城市之因，亦是农民工城市融入之果（市民化）；期间过程的顺逆既取决于农民工个体自身所具备的现代化素质条件与资源禀赋，同时也取决于城市社会对农民工城市融入的接纳程度，当然，城市社会与农民工群体的互动关系也是考量农民工城市融入现状的关键性要素。以现代化理论提出的加速农民工市民化进程的策略，主要集中于如何提升农民工现代化的人力资本和增强其城市文化禀赋，扩展城市社会接纳农民工的底线范围，以及改善城市社会与农民工群体间的互动关系。

1.2.1.2　宏观社会结构理论对农民工城市社会融入问题的理解

如果说现代化理论是从应然的角度提出了农民工城市融入问题的研究，并将农民通过融入城市完成市民的转变看成一个必然的社会发展过程，那么宏观社会结构理论则对农民工城市融入问题的审视铺垫了一个相对"悲观"的论调。在宏观结构理论者看来，个人的行动受制于具有整体意义的社会关系结构。城市社会的宏观结构表现为城市制度、规范及资源分配体系，农民进入城市后其就业、教育、居住、消费、娱乐等一切社会行动的结果取决于城市宏观社会结构对这一群体的容纳程度，农民进入城市只能是被动的适应一切。换句话说，社会宏观结构层面上的种种关系，如城乡关系等，是制约劳动力要不要，能不能，以及怎样由传统农业向非农业特别是城镇的工业和服务业转移的源头，也是转移以后这些个人又将如何生存、社会整体又将怎样演变的起因（黄平，1997）。不过，在农民工城市生活的经验层面，我们发现了农民工并非只是完全被动地适应城市，他们也有基于城市生存与发展的需要而主动抗争、策略应对城市的一面。（张友琴和李一君，2004；李阁魁和袁雁，2005；符平，2006；姚上海，2010）。宏观社会结构理论对农民市民化过程顺畅的判断尽管并不乐观，但它仍然有其解析农民

— 5 —

工城市融入问题的优势，它能更纯粹地提取阻碍农民工城市适应与融入的结构性因素（社会排斥理论视角下农民融入城市的障碍问题分析便是这种结构性因素的政策性考察），使我们拨开农民工对城市生活"委曲求全"的"表面化适应"，而更加深刻地反思既定的城市制度、规范与资源分配体系如何造成了农民工城市融入的障碍，即看到既有的城市社会结构对农民工来说最为"残忍"的一面，从而提醒我们如何在制度、规范与资源分配体系的政策操作层面，实现解决农民工城市融入问题的结构性调整与变革。

1.2.1.3 社会网络分析理论对农民工城市社会融入问题的关注

社会网络研究既是一种理论，又是一种分析方法，它之所以自20世纪90年代日益广泛应用于社会学、管理学等领域，正是得益于由默顿提出的"中层理论"研究的发展。社会网络分析方法为实现"大型理论"的可实证性提供了有效的分析途径。社会网络理论是以主体间存在的互动关系为分析对象的研究，社会网络理论、模型及应用的基础都是关系数据，关系是网络分析理论的基础（刘军，2004）。基于对关系进行的专门研究，社会网络理论强调个人的能动性，但另一面又避免低度社会化的预设，注意到社会网络形成的社会结构及社会制度对个人的约制；同时，个人的能动性还有可能改变这个约制人的社会结构（罗家德，2005）。我们从以上社会网络研究所确立的理论使命就可以看出，但凡关联社会结构与个体行动互为影响的主题，都可以尝试以社会网络的分析方法来予以研究，当然，社会网络研究得出的是有关"关系网"的结论，即"关系网"是一个怎样的结构？一定结构的"关系网"如何影响个体的行动选择？"关系网"包含什么样的资源？个体如何借助"关系网"及其资源达到行动的目标？一个即受制于社会结构又为主体能动性所影响的农民工城市融入实践正好切合社会网络分析的对象要求。如果说宏观社会结构理论侧重于分析农民工城市融入问题发生和持续的原因，那么社会网络理论则更适于分析既定社会结构中农民工城市融入的行动条件。

运用社会网络分析方法探讨我国农民工城市融入问题的研究十分丰富。早在20世纪90年代我国学者对北京"浙江村"的著名研究中就展现了农民工借助亲友网络或同乡网络入城务工、聚居城市而又策略应对城市人口管理政策的现实图景（王春光，1995；项飚，2000）。同时也有学者探讨了农民工社会网络对劳动力迁移所提供的保障与动力的双重作用（李培林，1996）。有学者集中讨论了我国城乡居民的社会支持网络结构及其对行动者的功用（张文宏和阮丹青，1999），也有学者的研究强调了农民工社会网络对农民工融入城市而实现再社化的重要性（渠敬东，2001）。在运用社会网络分析方法开展的农民工城市融入问题的研究中，还有大量的学者探讨了农民工社会网络中所包含的资源（如社会资本、文化资本等）状况及其运用（彭庆恩，1996；曹子玮，2002；刘传江和周玲，2004；刘辉武，2007；童星等，2010），还有学者对农民工社会网络进行了整体性分析（李树茁等，2006）。这些以社会网络分析方法对农民工城市融入问题的探讨为我们提供了大量的基于经验材料的实证分析，让我们看到了介乎宏观社会结构与微观个人行动之间中观层面的农民工城市融入万象。在社会网络分析下，农民工的城市融入问题关注的既不是制度这种宏大社会结构如何对个人产生限制，也非能动的个人对制度如何逐步消解，它关注的是一种由行动构成的关系网络结构与个人行动的相互影响。当然，运用社会网分析方法对我国农民工城市融入问题开展研究还不能仅局限于描述性研究和网络功能性的探讨，农民工的城市融入是一个现实议题。运用社会网络分析工具首先能够帮助我们认清农民工在融入城市过程中所构建的，为农民工所用又对农民工产生支持和限制作用的网络结构（目前多数这方面研究都能达到）；但同时，社会网络分析的结果要与化解农民工城市融入困境的途径思考相结合起来。如何借以农民工社会网络的支持功能有效促进农民工的城市融入，又如何引导农民工社会网络资源结构的升级以促进其在农民工城市生活实践中发挥正向的作用，这或许才是运用社会网络分析方法研究农民工城市融入问题的实践意义。

1.2.1.4 移民理论对农民工城市融入问题的研究

国外社会学界有关移民城市适应与社会融合的研究早期可以追溯到19世纪末以帕克为代表的芝加哥学派对移居美国的欧洲移民的城市适应研究，这与美国作为移民国家的历史背景密切相关。尽管移民理论发展至今从理论架构到测量体系都较为成熟，但西方国家涉及"文化适应"与"社会融合"的研究较多集中在国际移民问题方面，如"同化论"移民理论的代表人物之一的Gordon提出了用于测量族群社会融入的七个维度：文化接触、结构性同化、通婚、族群认同、偏见、歧视、价值和权力冲突，并将它们以"文化适应"和"结构融合"作为区分融合程度的重要尺度，认为"文化适应"并非一定导致"社会融合"的全面实现，而"结构融合"一旦发生，其他形式的社会融合就跟着自然发生（Gordon，1964）。美国社会史学家W·L·托马斯与波兰学者F·兹纳涅茨基在他们共同撰写的名著《身处欧美的波兰农民》中以移民理论的视角考察了19世纪末20世纪初大量移民美国的波兰农民，研究移民给波兰农民带来的生活变化与社会影响，并从一个侧面深入探讨了美国的种族问题。除了美国学者的移民问题研究，其他国家的如日本学者广田康生以"越境移民族群"为研究对象，通过考察流入日本的日裔巴西人、秘鲁人及亚洲各国的越境移民的移居生活，以日常实践的视角分析了越境移民族群在日本的生存适应、文化涵化、社会参与及城市认同的过程与结果，并将自己在1991~1997年近十年的研究成果汇总整理出版了专著《移民与城市》；我国留美学者周敏在20世纪90年代至今研究了移居美国的华人、越裔青少年、亚裔青少年融入美国主流社会时的城市适应与社会融合问题，并著有《唐人街：深具社会经济潜质的华人社区》《美国华人社会的变迁》《在美国成长：越裔青少年如何适应美国社会》《美国亚裔青少年文化与族裔认同》等著作。

就我国农民工城市融入问题的研究而言，学者们主要运用了移民理论中涉及"文化适应"与"社会融合"的观点进行具体分析。相关研究主要集中在三个层面：农民工城市社会融合度测量、农民工城市适应与融入影响因素分析、农民工城市问题融入的政策性研究。

在社会融合度测量方面，大量的学者借鉴了西方移民理论中的"社会融合"的概念体系与相应的测量指标对我国不同地区的农民工城市融入的状况进行描述性分析，如邓大松和胡宏伟（2007）所写的《流动、剥夺、排斥与融合：社会融合与保障权获得》；张文宏和雷开春（2008）所写的《城市新移民社会融合的结构、现状以及影响因素分析》；任远和乔楠（2010）所写的《城市流动人口社会融合的过程、测量及影响因素》；黄匡时和嘎日达（2010）所写的《"农民工城市融合度"评价体系研究——对欧盟社会融合指标和移民整合指数的借鉴》及《新市民社会融入维度及融入方式——以天津外来人口为例》等。这些农民工城市融合度测量的结果表明，当前我国农民工与城市总体上尚未实现深度的社会融合，不同城市的农民工在经济、政治、文化、心理各个层面的融入程度存在差异，同一城市不同职业、不同受教育程度、不同家庭经济状况及不同社会资本状况的农民工城市融入的程度存在差异。

在农民工城市适应与融入影响因素研究方面，学者们普遍认为：农民工的社会资本或社会网络是影响他们城市社会融合的重要因素；二元户籍制度下的流动人口管理制度，以及配套的社会福利制度对流动人口的限制与排斥对流动人口的社会融合有着根本性的影响；教育、培训及工作经历是流动人口人力资本积累的重要方式，并促进其社会融合；流动人口在劳动力市场的地位和处境，是他们社会融合状况的表现，也影响其社会融合的能力（任远和邬民乐，2006；刘玉照和梁波，2010；梁波和王海英，2010）。

针对农民工城市融入的原因及障碍，一些学者从社会政策的角度提出了解决策略。例如，有学者提出通过发展专业社区工作来使农民工有所依托而逐步融入城市，具体策略包括鼓励发展农民工社区组织、发展专业化的社区服务中心、制度的支持与资助保障、积极发展网络工作与合作关系、加强宣传教育工作营造社区文化（关信平和刘建娥，2009；马西恒和童星，2008）。有学者从风险社会理论的独特视角研究农民工城市融入问题，并提出了对农民工进行融入性教育策略的必要性和紧迫性（谢建设，2009）。有学者认为通过加大农民工融入性教育，让他们更有能力在激烈的市场竞争中站稳脚跟，真正实现其生存职业、社会身份、自身素质及意识行为向市民的转化（刘传江，2007）。有学者从政治排斥视角分析了农民工的城市融入，提出积极推动户籍制度改革，给予城市新移民以市民权；逐步放宽城市选区选民资格，将城市新移民纳入城市选举制度中来；促进城市社区建设和社区政治发展，加强社会融合；积极发展壮大党和人民团体的基层组织，拓宽城市新移民合法政治参与的渠道等应对策略（李景治和熊光清，2007）。还有学者从农民工城市融入政策体系构建的角度提出了融入政策制定的基本原则、社会融入政策行动及社区融入政策行动的政策建议（刘建娥，2011）。

1.2.2 文献总评与本研究的出发点和目的

关于我国农民工城市融入问题的研究主要基于两种视角：制度主义视角和主体性视角。从制度主义视角，社会学中的宏观社会结构理论与社会网络理论、宏观经济学中的制度变迁理论、政治学中的公民权理论及社会政策学中制度排斥的观点都能对农民工城市融入受阻的原因分析得出共同的结论：农村土地制度、城乡二元分割的户籍管理制度、社会保障制度、就业制度、教育制度、公共资源的分配制度及城市社区管理体制是阻碍农民工获得城市公平、公正待遇，掌握城市制度资源并融入城市社会的关键性壁垒。因而，从制度主义视角提出的解决思路侧重于"打破壁垒""消除排斥"和"促进融合"，强调从"制度革新"入手寻求问题解决的政策构想与操作规范。而从主体性视角，农民工在城市生活实践中的行动与体验、意识与评价、反思与再行动则是学者们考察的焦点。文化人类学中的行为适应论、社会心理学中的认同理论、微观经济学中的理性个人假定、人力资源管理中的人力资本论及移民理论对这些学科中涉及移民城市生活微观层面考察的综合，这些都从另一个侧面为农民工城市融入问题的解决提供了一个"主体能动性改变"的思路。思路中强调了农民工的"积极行动""实践性反思""合理性评价""理性选择""主动适应""正向认同与归属""能动性争取"及"自我意识提升"的个人化策略及其灵活运用。

尽管这些学者的研究分别表明:一些制度性原因对农民工的城市融入造成了客观性影响,以及农民工城市融入的个人化策略是影响农民工城市融入的主观性因素,但我们必须认识到,农民工对城市的融入既非仅仅取决于一个完善的制度,也非单单取决于农民工融入城市的个人化行动"蓝图"。很显然,农民工的城市融入实践既关联制度,同时也依赖于主体,融入实践活动是在二者的互构关系中展开①。如果没有结构性因素即制度所提供的拉动农民工融入城市的有利条件,农民工再有融入的渴望也只能对久居城市的梦想"望洋兴叹";而如果农民工因为各种原因无意于融入城市,缺乏融入的动机,再有利的城市制度设计对农民工而言也只能是"无关痛痒"。农民工既要在有利的社会结构中获得融入的可能,更要基于自己对这种可能的合理化解释来增强进一步融入城市的冲动。

那么,是否有一种分析思路能够在问题研究中考虑到"制度与行动者间相互建构"(或社会结构与个人行动之间相互影响)的情形?著名英国社会学家吉登斯的"结构二重性"正是这一分析思路的典型依据。

运用吉登斯"结构二重性"的观点理解农民工城市融入问题,其中一个分析的关键点就在于:行动者社会实践的时空性。时间和空间问题是吉登斯解释现代社会状况与特征的特殊方式(马尔图切利,2007)。个人的行动(社会实践)及由此而与社会结构发生的互动关联都发生在确定的"背景"(时间和空间)之中,脱离了具体的时间和空间,个体生活实践与社会结构之间互动交流的运动过程则被"遮蔽"而无从认知与理解。农民工城市融入问题在本质上探讨的是"个人的现代化实践"及"个人与城市社会的关系"问题,按照"时间"思维,我们要考量的是农民工的城市融入是"如何发生"又"怎样演变"的;而按照"空间"思维,理解农民工与城市社会相互融合过程的重点则是"行动者个体与社会结构在什么层面上互动"以及"互动的具体内容与结果",简言之,农民工与城市社会相互建构的过程不仅包含有时间维度上的推进,同时也包含空间纬度上的演化。"城市空间"即是农民工展开融城实践的场所,同时也是农民工融城实践所依赖的资源与条件,其中承载着农民工与城市社会相互建构的具体层面和内容。因此,对于农民工融入城市问题的研究,就既要探索时间规律支配下问题的发生和演变,又要探究空间因素影响下问题的表象和实质。除了吉登斯的"结构二重性"理论,对于涉及城市社会发展的一系列问题,自20世纪60年代

---

① 所谓"互构",是指社会关系主体之间的相互建构和相互型塑的关系,参见郑杭生和杨敏的《中国特色社会学理论的探索》(第一卷)。

| 1　导　　论 |

兴盛至今的"新马克思主义空间理论"成为紧扣空间因素的分析理据。在这一理论中,"城市空间"型塑个人与城市社会关系形态的关键性被突出出来,由此还原了"空间"作为人类一切社会关系形成与演变基础的根本属性。从马克思到列斐伏尔,经由哈维、卡斯泰尔再到苏贾,对城市的讨论无一例外要将"空间"作为认识问题的基础,以"空间"所包含的不同纬度解析城市问题的多元表象和内容实质。

依据以上分析我们认为,我国农民工城市融入问题的后续研究应当至少明确以下两点:第一,"农民工城市融入"这一当代现实问题,从社会学理论角度来看其问题的本质是什么,以及农民工的城市融入实践在本质上是一个怎样的过程;第二,全球化时代背景下,"空间公平""空间正义"被看成是实现当代城市社会和谐有序发展的关键,从城市空间社会理论我们要追问,已进入城市并于其中展开日常生活实践的农民工主体,其所寄寓的"城市空间"是否能满足他们的生活需要、是否能适应他们的特性及为他们所认同?哪些具体的原因(结构性、主体性)造成了农民工融城实践过程中的"空间非正义"与"空间剥夺"现象?具体而言,可以从以下几个方面进行分析。

(1) 从社会学研究元问题(个人与社会的关系问题)出发[①],农民工城市融入问题本质上探讨的是"农民工城市融入实践"及"农民工与城市社会的关系"问题。农民工融入城市的过程中,该群体与城市社会所形成的关系可能是矛盾的、冲突的,又或者是一致与和谐。什么原因造成农民工与城市社会的关系不协调?如何实现农民工与城市的关系和谐?前人对此的研究较多是在"制度"和"主体性"二元分立的格局下展开。尽管已有不少学者在研究中指出了农民工个体对城市的影响,但从"个人与社会相互建构"的角度阐释农民工城市融入过程与结果的研究还有待深入。同时,制度设计的落实无法离开行动者能动地选择与创造,个体的有意选择与无意行动也推动制度不断更新其内容与形式以适应行动者的要求,因此不仅分析的视角不能二元割裂,解决问题策略的提出更要两者相结合。我们既要积极改变对农民工城市融入的结构性制约,推动相关的制度创新,也要积极引导新生代农民工发挥自身优势,在一定时空中运用规则和资源,通过持续不断的能动的实践,探索自致路径,促进"社会拒入结构"的消解和重构(黄陵东,2011)。

(2) 按照现代化理论观点,传统农民融入现代城市是"城市化"的直接后

---

① "个人与社会的关系问题是现代社会一切问题的根源,是社会学的基本问题"。参见郑杭生和杨敏的《中国特色社会学理论的探索》(第一卷)。

果。而在新马克思主义学者看来,"城市"本身就是资本全球化下"空间重组与再造的产物",一切参与到"城市化"过程中的社会生产实践与个人的日常生活实践都不能忽略"城市空间"对其产生的影响。因此,中国农民工城市融入问题的探讨亦须涉及"城市空间"层面。列斐伏尔认为,在现代城市中,"空间"并不止于作为个体社会实践的场所(空间中的生产)而存在,"空间"自身在资本的作用下能被"再生产"出来满足资本的循环与扩张,来满足城市的发展与个人在城市中生存的需要(空间的生产)。依据列斐伏尔的观点,从"空间中的生产"角度,我们关注的是农民工在哪些层面与城市社会发生了互动(即农民工融城实践涉及的空间范围与结构),从"空间的生产"角度,我们关注农民工的融城实践涵括了哪些具体内容(即农民工融城实践中空间生产的结果)。以当代城市空间理论视角检视农民工城市融入问题的意义在于,工业化乃至资本全球化时代以来所发展形成的"城市",不单只是农民工展开城市生活实践的"物质空间",也不只是农民工主观臆想的"心理空间",而是由农民工通过融城实践所使用、体验、感知而建构的"社会空间"及"物质空间"、"心理空间"三者的辩证统一。简而言之,农民工与城市社会关系的和谐一致,取决于城市生活实践主体所体验与感知的生活空间与其生活需要之间的"契合"。农民工通过融城实践所建构的"生活空间"是农民工身居城市的"物质空间(居住、工作与消费的日常生活领域)""心理空间(对城市的认知与归属)"及"社会空间(社会交往与公共参与)"的综合体,只有三者互为条件且辩证统一,农民工才能够与城市社会融为一体而获得城市空间正义与公平。

(3)从空间理论俯瞰农民工的融城实践,社会结构要素和主体性要素是农民工融城实践的空间前提,即农民工基于一定的城市制度、文化、市场与网络结构,并依据自身的主体性条件在城市空间中完成生产与生活实践,即所谓"空间中的生产"。但正是基于新马克思主义学派的城市社会空间理论,农民工的融城实践还不能只是被看做某种"空间中的生产",我们还必须看到,农民工个体与城市社会结构二重建构的过程也形成了"空间自身的生产",即在资本力量的作用下,借以农民工劳动力价值来满足城市扩张需要的"空间"被生产了出来,同时用以满足农民工城市生存需要的"空间"也被生产了出来。例如,随着城市的发展,城市工业与服务业对劳动力的需求激增,相应的就业岗位则吸引大量城市外来劳动力突破城乡界域来城市谋求生存与发展机遇,而城市体系也因大量人口的聚集而从产业结构、公共服务网络、城市区域规划及地理布局各个方面不断地发生调整与更新。目前我国城市中普遍存在的问题是:在资本的作用下,满足城市工业发展的"空间"实现了自身生产,但同时由于城市社会结构(制度、

| 1 导 论 |

文化、市场与网络）的约束和农民工个体资源禀赋原因限制，相应的满足农民工城市生产、交换和生活需要的"空间生产"并未充分实现，农民工难以融入城市的现状就表明了这一点。在城市空间社会理论看来，对"空间的生产"能够产生干预作用的重要力量之一来源于政府，尤其是在城市居民的集体消费空间生产领域（交通、住房、医疗、教育、闲暇等）。卡斯泰尔认为，政府不仅能通过政策干预引导私人资本进入集体消费品的生产领域，更能成为集体消费品的直接投资者。尽管卡斯泰尔是基于发达资本主义国家经济社会运行过程得出了以上结论，但在我国城市化进程日益受资本力量影响的今天，运用政府力量来干预城市社会空间生产的观点对解决农民工遭遇城市"空间剥夺"问题仍有着深远的分析指导意义。

总而言之，空间理论提示我们，对（我国）外来农民工的城市融入问题的研究不仅要看到阻碍农民工融入城市的结构性、个体性因素，还应当跳出外来农民工融城受阻原因之外，看到由于结构性、个体性原因而导致的农民工遭遇城市空间剥夺的问题。无论从结构层面入手还是从农民工个体角度出发，解决的问题的关键都是争取农民工的城市空间公平，实现农民工融城实践的物质、社会与心理三个空间层面的和谐统一。在包含公平与正义的城市空间中，农民工个体才能与城市社会结构形成良性互动，其中政府、资本及农民工自身三方力量的较量与平衡，决定了农民工个体与城市社会的关系状态。基于以上思索与讨论，本研究立足于城市空间社会理论视角，以苏南地区为研究典型[1]，从农民工融城空间实践的多个纬度（物质空间、心理空间、社会空间），收集农民工城市融入实践的经验材料，找寻农民工融入城市个体行动与城市社会结构相互影响、型塑和共变的现实依据，考察农民工融城空间实践的结果。研究试图基于"空间正义与公平"的观点提出促进农民工融城顺畅的政策依据。

---

[1] 目前，我国长江三角洲地区外来农民工人数已达近 3000 万。尽管受全球经济气候影响，长江三角洲自珠江三角洲出现的"用工荒"后也出现了"招工难"的现象，但就劳动力整体流向来看，当前在我国有着"农民工投长三角而弃珠三角"的趋势。在人口红利逐步消失的大背景下，招工问题成为长江三角洲、珠江三角洲共同的难题。国家统计局农村司今年发布的监测调查报告显示，2009 年一年，长江三角洲地区农民工为 2816 万人，比上年减少 7.8%；珠江三角洲地区农民工为 3282 万人，比上年减少 22.5%。珠江三角洲地区农民工人数下降幅度是长江三角洲的三倍。待遇方面，2010 年 6 月的数据显示珠江三角洲农民工月均工资 1952.21 元，长江三角洲为 2104.06 元。其中广州 27% 的农民工月薪低于当地最低工资标准，该比例居长江三角洲、珠江三角洲各城市之首。珠江三角洲对外来工的吸引力不及长江三角洲，外来工有向长江三角洲流动的趋势。见 2010 年 11 月 8 日的《南方都市报》。

1.3 研究设计

1.3.1 相关理论与研究假设

1.3.1.1 问题的性质及理论选择

在社会学者看来，农民工城市融入问题在本质上探讨的就是农民工城市融入实践问题与农民工和城市社会的关系问题。就问题的表征来看，当前我国农民工的城市融入过程并不顺畅，作为参与到"城市化"进程中的主要群体却没能与城市居民平等合理地分享城市发展的成果，甚至面临被城市"边缘化"而沦为社会"底层"的危险。就本质而言，这说明当前我国农民工城市融入实践行动的展开遭遇了巨大阻力，农民工整体还难以与城市社会形成融洽一致的和谐关系。什么阻力延缓了农民工的融城实践进程？在农民工与城市社会试图建立良好关系时又面临哪些现实障碍？以往的研究结论是：社会制度、城市文化、劳动力市场及网络形成宏观层面和结构上的阻力，而农民工自身资源和条件的限制则形成微观上、个体层面的障碍。

问题解决的策略似乎很清楚：要么改变结构，要么改变人。但难点之一就在于，社会结构中的"制度"是一个历经时间积淀而形成的"控制网"，在"网"中盘根错节的是既得利益者们早已谙熟的"游戏规则"。城市外来者要想进入这张"网"，除非他自身具有某些与既得利益者相同的优势，但显然长期处于城乡二元社会体制下的绝大多数农民不具备成为城市居民的先天优势。而如果要打破这张"网"改变规则，则需要规则制订者意识到改变的需要和具备改变的条件。就当前来讲，城市加速发展对产业工人的迫切需要并非不会触动城市规则制订者们萌发制度变迁的意识，大量的农民工涌入城市奉献汗水和血泪而又不让他们获得生存与发展机遇，这既不符合商品生产中"劳动力再生产必需品供给"的经济规律，也可能导致城市运转陷入瘫痪。因此即使是迫于城市发展的客观压力，规则制订者们对规则的修改至少在理念上是存在着一定警醒的，从而关键是看城市是否具备改变规则的条件，尤其是要深刻触动制度得利者们的既得利益时，旧有规则的捍卫者能否作出实质性的让步。难点之二，在"人"这一方面也就是农民工群体，为了融入城市要求他们在短期内补足因长期城乡差异造成的素质匮缺的思路并不可行。难点之三，城市文化与农民工的日常观念、生活方式的"出入"和"碰撞"也大致如此。甚至，文化习得的过程比制度熟稔的过程更复

1 导 论

杂、更漫长。还包括城市劳动力市场的二元结构化（农民工多进入城市的次级劳动力市场，从事高风险低酬劳工作）及农民工社会交往网络的"内卷化"（与自身熟识的同质人群深度交往，而与务工市民浅度交往）等问题。

从理论探讨的角度对农民工城市融入受阻原因的分析，单纯地抽出"制度"、"主体"要素无可厚非，但正如以上分析我们所看到的，要解决农民工城市融入的问题还需要就农民工融城实践的复杂情形作出现实的研究回应，回应的关键就是：尊重农民工城市融入的具体实践过程，包括他们所采取的实践行动与反思，而非仅依据理性分析的结果提出一个制度框架或农民转型为市民的标准。迄今为止，中国两代农民工入城务工对城市发展所产生的影响（如从最初仅限考学和参军入城落户到各地尝试放开户籍管制）就说明，制度变迁的过程密切交织着农民工的城市生存实践。有利于农民工融入城市的制度设计和确定农民工已转型为市民的角色标准是学者们理性思考的结果，除此之外，我们还要对农民工融城实践的动态过程赋予感性的理解，去获知制度变迁和农民转型为市民的过程是怎样发生的，结果如何。因此，研究要选择能对农民工融城实践过程、结果及相关因素直接作出推演的理论来提出假设。

首先，在社会学视野中，农民工城市融入问题探讨是个人与社会的关系问题（亦可以表述为农民工融城行动与城市社会结构的关系），因此研究要对关系双方如何互动与影响后果作出假设。当代社会理论中，我们选取吉登斯的"结构二重性"理论对个人行动与社会结构互动问题作出专门回答。它将对本研究中农民工融城实践过程及结果作出理论假定。

其次，人类的社会实践不仅具有历史性（时间性），更具有某种"在场"性（空间性）。"在场"是社会实践者将客观环境与主观体验相统一所依赖的"背景"或"场所"，而"在场"即空间本身也是个人将主观意识通过实践转化为物质对象的产物。无论是以物质形式承载人们的日常生活范围，还是以精神形态表征人们的心灵感知界域，抑或兼具"真实和想象"而形成人们的社会实践领地，空间都与人们的生存实践活动过程密不可分，在对人类社会实践过程与结果的研究中，"空间"一直都扮演着与研究对象互为影响的重要角色。在本研究中，与农民工的融城实践活动密切关联的是"城市空间"。站在空间的角度，农民工的融城实践行动之所以遇到一些障碍，就与农民工所"占有"或者"寄居"的城市空间特质有关。"城市空间"无论是作为农民工融入实践的背景也好，还是作为融入实践的对象也好，只有与实践主体的城市生活需要相吻合，他们才基于此在"城市空间"中现实地展开融入实践，否则，"城市空间"对农民工来说是抽象的、隐喻的、不真实的，农民工无法通过具体的社会实践与城市空间相关联，从而无法认同城市。因此主张以"空间正义""空间公平",批判资本全球化、城市化背景下"空间剥夺"问题而兴起的城市空间社会理论,就成为本研究探讨农民工融城实践空间特性(即相关影响因素)的假设依据。

1.3.1.2 相关理论简述

1)吉登斯的"结构二重性"理论

对于个人与社会的关系问题,"结构二重性"理论认为,社会结构是由具有能动作用的人在行动中建构起来的,但这种结构又对人的社会行为产生影响,使人们又以社会结构作为条件和中介来实践下一步的行动。在吉登斯看来,人们有意图的社会行动虽然包含行动者的反思与合理性的判断,但行动的动因却是潜在于行动的,这反而导致人们有意图的行动可能产生未能预期的社会后果,而无论这些社会后果是否如人们最初所愿,它都会被人们重新反思并寻求新的合理化理解从而构成人们未来行动的条件和依据。吉登斯的"结构二重性"为我们提供了一个兼顾考察社会结构与理性个人互为影响的分析思路:农民工融入城市过程中的种种社会行动既受城市社会结构性因素的制约,同时也包含农民工的理性选择(有目的和明确的行动原因)。在城市务工生活期间,农民工不断反思和调整自己对入城务工的目标期望、重新理解入城务工的意义、再读城市、再构未来,并以此指导自己下一步融入城市的行动,新的社会结构要素也因此不断产生并再次促使农民工调整城市融入的目标,如此往复。运用吉登斯的观点,农民入城务工的实践活动推动了城市社会结构对农民工入城谋生在时间与空间限制上的改变,而改变后的城市社会结构又成为农民工城市生活融入实践新的条件与资源,农民工会据此重新调整最初进城务工的目标,重新审视自己生活于城市中所掌握的能动性资源,从而确立新的城市生活目标并将目标追求的意义合理化,产生新的融入行动直至与城市融为一体。

2)城市空间社会理论

(1)马克思城市论中的"空间直觉"。在马克思揭示资本主义生产方式、生产关系的论述中,尽管没有关于城市空间问题的专门讨论,但对于受控于资本主义生产关系而产生和发展的现代城市,他一直保留着某种"空间直觉"。尤其是在《共产党宣言》与《德意志意识形态》中有关城乡对立的论述里,马克思较为集中而又隐晦地表达了对"空间"问题的强调。在马克思看来,由于资本主义生产方式向乡村迅速扩张,城市不断吸引大量农业人口涌入,农村市场原有的地域空间性被打破,城市的地理空间范围迅速扩张,城市得以空前发展,并进一步加剧了资本主义生产关系在城市的确立。虽然马克思在这些论述中所提及的

1 导　论

"空间"是以"地域空间"为主要内涵，但借由"空间"而揭示资本主义生产方式"无孔不入"的思想精髓，成为后期马克思主义追随者们确立以"空间理论"为重要转向的新马克思主义理论的重要基石。此外，马克思现实而感性的实践观也深深地影响了后期研究空间问题领域学者们的哲学思维，尤其是意蕴着生活实践主体个人生存体验与生活感知的重要概念"社会空间"，正是在马克思的"生存-实践论"哲学思维指引下被提出。因而，我们在本研究中首先对所提及的"空间"概念明确其"实践的"根本属性。本研究所关注的，既不是科学化的用以计量的抽象空间，也非脱离日常实践凭空臆造的想象空间，而是调研对象向我们真实展示的该群体通过具体的融城实践，依据行动、体验和感知所建构的"生活空间"。

　　（2）列斐伏尔的"空间辩证法"。法国哲学家列斐伏尔的空间研究深刻贯彻了马克思的实践观与辩证法。在反对主客二元对立论的坚持中，列斐伏尔对城市"空间"内涵的理解逐渐清晰，他提出了具有实践属性的"社会空间"，并强调它与"物质空间""精神空间"形成辩证统一的人类生活空间的概念。正如其在《空间的生产》中所指出：第一，物理的，自然，宇宙；第二，精神的，包括逻辑抽象与形式抽象；第三，社会的。简而言之，我们关心的是"逻辑-认识论"的空间，社会实践的空间，感觉现象所占有的空间，包括想象的产物，如规划、象征、乌托邦等①。在空间概念的界定中，列斐伏尔之所以能化除客观物质空间与主观心理空间的二元对立，正是缘于他不是将"空间"简单视为承载物质生产过程的某种器皿和媒介，而是结合当代城市迅速膨胀以满足人类需要的现实，提出了"空间自身的生产"，即揭示了当代城市中"空间"直接参与到人类的生产实践活动的事实，由过去"物质生产在空间中"的理解转向"空间自身也在不断被生产出来以满足人类需要"的观点。通过人的社会生产与生活实践，空间形成物理空间、心理空间和社会空间的辩证统一体。这让我们认识到，任何一种社会形态与生产方式的更替都必然带来空间性质的变化，空间的生产深入生产关系，也卷入人的行动，社会与空间就存在这样一种基本的辩证关系。在我们的研究中，列斐伏尔所指的"空间"三重内涵即"物质的、心理的及社会的"就成为我们操作"农民工融城实践空间"的基本纬度。我们在接触农民工，了解他们的融城过程，不是仅仅只看某座城市为满足自身发展而制造了怎样的空间来容纳这些"外来人口"，更要看农民工群体在所工作和生活的城市，如何能动地

---

① 转引自爱德华·W·苏贾著，陆扬等译的《第三空间：去往洛杉矶和其他真实和想象地方的旅程》，第78页。

介入到"空间的生产"环节中来满足自身需要，创造出属于自己的"社会空间"，甚至是改变城市社会的结构、形态与面貌。

（3）卡斯泰尔的"政府干预与空间生产"。卡斯泰尔认为，在发达资本主义时代，城市在整个资本主义体系中的最主要功能是经济，而在经济的生产、交换、消费三个环节上，城市的最主要功能则是消费，尤其是在发达国家，生产和交换不再集中于某一城市，而是通过发达的交通和通信在不同的地区间组织起来，但消费（卡斯泰尔将其等同于劳动力再生产）越来越依赖于城市的供给，因此在由资本力量主导的城市中，劳动力再生产和再生产劳动力与必需消费品供给的矛盾也就成为城市社会中基本的结构性矛盾。卡斯泰尔把消费品分为私人消费品和集体消费品两类。私人消费品可由消费者在市场购买或自己提供并可由个人独占，如吃、穿、用的商品；而那些不能被分割和私人独占的交通、医疗、住房、闲暇等设施则属于集体消费品。集体消费品耗资巨大且回报太慢，私人资本往往无力或不愿从事这类社会必需品的生产，但资本主义商品生产的本性又决定了劳动力再生产对集体消费品供给的必然需求，因此要解决这一供给危机，资本主义社会只有通过政府在集体消费品的生产和管理领域来协调干预。当然，政府干预集体消费品生产必须要符合城市全体居民的需求而不是只服务于资本的利益，否则集体消费品的供需矛盾就始终得不到妥善解决。政府干预集体消费品供给问题越深，居民日常生活领域就越政治化，城市消费问题与权力问题由此也发生了连接。卡斯泰尔的论点指出了政府在影响城市空间形态形成过程中的重要作用。运用政府力量干预城市集体消费产品的生产，也意味着政府的力量在影响资本的空间扩张及城市居民的日常生活空间实践。当前在我国，随着工业的快速扩张，外来农民工聚集城市，产生了大量的集体消费品的需求，但因为有限的收入能力和弱势的话语地位，农民工在城市中对集体消费品的需求，无论在住房、医疗、交通、教育方面还是在闲暇、娱乐方面都未得到充分满足，同时，城市的制度、文化、市场和社会网络也将农民工排斥在集体消费品享有的空间之外。因此，十分有必要借助政府的力量来合理干预城市资本对集体消费品生产，从而有效满足农民工作为城市劳动力再生产生活必需品的需求。

（4）福柯的"空间权力论"正如卡斯泰尔分析城市集体消费品生产与供给矛盾时注意到了城市空间中所包含的权力结构问题，知识考古学者福柯也认为，空间是权力、知识转化为实际权力关系的关键因素。福柯关注医院、学校、工厂、街区，追溯精神病史、监狱史，几乎所有与人类"身体"被"规训"有关的现象和场所都进入福柯的权力研究中。福柯发现，尽管"建筑并没有支配我的权力"，但由城市建筑所归置的空间始终包含着社会统治者的控制意图与技

| 1 导　　论 |

术。由边沁1787年设计的"圆形监狱"① 经福柯空间权力的分析过后，现代社会权力关系的形成与空间组织之间的隐秘关系被揭示得一览无余。城市现代性的历史也是"权力空间化"的历史，大到"地缘政治的重大策略"，小到"细微的居住策略"。福柯的"空间权力论"探讨的核心是权力，而他对空间与权力关系的深刻分析事实上又丰富了以列斐伏尔为代表的空间政治学研究。该理论更直接的贡献是，我们对现代城市空间的形成及空间内涵的理解可以进一步深化。当我们借由实践主体所际遇的城市空间来考察农民工群体融城实践时，客观的，如他们的居所与工作的场所；主观的，他们的城市观念与心态；还有社会的，他们的社会交往与公共参与，无论从哪个空间层面展开对农民工城市融入问题的分析，我们都不能放松对其中任何一个空间层面内渗透入权力关系的警觉。

关于城市社会空间理论，以上只是基于研究假设操作化需要而有针对性地进行了简述。实际上，包括哈维、吉登斯乃至海德格尔在内的诸多学者关于城市空间的论述都对我们研究的推进有着重要指引。例如，吉登斯在其结构化理论中所强调的社会制度的研究要与空间结合起来的观点；哈维注意到资本的循环本性对城市空间生产造成的"同质性"和"不稳定性"或"破坏性"的影响等。尽管在我们的研究中努力贯穿对研究对象农民工融城空间实践的能动性与创造性的挖掘，但基于当前我国农民工城市融入不畅的事实，我们仍以"为农民工群体在城市中争取空间正义与空间公平"为基本立场，来选取提出研究假设的具体理论依据。

1.3.1.3　研究假设

1）对农民工城市融入过程的假定

根据吉登斯的"结构二重性"理论，农民工的城市融入是行动者（农民工）依据自身的融入条件（个体素质与家庭资源），在社会结构（制度、市场、文化、社会网络及社区）所包含的资源与规则下，基于农民工对城市社会的认知与评价所展开的结构和主体间的互动、互构和共变的关系性实践。

具体假设是：农民工城市融入的过程是行动者的实践反思与社会结构相互建构的过程；农民工城市融入的结果则是农民工与城市社会形成相互融合的关系。

2）对农民工融城实践空间性（农民工城市融入的条件与结果）的假定

根据城市空间社会理论，农民工的融城实践具有空间性，"空间"是农民工

---

① "圆形监狱"的布局是：中间设置瞭望塔，塔上四周的大窗户对着外侧由许多小囚室组成的环形建筑。在中心瞭望塔中设置一名监督者，而每个小囚室中关进一个疯人、病人或者任何被接受管制的人。参见米歇尔·福柯著，刘北城和杨远婴译的《规训与惩罚：监狱的诞生》。

展开融城行动以寻求主体的"存在"并与城市社会发生关联（简而言之，就是融入城市成为都市人）的"场域"，它由三个纬度构成。

第一，农民工融城的物质空间实践，涉及农民工的城市移居意愿与居住选择。

第二，农民工融城的社会空间实践，农民工的城市就业、劳动维权与社会保障；城市社会交往与公共参与（社区融入）；农民工子女教育。

第三，农民工融城的心理空间实践，农民工的城市生活满意度与城市认同感。

具体假设是：农民工在融城实践中所依存的物质空间、所感知的心理空间及根据现实的融入行动而建构的社会空间，三者间关联度越大，重合度越高，则农民工对城市融入的程度越深，与城市社会的关系越融洽；反之则融入程度越低。

这里需要说明的是，对本研究所关注的农民工城市融入问题，吉登斯"结构二重性"理论解决的是对农民工城市融城实践行动展开过程的逻辑假定，而城市空间社会理论解决的是对农民工融城实践行动展开的条件和结果的假定。"空间"与"社会结构"是两个不同的概念，准确地讲"社会结构"包含于"空间"之中。城市的制度、市场、文化及社会网络构成了城市的"社会结构"，而城市空间则不仅包含了城市社会结构，它还包含了实践主体的个人的行动与体验。农民工的融城过程是个人的融城行动、体验与社会结构相互建构的逻辑在城市空间中展开的过程。通过这种"个人行动-实践反思-社会结构"之间不断互为影响的过程，农民工展开融城实践的条件"空间"被重新建构或"再生产"出来（"空间"因此也是农民工融城实践的结果），从物质、社会、心理三个层面来共同满足农民工与城市社会相互融合的需要。

1.3.2 分析框架与核心概念

1.3.2.1 分析框架

本书分析框架如图 1-1 所示。

1.3.2.2 核心概念

1）农民工

在我国，"农民工"一词存在多种称谓。从最早带有歧视意味的"盲流"到带有市井意味的"民工""打工仔/妹""外来工"，再到具有学究意味的"外来务工人员""农村转移劳动力""乡-城移民"，"农民"称呼与"工"字的特定

图 1-1 分析框架

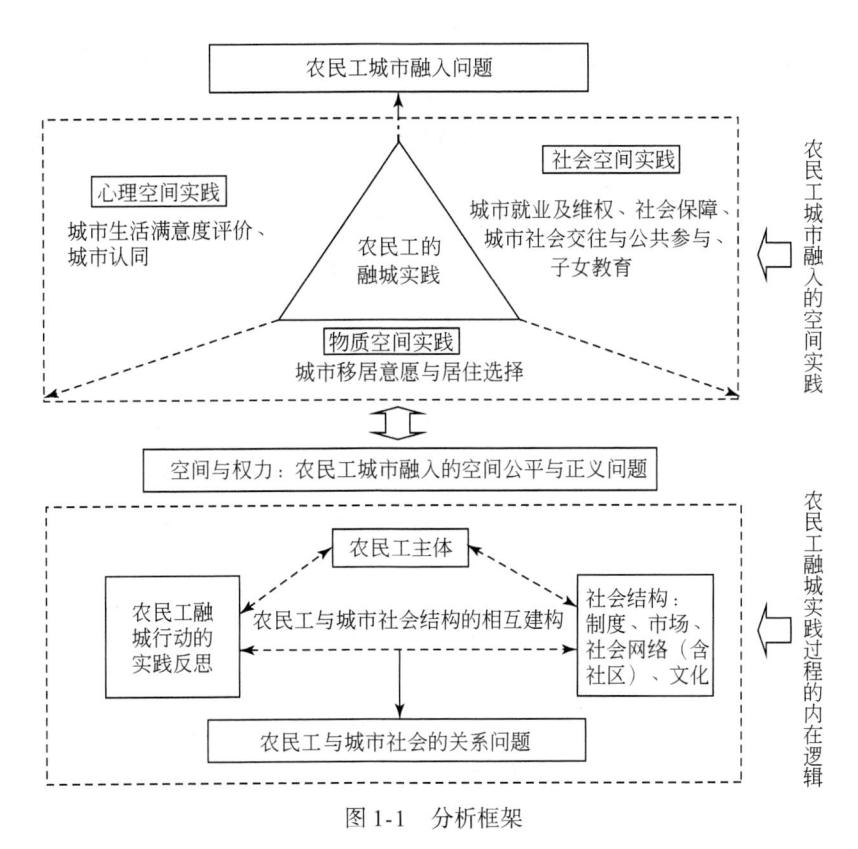

结合，也显示了我国改革开放三十年以来农村劳动力向城市转移并成为城市产业主力军和城市流动人口主体的历史现实。

学界关于"农民工"群体范畴的具体界定，我们归纳为四种角度。

（1）身份-地位界定说。在这一角度，"农民工"是指具有农村户籍身份而在城市谋生的人群。由于受我国传统城乡二元分割的户籍制度影响，农民进入城市就业但又不能获得市民资格（户籍）和与之相对应的福利待遇，从而形成了独特的"农民工"群体，他们被认为是世袭的身份制度和自由的市场制度相结合的产物（韩利文和付华英，2004）。由于农民工在城市并不具备完全的市民资格因而也不享有充分的公民权（苏黛瑞，2009），这使得农民工游离于城市正式制度之外，无法通过正式渠道表达利益诉求，以获得应有的经济、政治与社会地位（刘建娥，2011），多数长期处于弱势地位而成为城市的"边缘人群"。

（2）职业-阶层界定说。这一人群在城市的就业岗位集中于城市工业和商业，其职业收入虽相对于农业收入有所提升，但与就职于城市正式职业体系的市民相比，他们中多数人仍处于收入的最低端，因而其职业阶层也处于城市雇用阶层的最底层。这些在城市二元劳动力市场中次属市场大量就业的农村人群被称为"农民工"。

（3）迁移-流动界定说。从移民理论角度，一些学者认为我国农民工最大的特点是"流动性"，农民从农村向城市流动，从经济不发达地区向经济发达地区流动，入城从事非农业并寻求在城市发展的机会。由于进入城市的农民未能顺利地改变农村户籍，因而在农村还保留有少量土地的经营权，并和农村保持着密切联系；同时也因为不能轻易地定居城市，造成多数农民工只能因就业或谋生需要而暂居城市，不仅不断地在城乡间"流动"而且也不断地跨地区流动，其中能够"迁移"至城市长期稳定生活的农民工极少。这一人群因此也常被称为"流动农民工"。

（4）综合界定说。有学者综合农民工职业、制度身份、劳动关系和地域四个方面特征来对这一群体予以界定（王春光，2004）；有学者从农民工的户籍身份、地域和职业定位三个纬度来界定"农民工"（赵曼和刘鑫宏，2010）；有学者以"兼营性、自发性、候鸟性、边缘性、失范性"多种特征来描述农民工；也有学者以"代际"特点和来概括农民工的分化，如"新生代农民工""第二代农民工"等（王春光，2001；吴红宇和谢国强，2006；刘传江和徐建玲，2006；邓大才，2008；简新华和黄锟，2008）；或从社会分层角度将农民工进行分类（唐灿和冯小双，2000），以及根据农村劳动力转移形态将其分为"离土不离乡"① 与"离土又离乡"两种类型。

综观以上有关"农民工"概念的各种界定，并且从探讨农民工融入城市阻碍因素的角度，我们认为，"农民工"概念可以从"农民身份""非农就业""社会底层"和"持续流动"四个主要方面来概括和理解。正如学者们在界定农民工概念时所指出，在我国，"农民工"是以农村户籍身份在城市工业领域和商业领域主要从事低收入、非正规职业，作为城市社会弱者而往返于城乡之间和辗转地区之间的特定人群。本研究所涉及的"农民工"是从"城市融入"的角度界定的，具有"农民身份""非农就业""社会底层"和"持续流动"四项主要特征的人群，并且在我们的研究中，"外来农民工"是指那些从各地农村进入苏南腹地（苏州、无锡和常州）城市务工，"离土又离乡"即异地就业型的农村劳动力，其中包含第一代、第二代农民工，以新生代农民工群体为主。尽管目前农

---

① 1984年2月25日，《人民日报》头版头条以"离土不离乡 进厂不进城 改造旧乡村"为题，对碧溪乡发展农副业建成新型集镇进行报道，并配发了编者按，这可能是最早有关农村劳动力就地转移的报道。

民工群体依据经济实力、资本积累、声望诉求出现了一定的内部分化,一部分已上升为深度融入城市的农民工,一部分又成为返乡创业的农村精英,但总体上尤其是异地就业的农民工多数仍停留于城际间流动的状态,且依然具备以上我们所概括的四个基本特征。

2) 城市空间实践

(1) 空间。关于"空间"是什么,以及它是作为一种"观念"被感觉而存在,还是作为一种客观"物质"而存在,最早是在哲学领域被提出与解答。自然科学系统中,"空间"是一个与"时间"相对应来表达事物存在形式的概念。基于"空间",我们可以理解物体的大小、远近、高矮、前后等存在于宇宙之中的位置特质。运用空间概念,我们可以借之讨论某个物体与另一物体发生物理关联的情形,也可以理解一种承载物质而保持自身特质不变的"容器"类物质,"所有的物体都占据着一定的空间,物体的运动也以这个空间作为参照系"这是著名物理学家牛顿解释下的"绝对空间"。当然,在相对论者爱因斯坦看来,对居于其中的不同物质来说,"空间"并非如此抽象而均质,当物体运动的速度与宇宙光速同步时,这种"绝对空间"就会出现某种"变形"。自然科学研究是从抽象意义上来理解时空与物质的关系,而人文社科研究则是基于人类的日常生活经验来探讨空间与人、空间与社会的关系。可以看出,"空间"概念的提出正是因为人们发现了物质(包括人的身体、人类的社会活动)绝不是在"真空"中存在的事实,它本质上要与物质存在的"背景""环境"或"场域"即"空间"发生联系,否则我们无法认识到物质的存在及其存在的形态。本研究中所涉及的"空间"是人文社科研究领域所探讨的与人和社会发生关联的"实践空间",具体是指在农民工融入城市过程中,与融入实践主体和客体发生密切关联的"城市空间"。作为农民工在城市展开日常生活的"背景"和"场域","城市空间"包容和承载了农民工融城实践的全部行动,其自身的结构和特征也深深影响了农民工融城实践的结果和过程。

按照城市空间社会理论代表人物列斐伏尔的理解,城市空间在本质上是由物质空间、精神空间和社会空间三个层面所构成。物质空间是城市以物化的形式为社会活动实践主体提供的物理环境,是我们感觉到所能占据的空间;精神空间是人们基于物质空间展开思维活动的领域,是人们观念上所认知和心灵上所归属的空间;社会空间则是主体在城市中通过日常生活实践而形成的实际的空间,它包含了主体对城市社会的实践感知及行动选择的结果,是一种"人化的环境"。根据以上理解,我们将本研究中的"城市空间"定义为:城市空间是农民工展开融城行动以寻求主体"存在"并与城市社会发生关联(简而言之,就是融入城市成为都市人）的"场域"，它由三个纬度构成。

第一，农民工融城实践的物质空间，农民工在城市居住、工作和消费的场所。

第二，农民工融城实践的社会空间，其间包含农民工的城市就业、劳动维权与社会保障，城市社会交往与公共参与（社区融入），农民工子女教育的实践行动。

第三，农民工融城实践的心理空间，由农民工的城市生活满意度与城市认同感所建构。

列斐伏尔与爱德华·W. 苏贾更强调，城市空间是这三个层面空间的辩证统一。

（2）社会融合与城市融入。"社会融合"概念被广泛应用于流动人口与主流社会关系问题的探讨。在国际移民问题研究领域，"社会融合"的概念因多个理论取向而有多重测量纬度（心理纬度、行为纬度、经济纬度、政治纬度、文化纬度、社会关系纬度等），但其经典的定义是（个体与个体之间、群体与群体之间）一种相互同化和文化认同的过程（任远和乔楠，2010；任远和邬民乐，2006）。当然这一经典含义下的"社会融合"概念主要是针对西方移民社会，尤其是针对以美国这种典型的移民国家所面临的社会矛盾与冲突为目标而提出来的（李明欢，2000），其中文化的涵化与认同作为社会融合问题探讨的主要方面而备受强调。例如，芝加哥学派的代表人物帕克在研究欧洲移居美洲的移民问题时首先提出了"适应""同化"等以文化融合为核心内容的概念，随后美国学者戈登在完善移民同化理论时又提出了衡量移民族群关系的多个测量纬度，如语言、宗教、风俗习惯、价值体系和行为规范等（王毅杰和高燕，2010），也以文化要素的融合为主要内容。在我国，除了工程移民、政策移民的环境适应和社会认同问题被学者借以西方社会融合理论进行分析之外，流动人口的社会融合问题更是我国社会融合问题研究的主流，本研究所关注的农民工群体社会融合问题就涵括其中。不过，在社会融合的具体层面上，不同于国际移民较为突出在"文化冲突"层面的特性，农民工群体的社会融合不仅包括文化"差异"（而非"冲突"）的消弭，更包括来自于身份、职业、阶层、心理、社会关系等层面的融合。在引用国际移民理论中的"社会融合"概念分析中国农民工与城市社会的融合问题时，其操作化纬度的设计需结合中国农民工与城市定居人群（具有市民身份的人群）实际的文化碰撞和社会交往状态来进行。从当前农民工在城市务工生活并与市民交往及对城市的心理感知的实际情形来看，整体上农民工与城市社会之间尚未形成良好的社会融合，即文化差异仍然存在、身份区分尚未消

1 导　论

除、职业等差依旧明显、阶层分野尚存、心理隔阂依深、社会关系趋疏。总体而言，大部分研究得出其研究对象（流动人口）融入度不高的结论（任远和乔楠，2010）。

"社会融合"问题无论对国际移民还是对我国农民来讲都是一个现实社会问题，因此对社会融合问题的研究就既涉及理论探讨和实证研究，同时涉及政策分析。不同性质的社会融合问题研究就产生了不同的对"社会融合"概念的理解、分析和应用范围，这也导致即使"社会融合"的经典定义十分明确，但"社会融合"的研究定义层出不穷，甚至一直为相互矛盾的、模糊的和难于操作的不同定义所困扰（悦中山等，2009）。这说明，"社会融合"现象本身有其复杂性所在：地域分布、文化特征、经济状况、政治条件、社会制度及人群特点的多重差异都会对社会融合的纬度与方向、过程及结果的考察造成复杂化影响。因此，任何一项有关社会融合问题的研究都必须根据研究所涉及的具体对象及对象所面临社会融合的具体问题和条件进行概念的操作化和分析范围的限定。在我们的研究中，涉及"社会融合"问题的具体研究对象是"农民工"，这一群体所面临的"社会融合"问题几乎涵盖其城市社会生活实践的所有领域。

我们认为在农民工城市融入问题的研究中，对社会融合概念的操作化主要基于以下三个方面的考虑。

第一，"社会融合"的空间性。如果说，"时间"表达了事物的起源和流变，那么"空间"则表达了事物存在的背景和"在场性"。人类的社会实践活动为空间所限定，同时也创造了空间本身。资本扩张推动了现代城市加速发展，而权力关系亦加紧渗透于城市空间之中，城市资源分配之于实践主体的公平性取决于城市空间结构所隐含的正义性。农民工融入城市社会并与之相互融合的过程正是主体在城市中争取城市空间公平与正义的过程。依据城市空间社会理论，农民工与城市社会融合的空间性还表现在农民工融城实践的物质空间、心理空间和社会空间三者的辩证合一。物质空间提供了农民工居住、工作和消费的实践场所；社会空间决定了农民工就业、教育、社会保障、社会交往及社会参与的领地；心理空间则由农民工对城市生活的评价和认同所构成，它提供了农民工寻求城市生存意义的精神依托。农民工与城市社会相互融合的结果则是：农民工所属的物质空间、社会空间与心理空间三者互为条件，共同协调并满足实践主体城市生活的需要。

第二，"社会融合"的动态性。社会融合既是过程也是结果，按照经典的社会融入理论，农民工与城市社会的融合都要经历适应、融入及整合（社会学家 Durkheim（1951）在其著作《自杀论》中最早提出"社会整合"的概念）三个主要阶段。依据当前我国农民工与城市社会相融合的总体情况来看（综合已有的实证研究结果），我们的研究对象目前在城市社会中仍处于适应和融入阶段，与城市社会相融合，实现农民工与市民群体"社会整合"的阶段尚待时日。为此，我们也将探讨的主要问题具体确定为农民工的城市融入问题，即回应"社会融合"概念的动态含义。以外来农民工城市融入问题研究，分析农民工融入城市的过程和探讨实现农民工和城市社会相融合结果的条件和依据。

第三，"社会融合"的向度问题。"社会融合"还包含一个融合方向即"向度"的讨论和限定。融合的主体可以彼此单向适应、融入或者是双向互融。根据我们拟定课题的学科视角和理论选择，从"个人与社会关系互构论"理论角度出发，并根据吉登斯的"结构二重性"理论，我们将农民工与城市社会的融合看成一个"双向互融"的过程，即农民工一方面被动地接受城市社会排斥去适应城市规则，但另一方面又能动性的寻找融入城市的空间；与此同时，城市一开始被动的接纳"民工潮"，甚至"极不情愿"地"适应"大量外来务工农民的到来，但随后，农民工城市生活实践要求的日渐紧迫也促使城市不断地改变社会规则，逐步向农民工伸出包容之怀以求互融。理想的情形是，在彼此互融的过程中，农民工完成市民化角色转型，而城市形态也因这一人群与市民的互融而得以重新建构。不理想的情形则是，农民工始终是单向被动地适应城市，试图融入城市，但始终被城市社会排斥，农民工无法市民化，而城市社会与农民工的关系只能走向隔离与割裂。

1.3.3 调研实施与研究方法

1.3.3.1 资料收集

1）资料收集的方式、方法与过程

根据研究选题的性质与课题组所掌握的研究条件，我们确认课题研究的总体方式是调查研究[①]，其中，资料收集的方法是问卷法与访谈法，并辅之以文献法和观察法。课题组于2007年9~10月分赴苏州、无锡、常州三个城市，深入厂矿、企业和社区向在这些区域务工和居住的农民工发放调研问卷，取得了反映苏州、无锡、常州1954名在城农民工城市融入现状的第一手调研资料。2008年4~5月，课题组又返回原调研地，通过个案访谈与典型追踪方式对原课题调查

---

① 社会研究方法体系中主要有四种研究方式：调查研究、文献研究、实验研究和实地研究。各种研究方式在资料收集和资料分析上存在一定的差别，以适应不同内容、性质和条件的研究。

地农民工家庭进行了调研回访。2012年5~6月,课题组在苏南地区(苏州、无锡、常州)专门针对新生代农民工(20世纪80年代以后出生的非城市户籍劳动力人口)进行了基于社会政策、社会工作视角的城市融入问题的抽样调查,调查内容继续追踪以往涉及农民工居住、就业、参保、社会交往、婚姻与生育意愿等城市融入内容。随后课题组又于2012年7~8月集中在苏州市(考虑到苏州、无锡、常州三市的产业、人口同构情况显著就暂时只选取了苏州市)新增测评了农民工的城市生活满意度、城市认同等社会心理状况。我们的意图是,将本课题的研究内容扩展、研究立意深化,并为未来更广范围内的农民工城市融入问题的探讨作好经验素材的积累。

2)问卷调查的具体地点

课题组2007年问卷调研的地点是苏州市古城区、太仓市璜泾镇、无锡市滨湖区、常州市新北区新桥镇三市四地。2012年6月的问卷调查集中在苏州12县市;2012年7~8月的问卷调查则仍选取2007年调研地点实施完成。苏州、无锡、常州(简称苏南地区)水陆交通便利,传统乡镇工业产业与新型制造产业都很发达,区域经济快速发展对劳动力的需求量大,苏南地区以优越的经济和地理环境吸引了越来越多的省内外农民工前来务工,这也是我们选择苏南地区作为调查地点的一个重要理由。

3)样本获得

根据苏南地区农民工行业和地域分布特点,课题组2007年的首次调查以多阶段抽样制订了总体抽样方案,而以配额抽样和偶遇抽样获得最终样本单位。首先进行阶段抽样,抽得调研涉及的镇(区)、街道、村(社区);然后根据苏州、无锡和常州各市区2006年统计年鉴所显示的外来人口综述、行业比例及需要调查的职业类型以每个市600~700个样本单位的规模确定各市不同行业需要获得的被访农民工人数,最后共发放问卷2500份,回收问卷2208份,回收率为88.3%,有效问卷1954份,问卷总体有效率为88.5%。各地有效问卷情况如下:苏州城区,发放问卷600份,有效问卷449份;太仓璜泾镇发放500份,有效问卷276份;无锡发放700份,有效问卷679份;常州发放700份,有效问卷550份。2012年,调研组又以"外来务工人员民意调查"为主题,对苏州12县市的外来农民工进行了就业、社会保障、居住、收入、子女教育、城市融入、生活满意度等内容的(整群)抽样调研,发放调研问卷2400份,回收问卷2250份,其中有效问卷2175份,问卷有效回收率96.7%。

课题组2012年6~7月对新生代农民工的调查(暨对2007年苏南农民工追踪调查),样本总量以苏州、无锡、常州市内各县区2012年5月月底新生代农民工占全市农民工总量比例分配加总获得。调研地点不变，但抽样框有所变动。课题组按照购房、租房和集宿区三种居住类型以 5∶70∶25 的比例先确定抽样框，并对 70% 租房居住的流动人口，按照农村平房或楼房、拆迁安置小区和城镇商品房各 1/3 的比例分配到各派出所。最后各派出所对租房流动人口按照调查对象所从事产业类型按第二产业、第三产业、投资经商及无固定工作以 4∶2∶1∶1 的比例进行分配。调查对象为在苏州、无锡、常州三个市居住一个月以上，16 周岁至 32 周岁的非苏州、无锡、常州三市户籍人口，不包括在苏州、无锡、常州三市上学的大专院校学生。课题组在苏锡常各市发放问卷 1000 份，共计回收问卷 3000 份，有效问卷 2790 份，有效回收率 93%，其中苏州有效问卷 997 份，无锡有效问卷 976 份，常州 817 份。

课题组 2012 年 7~8 月在苏州市的农民工生活满意度调查覆盖苏州七区五县（市），共发放问卷 2400 份，回收有效调查问卷 2175 份及深入访谈录音 12 份。其中，除金阊区和工业园区的样本数量偏少之外，其他区县的样本数量都能达到预计样本量（200 份）的 90%。

4）样本基本情况描述

本研究中，样本基本情况描述的内容主要包括：被访对象的性别比例、文化程度、职业构成、婚姻状况、家庭月收入、兼业情况及务工经历（表 1-1~表 1-6。其他样本情况详见各章）。

表 1-1　2007 年苏南地区被访农民工的基本情况一

项	目	样本数量/人	所占比例/%
性别	男	870	44.5
	女	1 084	55.5
婚姻状况	已婚	1 393	71.4
	未婚	505	25.8
	离异或丧偶	56	2.8
文化程度	小学及以下	292	14.9
	初中	1 137	58.2
	高中及以上	525	27.8
年龄	18 岁以下	107	5.4
	18~35 岁	1 313	67.2
	36~45 岁	445	22.8
	45 岁以上	89	4.6

注：表 1-1~表 1-5 中的数据主要由 2007 年课题组成员共同整理。

1 导 论

表 1-2　2007 年苏南地区被访农民工的基本情况二

家庭月收入状况	频次/人	比例/%
1000 元以下	463	23.7
1001~1500 元	706	36.1
1501~2000 元	332	17.0
2001~2500 元	203	10.4
2501~3000 元	107	5.5
3001~3500 元	40	2.0
3501~4000 元	52	2.7
4001 元以上	51	2.6
有效合计	1 954	100.0

表 1-3　2007 年苏南地区被访农民工的基本情况三

务工工作变动次数	频次/人	比例/%	有效比例/%
0 次	666	34.1	34.4
1 次	573	29.3	29.6
2 次	367	18.8	19.0
3 次及 3 次以上	328	16.8	17.0
有效合计	1 934	99.0	100.0
缺省	20	1.0	—
总数	1 954	100.0	—

表 1-4　2007 年苏南地区被访农民工的基本情况四

一年中仍从事农业劳动的时间	频次/人	比例/%	有效比例/%
不再从事	802	41.0	41.4
偶尔从事	963	49.3	49.6
三到六个月时间	66	3.4	3.4
半年以上	109	5.6	5.6
有效合计	1 940	99.3	100.0
缺省	14	0.7	—
总数	1 954	100.0	—

表 1-5 2007 年苏南地区被访农民工的基本情况五

"与配偶同城工作情况"	频次/人	比例/%	有效比例/%
在同一城市务工	1 041	53.3	74.8
不在同一城市务工	102	5.0	7.4
在老家务农	248	12.7	17.8
有效合计	1 391	71.2	100.0
缺省	563	28.8	—
总数	1 954	100.0	—

表 1-6 2012 年苏南地区新生代流动人口的年龄与性别结构

年龄组	人数/人	比例/%	男性人数/人	女性人数/人	性别比
16~19 周岁	372	13.3	194	177	109.6
20~24 周岁	1 141	40.9	634	507	125.1
25~29 周岁	945	33.9	533	411	129.7
30~32 周岁	332	11.9	192	141	135.2
有效合计	2 790	100	1 554	1 236	125.7

注：表 1-6 中的数据由 2012 年课题组成员共同整理

1.3.3.2 资料分析

我们对研究资料的分析分为两个阶段：首先对课题组通过问卷法、访谈法、文献法与观察法获得的初始研究资料采用定量分析与定性分析相结合的方法进行统计和归纳整理，之后再分别借助实证分析与规范分析方法对资料进行解读。定量分析的内容和依据是所有问卷调查获得的数据资料，而定性分析的内容和依据是所有访谈法、文献法和观察法获得的文字资料。实证分析用以回答问题或事件"是什么、怎么样和为什么"，而规范分析探讨问题或事件"应该如何"。具体到本研究当中，我们根据量化分析的数据和质性分析的结果描述调研地农民工的城市融入现状、探讨影响农民工城市融入的因素、解析农民工个体与城市社会关系的形态与建构过程，以实证材料验证研究假设；规范分析中，我们以农民工与城市社会的关系应当走向融合作为价值判断，来探讨达到这种价值判断和社会目标的步骤与措施，提出政策建议。研究分析布局是：按照农民工城市融入的各个层面首先铺设实证分析的结果，然后分别进行各层面下具体的规范性分析（政策评价与建议），最后综合全部讨论与结论对课题成果进行总评。

2 近代以来苏南地区工业化与流动农民工

2.1 近代苏南工业化与流动农民工

根据历史学者关于我国近代工业发展过程中农民流动入城务工现象的研究结论，我国当代农民工问题中的一些核心议题，如劳资关系、劳动权益保护、劳动力物质消费、劳动力精神信仰与娱乐、农民工城市适应等在近代就已出现，并跟随历史进程而逐渐积累出农民工流动自我调节与控制的地方社会运行机制。因此，借助对历史上农民工流动现象问题的分析与解读，对当今农民工城市融入问题研究的追根溯源有着十分重要的意义，尤其是对像苏南这样早在近代就因工业发展而"民工潮涌"典型地区的研究与考察。

苏南地处太湖流域，常年气候温润，灌溉农业发达，主产棉、桑与粮食，人均产量与北方旱作农业相比较高，同时由于水路交通便利，为苏南主产农作物的商品化提供了有利条件，自古苏南地区小农经济商品化程度相对全国较高。因此自近代以来，我国资本主义经济与工业化萌芽最早也就出现在苏南地区[①]。至辛亥革命前，苏南地区民族资本企业多达73家，一跃成为全国有名的工业化运动中心之一（池子华，2006）。近代，小农经济在西方殖民资本强行入侵下濒临破产，苏南工业经济的发达不仅吸引本地农民纷纷离村入城务工经商，从事丝织、棉纺、食品加工、铁艺等非农行业，同时也将苏北地区（江苏北部）乃至安徽、河北、山东等地农民引至苏南谋生，从而较早呈现城-乡互动与农-工流动潮涌，以致苏南地区具有近代百年来丰富的农民工入城生活史与城市社会史，这些都成为我们研究当代农民工的城市融入问题提供了历史参照与借鉴。

就农民工流动的空间特征而言，近代苏南地区农民工"本地转移"的趋势

[①] 池子华将"苏南"地理区域从宏观、中观与微观三个层面予以界定：宏观"苏南"泛指长江以南江苏省所辖区域，即江苏南部；中观"苏南"包括现在的苏州、无锡、常州三市及所属各（县级）市和上海所属各（县级）市（不包括上海）；微观"苏南"，特指苏州、无锡、常州及所属的常熟、吴江、昆山、太仓、张家港、江阴、宜兴、金坛、溧阳等市，民间俗称"苏南"为"苏锡常"地区。

明显，如法国学者谢诺在《中国工人运动（1919～1927）》中提及当时无锡工人省籍统计结果时所述，本地人（无锡）约占30%，近乡人（苏州、常熟、上海）约占27%，他省人约占43%[①]，可见苏南地区近代工商业的发达对日渐凋敝小农具有很强的吸引力。此外，近代苏北（旧时指江苏长江以北，又称江北）地区的农民工也大多流动到苏南，由于战乱、灾害频繁，田赋繁重，匪盗猖獗，苏北地区农民只有"携妻带儿""奔苏南富饶之地而去""混口饭吃"。从近代江苏农民工趋向苏南谋工的流动趋势我们很容易看出，无论是苏南本地农民向当时的小工业中心无锡市汇集，还是苏北的"难民"流动到苏南讨生，都说明农民有出于经济理性而"弃农从工"的审慎考虑，这与当代农民工自改革开放初期潮涌至大都市寻求非农就业机会以获得高于农业的非农收入行动选择如出一辙。并且就当前的苏南地区而言，无论是"苏南模式"下的乡镇企业时期，还是"外资经济"下的园区工业时期，农民工的"本地转移"始终占多数比例，这里不是说苏南地区吸纳不到外省农民工，而是指苏南地区的农民大多数都选择在本地就业（甚至当地老百姓都有"务工不出省"的思维传统），江苏北部的农民工多数也到苏南就业，同时还包括跨省流动过来的大量外地农民工。很显然，"离土不离乡"是最节省务工成本的就业选择，没有语言障碍、交通便利、方便照顾家庭、亲缘关系网络紧密，这些条件都有利于农民工在城市为自己争取最佳的务工环境与机遇。

在农民工的职业选择上，近代农民工入城所谋职业大部分也集中于制造业与商业，但就业的稳定性不足，这与当代农民工的就业境遇类似。池子华教授依据原中国研究院社会科学研究所、中国科学院经济研究所编制的《无锡县（市）农村经济调查报告（1929～1948年）》（陈翰笙等，1989）中所列示的民工外流职业流向表做过统计，发现当时大部分的农民工在城市主要从事手工业（裁缝、理发、酱醋茶、鞋工、漆工、木工、泥瓦工等）和工业（纱织工、丝工、烟草工、矿工等），各类商铺、各类家政服务等。虽然当时的各种职业选择仍然多样，但能够随心所愿自由选择理想职业的民工实在是微乎其微（池子华，2006），原因自然与当时中国社会经济整体不景气有关，当然最主要的原因还是农村经济的衰败，大量农民涌向城市，而当时的城市工业也刚刚起步根本吸纳不了如此之多未受过多少文化教育且难有一技之长的贫苦农民，以致他们不能稳定就业。对比我国当代农民工不能稳定就业的情况，有一点不同的是，整体就业环

---

① 谢诺的《中国工人运动（1919～1927）》，见刘明逵的《中国工人阶级历史状况》第一卷第一册。

境的恶化并非是造成当代农民工就业不稳定主要原因，就业者的能力素质对其能否稳定就业产生较大影响。我国长期城乡二元体制下对农民素质教育投入上的亏欠最终却成为背负在农民工身上沉重的难求稳定高薪职业的个人负担。因而近代农民工就业艰难性问题解决"药方"（推翻封建统治、殖民统治，重建中国社会经济体系）不同的是，我国当代农民工要能够实现在城市的就业融入，就农民工个体层面来说"人力资本"的积累是关键。

从劳工环境与劳资关系方面来看，近代苏南工业的较早萌发也引起农民工争取务工物质待遇的能动性行为在全国的先行实践，这为后来的苏南地方社会在现代、当代工业发展过程中改善劳动环境和协调劳资关系积累了丰富的历史经验。根据一些学者（王元元和叶继红，2011）的研究，近代苏南农民工工资水平即由农民工自身掌握技能水平高低决定，也受物价涨落形成工资货币实际价值起伏的影响，更有包工头、工厂职员及厂方对农民工工资"名目繁多的克扣和拖欠"。工作时间"无限延长"、福利待遇"层层盘扣"，近代农民工务工生存环境的恶劣程度在世界范围内来看都显严重，令西方劳工待遇观察者为之感叹。当然农民工自身并不曾将参照物选择在遥不可及的异国他乡，以苏南农民工为例，他们所参照的是本地、临近及上海同业工人工资发放的情形。和当代农民工相比，没有便利的交通与通信，跨省高昂的流动成本更强化了苏南农民工务工选择本地化的特征，也可以理解，令近代知识分子"瞠目"以致"愤愤不平"的劳动贫苦待遇"竟能为一些工人们忍受"而"不选择积极反抗"。当然，劳资关系中资方和劳方的长期严重不平等必然引发矛盾的尖锐化，在一些爱国福利人士及有觉醒意识领袖工人的积极促动下，要求改善劳工福利和劳动保护条件的呼声将一场场"罢工风云"推向高潮。1926年的"苏南风暴"最为典型。这场罢工风暴由苏州苏纶纱厂刮起，链轮无锡及整片苏南地区，历时四月近半年。工人们为争取合理工资与基本生活待遇而频频罢工令资方妥协，显示了在相当强势的资方面前，劳工们能动作用发挥的可能与可行。这一批觉醒后的产业工人，之后也成了中国共产党领导解放中国劳动大众的中坚力量。

近代苏南农民工城市务工生活实践也对当地政府的社会管理积累了历史参照。当前，苏南地区政府、企业合作推行农民工"集宿制"并在其中考虑居住格局的人性化选择（如家庭套房、亲友房而非统一的单间）或多或少都能从这些历史经验中寻求借鉴。同当代农民工一样，务工人员的城市生活也主要包含三方面：物质生活、精神生活及家庭生活。物质生活居于首位。根据史学研究，近代苏南农民工的居住"棚户"化是其主要特征。学者吴文晖曾在《南京棚户家庭调查》概括过民国时期农民工棚户居住区的特点：贫、愚、脏及其他（偷盗成风、低俗文化、房屋简陋等)[①]。当时的苏州、无锡等地的市政当局也十分头疼"草棚"之"恶",怕引起火灾、瘟疫及外国记者拍照带来的"玷誉"。一方面当局者为社会管理需要而积极改善(筹建劳动住宅等)但一方面也为财力有限而苦恼,因为他们更担心"驱逐"棚户贫民而无力处理民工大量的居住需求所引发的更为激烈的社会矛盾。当然,一方面是迫于当局政府的压力,但更重要的也是出于缓和劳资矛盾的需要,近代苏南的资方纷纷响应当时的"惠工"政策,包括在住宿上、医疗上、饮食乃至休闲上满足农民工的需求。以住为例,专为单身或携带家眷的农民工提供食宿上方便的"惠工"政策就为当时的苏南工厂纷纷倡行(吴至信,2004)。而这一经验也延续至今,当前苏南地区"惠工"待遇相较于全国来说更有吸引之力已为一些学者所写的珠江三角洲与长江三角洲地区劳动务工保障、福利待遇比较结果所证实(万向东等,2006)。顺应"惠工"之策,近代苏南当局及资方对农民工的精神生活方面的改善尚有助益。以无锡工厂为例,就积极开展了识字教育、技术教育、休闲教育、康健教育等"惠工"举措。尽管从资方来讲,这些投入最直接的目的是提高劳工创造剩余价值的能力,虽不能从根本上和普遍意义上改变劳工的精神贫貌、满足他们的精神生活的需求,但对农民工人力资本提升和劳动价值尊重方面的正向功能与间接作用仍不可忽略。在家庭生活方面,同当代农民工一样,入城之后男工"学洋腔""唱洋调""穿洋衣",女工做"摩登女子""新型妻子(讲求不逆来顺受公婆、夫妻关系平等)"成为近代苏南农民工尝试适应和融入城市的"时尚之选"。

通过对近代苏南农民工务工生活史的回溯及与当代农民工相应特征的对照分析,我们认为,当代苏南地区农民工与城市社会关系构建的地方性渊源于近代苏南农民工城市生活史及由此产生的历史影响,也可以说是苏南工业化及所包含的农民工城市融入典型性的重要历史根据,还包括以下我们将要谈到的为政界、学界与民间所尽知的"苏南模式"。

2.2 "苏南模式"与"离土不离乡"

幸运的是,苏南工业化之路从未间断,始终走在时代的前沿。

新中国成立以后,苏南近代工业的历史丰富积累,利用在人民公社传统下仍把握住了农村工业化发展的重要契机。"苏南模式"就是对这段辉煌的"乡镇企

[①] 《南京棚户家庭调查》,见李文海主编的《民国时期社会调查丛编(底边社会卷)》下册。

业发展史"最为经典的概括。苏南乡镇企业在20世纪80年代蓬勃发展至90年代仍相当活跃，这种依托村社基层政权的资金优势与组织优势开办企业，并将企业收益用于村社区成员福利与村公共设施建设的经营模式，最早在1983年被费孝通先生称为"苏南模式"。"苏南模式"是苏锡常地区乡镇工业化之路的典型概括，其主要内涵是"三为主、两协调、一共同"，即所有制结构以集体经济为主、产业结构以乡镇工业为主、运行机制以市场取向为主、坚持经济和社会协调发展、坚持物质文明和精神文明协调发展、努力实现社区人民共同富裕。

"苏南模式"近20年的强势运行，与同时代我国工业化发展特色之路的"温州模式"[1]、"珠江模式"[2]相比，其过程和结果凸显两大特色，即政府主导工业发展、产业工人"离土不离乡"。苏南地处平原地带，自古农业发达，以"鱼米之乡"著称，且临海汇江交通便利、商贸繁荣，近代民族工业（尤其是纺织业）发达，这些都为苏南地区发展现代工业奠定了良好的基础。早在计划经济时期，苏南地区就积累了相对发达的集体经济，利用改革开放和计划经济向市场经济转型机遇，苏南地区以村集体经济为基础建立了乡镇两极政府强力支撑的乡镇工业。一方面，政府的动员、组织、调配和规划优势对乡镇企业低成本积累起到强力支持；另一方面，改革开放初期，上海大量技术工人节假日到苏州、无锡等地，给苏南带来了信息、技术和管理经验，促使苏南地区的乡镇企业迅速发展，不仅繁荣了乡村经济且大量吸纳了本地农民入厂务工（"离土不离乡"），加快了缩短城乡差距的步伐。一时间，苏南地区发展乡镇工业带动城镇化进程的做法为许多地区所仿效。

从工业发展带动城市化进程，进而吸引农村劳动力向城市聚集这一过程来看，"苏南模式"为农民工城市（严格来讲是城镇）融入创造了具有本地特色的有利条件。

第一，农民入城务工"离土不离乡"，节约了融入城市的经济成本和社会成本。乡镇企业就地、就近招工，农民工往来城乡间交通便利、费用低廉，还可在工闲时兼顾家庭农业经营，相对于农民远迁出省务工，本省就近务工的低成本性有着不可比拟的优势。此外，随着小城镇人口日益扩增，乡镇企业聚集地逐步发

---

[1] "温州模式"发端于20世纪80年代中期，以温州家庭小工业和专业小商品市场发达著称，主导力量是家族民间资本，"内源性"产业发展并"走出去"在省外、境外开办商贸机构完成商品交换与资本增值是温州家族小工业发展的主要途径。

[2] "珠江模式"始于20世纪80年代初期，借助毗邻港澳的国际经济优势，珠江三角洲地区利用改革开放优惠政策，大力引进外资经济发展以"三来一补"的代工、加工产业及劳动密集型为主的外向型经济，吸引全国各地各类人才及劳动力"离土又离乡"赴广东形成产业大军。

展为中等城镇并有城市化加速的趋势，务工人员也就随着这一进程就地"市民化"，相近的语言、风俗和千丝万缕的亲缘关系都有效促成了当地农民尽快融入城镇。

第二，"苏南模式"下发展起来的产业有着深厚的近代民族工业基础。苏南的纺织工业从原材料供应到产品加工、成品售卖自近代以来就形成了相当完备的产业链。苏南之所以能够在改革开放头十年就跃居我国纺织产业龙头地位，与苏南近代民族工业积累的纺织技术和市场优势不无相关。苏南近代民族工业发达，也造就了苏南民间家庭对手工业技术传承的传统，这为当地农民顺利进入城镇企业谋工扫除了大量的技术障碍，也加速了农民工的城镇融入。

正是由于苏南地区农民相对于全国而言所具备的较高的产业工人素养，以及"离土不离乡"的务工模式，使得苏南地区乡镇企业劳动力供给充盈，这些优良的人力资源转化为先进生产力，促动企业快速发展。20世纪90年代初期，苏南地区乡镇工业经济为富裕当地农民、缩小城乡差距作出了重要贡献，仅1989年，苏南乡镇企业创造的价值在农村社会总产值中已经占到了60%。

2.3 "新苏南模式"与外来农民工

20世纪90年代中后期，率先抓住市场化机遇而且利用计划体制优势而发展工业的"苏南模式"随着市场经济体制建设的逐步完善开始出现运行的弊端。学者宋言奇（2005）曾将这些弊端概括为"经济形式单一、经济主体产权模糊、政企不分、就地城市化"四个方面。评论界一致认为，在早期经营能量释放完毕后，苏南乡镇企业这种以集体经济形式为主，个体、私营经济不发达，单一的经济形式，势必导致应对日益激烈市场竞争的灵活度不够。此外，由于是集体企业，主体产权边界模糊，增大了企业经营的交易成本。虽然得到乡镇两级政府的强力支持，但长期的政企不分也会影响企业按照市场规律作出正确的经营决策。客观来讲，"苏南模式"对繁荣当地农村经济，缩短城乡差距功不可没，但依照乡镇企业布局而形成的城镇布局很分散，不易发生产业集群的规模效应，容易造成资源的浪费。同时，乡镇企业在排污问题处理上的一些短视行为也对当地的自然生态，尤其是水域环境造成了比较严重的污染，影响了企业可持续发展。

20世纪90年代末，"苏南模式"这种国有经济在乡村实践的路子遇到了新的政治与经济环境，一个是"中央与地方分灶吃饭"，一个是"国际融资市场向中国的快速扩张"。20世纪80年代初就开始的中央财税制度改革，中央放弃了"统收统支"财政大权，地方政府获得了经营政府公司主义的内在利益动机（温铁军，2011）。一方面苏南乡镇企业借助政府作用统一调度土地、人力资源开展低成本高效益经营，而另一方面政府也摆脱不了对企业生产者与地方社会公共福利事业的负责。如果营利可观，这其中的收支矛盾尚可掩盖，而一旦遭遇经济滑坡，则沉重的社会公共事业负担令乡镇企业不堪承担，并且从现代企业制度合理化运营角度而言，"政企合一"的经营模式不可避免带来行政干预下的"生产力刺激"，乡镇企业的生产经营日益陷入产品滞销与融资难两重困境，政府角色退出与企业私有化改制势在必行。另外，国际金融资本向中国迅速扩张，苏南地区乡镇企业发展面临新的融资环境，是仍旧依托地方政府在苏南地域内筹资，还是利用自身名气与实力在全国范围内乃至国际市场融资，显然苏南不少大型乡镇企业选择后者（潘维，2003）。

背负解决旧有模式弊端的重重压力，苏南的工业化之路在新的政治经济环境下开始向"新苏南模式"悄然转向。乡镇企业改制与产业结构升级是"苏南模式"突破运行弊端走向"新苏南模式"的关键两步。政府淡出企业经营，明晰产权进行股份制改造及引入社会、个人尤其是外商投资，苏南乡镇企业经济形式单一、经营主体产权不明晰、政企不分这三个主要的运营障碍得以化解，苏南乡镇企业通过大规模改制并建立现代企业制度而重获新生。与此同时，随着国内市场的放开并与国际市场对接，乡镇企业面临产业、产品升级换代的问题越来越突出（黄胜民，2010），引入先进技术来改造传统工业是苏南乡镇企业解决规模化经营、资源浪费和生产环境污染困扰的紧迫之举。一直以来，苏南乡镇企业是"内源性"发展，依靠本土工业起家。为了实现与国际接轨，利用国际市场资源、技术，并参与国际分工，苏南乡镇企业在体制改造的同时，在国际市场上积极寻找并引进先进技术和国际资金注入本土产业，触动自身同产业结构升级走向"内源"（如无锡江阴）和"外源"（如苏州昆山）资本并行的经济发展模式。在此时，苏南地区政府虽淡出乡镇企业经营环节，不干涉企业市场决策，但为了保证企业能获得良好的经营环境，政府不遗余力地为企业运营提供良好的公共服务，从宏观调控到市场监控，运用社会管理这只"有形的手"为苏南地区经济发展"有所为，有所不为"。

顺应时代、与时俱进，苏南乡镇企业改制与产业结构升级最终推动苏南工业走向了规模化、国际化发展之路。"新苏南模式"不仅牢牢巩固了本地劳动市场供给，同时也吸引了大量外来务工人员，从而形成了苏南新型的农民工劳动力市场。以苏州为例，2003年苏州外商投资额就达68亿并超过上海位居全国第一，苏州全市75%农村工业企业进入工业园区，56%承包耕地实现规模经营，33%农户（5万多户、17万农民）迁入集中安置区；截至2010年，苏州工业园区城镇居民人均可支配收入 30 578 元，农村居民人均纯收入 17 118 元。根据苏州历年统计年鉴，苏州市自改革开放初期至 2009 年工业规模与产值增长迅速（1978 年苏州工业总产值为 48.51 亿元，而 2009 年已达 23 704.56 亿元，增长近 500 倍）。外商投资占主体的苏州工业产业以制造业为主，电子电器业、机械制造业、制衣制鞋业、纺织业都需要大量的农村劳动力，而基于本地农村劳动力数量有限，苏州工业发展更确切地说是倚赖大量苏州外地的农村劳动力。2010 年，苏州市统计局在全市抽取了 30 个行政村的 300 户家庭进行农村外出劳动力从业情况调查，结果显示：2010 年苏州全市有 9.6% 的农村从业劳动力外出从业，比 2009 年年末的 9.2% 提高了 0.4 个百分点。在农村外出从业人员中，有 83.8% 主要在苏州市各地从业，16.2% 到省内其他城市就业，调查对象中没有出省就业的（朱曹健，2011）。这足以说明，苏州外资制造产业有吸纳农村劳动力能力的强烈趋势。尽管近两年我国广东、浙江、江苏"民工荒"现象已有显现，国家统计局农村司 2011 年发布的监测调查报告仍显示，长江三角洲地区农民工为 2816 万人，比上年减少 7.8%；珠江三角洲地区农民工为 3282 万人，比上年减少 22.5%，珠江三角洲地区农民工人数下降幅度是长江三角洲的三倍。可见，就全国而言，珠江三角洲对农民工的吸引力不及长江三角洲，农民工有向长江三角洲流动的趋势。不仅如此，作为在长江三角洲地区、苏南地区工业发展居于先锋位置的苏州，地方政府谋求经济发展的内需也促使其热衷于以相当优惠的土地、税收政策吸引外资，而外资企业也更乐于同具有政府背景（交易的低成本）改制后的乡镇企业合作或直接在苏州投资，因而也就顺利成全了苏州兴建工业园区以求"筑巢引凤"和国外资本试图获取超额利润的各自愿景。苏州不断攀升的工业增长对外来劳动力的需求也造就了苏州当前巨大的外来农民工市场，以及为满足外来农民工生存需要的服务业劳动力市场。截至 2010 年年底，外来流动人口与本地户籍人口比例达 1∶1，苏州警方也曾进行过一个调查，60%~70% 的外来人员希望在这里定居、生活。

在"新苏南模式"中，对由外商直接投资（foreign direct investment，FDI）推动工业发展的方法一些学者也提出了令人担忧之处：经济外贸依存度过高容易导致外资撤走后的经济断层；过于优惠的经营政策和土地租让条件虽能吸引大量外资，但无形中又削弱了本土民营资本经营的政策优势；外资企业经营的产业项目与本土产业还缺乏深度融合等。这些都是苏南工业今后发展过程中需要解决的问题。尽管"新苏南模式"对推动苏南工业经济发展目前仍存在尚待完善之处，但无可争辩的是，这一模式的运行不仅繁荣了苏南区域经济，更繁荣了苏南工业劳动力市场。

本研究之所以详尽回顾苏南自近代以来工业发展的历程，是想围绕本研究所关心的外来农民工城市融入问题寻求解决路径的借鉴。当然，苏南地区政府与企业当前也面临着如何稳定劳动力资源市场的压力，确切说就是如何使足够数量的、具备适应产业结构加速升级就业环境的高品质劳动力市场资源扎根苏南。从人才战略的大局出发，支撑苏南工业发展的产业大军显然不能只由低技术密集型劳动力人群构成，应当也包括资本密集型产业中高科技、技术型劳动力人群。但不管稳固哪一类人群，满足劳动力再生产需要的各种物质与精神条件是苏南工业企业和城市都必须提供和保障的。深受吴文化①影响的苏南地区始终都力求通过企业优厚的劳工待遇和城市对外来工的充分接纳来稳定外来劳动力资源市场（潘朝晖，2011）。

---

① 吴文化与中原文化、楚文化、巴蜀文化一样是具有地方特色的中国传统文化的构成部分，她以刚柔并济的文化心态为核心特征，行事自然、含蓄，淡泊名利，隐忍细腻，强调均衡，不善争斗。见李力的《吴文化与"苏南模式"》。

3 农民工融城的物质空间实践：居住融入

被视作外来者的农民工想要融入城市，是因为城市远不止作为谋取口粮的物理场所那么简单。城市是一个融合了制度、文化、心理的复杂系统，身居其中的每一个生产与生活实践者都在这个复杂系统所给定的环境中谋求生存与发展，赋予其意义，个人也能动地创造或改造自身实践所依赖的环境。这个环境就是与外来农民工融城实践行动发生密切关联的城市空间。在城市空间社会学者看来，城市空间对个人而言并非均质而等量，之所以在城市中出现了人类各自不同的生活形态，正是由于个体主观见之于客观的社会实践活动与城市发生了关联，这种既作为主体实践活动的背景又因为主体的实践活动而被改观或自我生成的场域，是个人的物质生活领域、精神生活领域及社会生活领域三者的辩证统一体，它是具体化、社会性、历史性和实践性（生产性）的，因个人、社会、时代而异。总而言之，城市个人的实践活动就具有这种空间性，分析城市主体实践行动发生的背景与结果就必然要联系到行动的空间实践，当然也包括本研究关注的农民工城市融入实践行动在内。

以城市空间社会理论为理论依据，本书分别从物质空间、心理空间和社会空间三个层面来考察外来农民工融城实践发生的条件，即农民工融城实践的空间性问题；而在农民工融城空间实践的各层面内部，我们再依照吉登斯的"结构二重性"理论来具体分析与论证其融城实践过程的内在逻辑。

3.1 苏南外来农民工的城市居住空间评价

居住是人类最基本的实践行动，基于居住，人类才得以展开其他社会生产实践。人们依据日常生活实践要求来选择或构筑自己的居住场所，并通过起居活动与居住场所所表征的物质空间发生关联，每个人独特的生活方式从而就在这寓含于各种形态建筑中的居住空间下得以形成。城市空间社会学者认为，城市的区域布局及城市建筑的空间结构无不隐喻主体间存在的权力关系；在城市中，个人与个人之间，个人与社会之间的关系形态事实上是通过居住场所这种物化形式来得以表征的。因此，考察城市主体的居住意愿与行动，就是在考察城市主体以怎样的居住形式或其"存在性"的物质空间而与城市社会发生各种关联,且无论主体是受制于城市空间的权力关系网还是占据城市空间权力关系的支配点。

农民工进入城市亦首先从居住实践开始。本研究将通过考察调研地农民工城市居住意愿和行动来探知这一群体与城市社会之间所形成的现实关系形态,分析农民工融城实践的物质空间中所包含的权力关系及对农民工所产生的实际影响。

由表3-1可知,2007年被访农民工中,多数人是自己租房居住(68.1%),并有一定数量者居住在由企业提供的集体宿舍内(19.5%),少量农民工借住在雇主家(5.8%)或亲戚家(3.3%),极少数的农民工能在城市购置自己的住房(1.3%)。2012年我们对苏州、无锡、常州地区新生代农民工的调查显示(表3-2),居住在市区的占13.8%、市郊和城乡结合部28.2%,居住于镇区的29.1%、农村社区的28.9%。其中居住方式仍以租赁民房(62.8%)和单位宿舍(25.2%)为主。而据国家人口和计划生育委员会2012年8月发布的《中国流动人口发展报告2012》显示,72%的流动人口家庭通过租房居住,尤以租住私房为多(国家人口和计划生育委员会,2012)。苏南地区流动农民工租房居住率明显低于全国水平而集宿率比较高,这主要与苏南地区制造业发达,很多企业向员工提供集体宿舍有关。若不考虑集宿区人口,自行选择城市居住场所的被访对象中,新生代流动农民工平均家庭人口1.99人,而家庭每户实际居住人数为2.85人,这主要是由于很多单人家庭选择合租方式居住。从人均居住面积来看,不考虑集宿区人口,新生代流动农民工人均居住面积19.63m^2。如果进一步排除掉单人家庭,人均居住面积降至18.78m^2。如果只考虑购买或租赁民房的流动农民工,人均居住面积为20.56m^2。同样,如果排除掉单人家庭,人均居住面积降至18.94m^2,而2011年苏州、无锡、常州三市城区居民的人均居住建筑面积在30m^{2}左右。因此整体上,无论是根据课题组2007年的调研数据,还是根据2012年的调研数据,相对于城市居民,苏南地区被访农民工能完全自主支配个人城市居住空间的比例不高。

表3-1 2007年苏州、无锡、常州农民工的居住场所选择

居住场所选择	频次/人	有效比例/%
在单位集体宿舍	382	19.5
在老板家里	113	5.8
自己租房住	1 331	68.1

续表

居住场所选择	频次/人	有效比例/%
住在亲戚家	64	3.3
在城市自购商品房	25	1.3
其他	37	1.9
有效合计	1 952	99.9
缺省	2	0.1
总数	1 954	100.0

注：表中数据由 2007 年课题组成员共同整理

表 3-2　2012 年苏州、无锡、常州新生代流动人口居住情况

		人数/人	比例/%
居住位置	市区	385	13.8
	市郊/城乡结合部	787	28.2
	镇区	812	29.1
	农村	806	28.9
	有效合计	2 790	100
居住区非户籍人口比例	小于20%	287	10.3
	20%~40%	580	20.8
	41%~60%	668	23.9
	61%~80%	382	13.7
	81%以上	873	31.3
	有效合计	2 790	100

注：表中数据由 2012 年课题组成员共同整理

城市空间社会理论中，以建筑形态呈现的居住空间是人类创造的满足自身生活需要的物质空间，不同类型的居住空间对置身其中人的社会生产活动范围和条件予以限定，并承载人们的社会关系，影响人们对居住空间的心理认知。根据我们在苏南地区的调查，被访农民工的居住场所主要包括以下几种：居住于企业的集体宿舍、在雇主家居住、自己租房居住、借宿于城里的亲戚家和在城市自购住房居住。表 3-3 详细分析了各种类型居住空间对农民工融城日常生活实践影响。

表3-3 农民工居住场所的城市社会空间评价

居住场所	外部居住环境	城市社会空间评价
在单位集体宿舍（1）	临近厂区，位于城市边缘地带	居住场所：被分割为多个单元或隔间的楼房式建筑；每间单元住人4~12人不等；宿舍中内设施简陋（个人床铺，少取暖或制冷设施），洗漱公共，无容纳私人生活的空间 外部环境：厂区便利店、小诊所能配套；但娱乐场所、社交场所、学习场所缺乏
在单位集体宿舍（2）	临近厂区，离中心城区不远或位于城市边缘地带，但交通便利，且能与市民共享城市公共服务设施	居住场所：宿舍设施齐全，有相对独立的私人生活空间 外部环境：公共服务设施完备，能满足农民工城市日常生活需要
在老板家里	建筑工地附近、营业场所附近	居住场所：受雇主安排居住，个人空间狭小，房间内设偏简陋，饮食起居易受工作和雇主影响而不规律 外部环境：在工作场所附近，生活相对便利，有一定的社交空间，但娱乐、学习空间缺乏
自己租房住	临近工作场所的城市各角落或城郊	居住场所：居住空间随租金涨落而不稳定，租房内设偏简陋，室内多不通风、采光不好 外部环境：便利店、小诊所能配套，低消费水平的娱乐场所较多
住在亲戚家	城市各角落	居住场所：居住空间多仅限于就寝而缺乏生活性，因陋就简 外部环境：生活设施完备性程度依实际居住地而定，公共服务不稳定
在城市自购商品房	城市中低档商品房住区	居住场所：私人生活空间足够，能自主安排城市日常生活 外部环境：住区公共服务功能可保障，但服务层次不高，服务选择余地小

我们的调查发现，苏南地区普遍推行的集宿制有效解决了外来农民工城市居住的稳定性问题。但就集宿制下农民工融城空间实践的效果而言，要分两种情况进行评价：第一种，农民工居住在位于城市边缘地带的厂区集体宿舍区；第二

种，农民工居住在临近厂区，且离中心城区不远的集体宿舍区，或者农民工居住于城市边缘地带的集宿区，但距中心城区的交通便利，且集宿区周边各类公共服务设施完备。很显然，在远离城市中心区域且交通不便利的企业集体宿舍区居住，农民工经历的是从厂区到宿舍"两点一线"的单调生活，在封闭、隔离的居住空间中只能展开与工友、雇主之间临时性的社会交往，并按照工厂规定的工寝时间过着缺乏个人自主实践性的日常生活。这样一种出于企业管理的方便，只满足劳动力就寝功能而忽略其交往、娱乐、教育等自尊需要和自我实现功能的居住空间，并不能为农民工提供有效的融城机遇与条件。另一种，居住中心城区不远处集宿区或在城郊但有便利的交通工具到达中心城区，这样，农民工仍然可以与市民共享城市的公共服务设施和资源，能较为便利地满足个人日常生活需要，融城成本大为降低。此种集宿居住模式下，企业如果能够向员工提供寝居设施完备的集体职工宿舍，农民工居于其中的生活体验、感知与评价也自然倾向于正面性。苏南地区一些企业为外来农民工提供的"青年公寓"正是这类集宿居住空间的典型。

根据我们的调查，仍有不少农民工选择在城市租房居住，尽管所租房屋很可能就位于城市社会生活的中心地段，但受房租市场波动和企业用工影响，农民工基于居住空间所实践的城市生活体验是充满混杂性、变动性或临时性的，居住的安全感大打折扣，而且消费的低水平化、娱乐形式单一化等都难以为农民工提供融入城市主流社会的合法途径。虽然一些寄居于雇主家或亲戚家的农民工遭遇社会隔离的情形相对前两种居住方式可能要少一些，毕竟与雇主和亲戚相对熟识一定程度上能够缓解农民工的孤独体验。但与此同时，"寄人篱下"的滋味并不好受，"寄居"就意味着要根据主人的生活节奏来安排自己的饮食起居，自己独特的城市生活实践体验则不易展开，融入城市的过程大多依赖与雇主、亲戚交往的渠道来进行，有时甚至会扭曲农民工的城市印象。本次调研中，能够自主利用居住空间展开城市生活的是极少部分能自购城市住房的农民工群体。不过限于财力，这部分农民工所选择的往往是城市中低档商品房住区，尽管住区内生活服务设施基本完备、服务功能大体保障，但服务的层次不高，可选择的余地较小，农民工据此空间而与城市发生深度关联还需假以时日，且取决于他们对自身居住环境改善的要求与实践。

总体上，在我们的调查中，被访农民工现有的居住空间还没有能够成为他们融入城市很有利的条件，换句话说，对农民工融城实践物质空间的评价结果不高，在城市中仍存在着居住层面的"空间剥夺"现象，它阻碍了农民工的城市社会融入。当然，配套日益完善并覆盖全城乡的公共服务系统，苏南地区探索的外来农民工集宿制居住管理模式，为当地农民工寻求低成本的融城实践路径提供了重要的物质空间保障。

3.2 农民工城市居住实践与结构性因素的互动影响

3.2.1 户籍制度对农民工城市居住融入的结构性影响

户籍壁垒被公认为是制约我国农民工城市融入进程的结构性原因，壁垒的形成可追溯至1958年正式颁布的《中华人民共和国户口登记条例》。该条例实施后不仅严格限制了农民进入城镇，更造成城乡二元分割的社会格局。其经济影响是有效地促进了低成本路线下国家重工业发展的原始积累，但社会影响则是牺牲了大量农村人口现代化发展诉求，严重拉大了城乡社会差距。"文化大革命"后，国家"拨乱反正"并恢复市场经济建设，市场的放开与资本的流动都对能够创造剩余价值的劳动力产生了巨大需求，但旧的户籍制度凝固了城乡人口分布与劳动力配置（蔡昉，2007）。面对市场经济发展的新环境，一方面是城市劳动力人口严重不足，另一方面是大量的农村剩余劳动力难以向城市转移[①]，形成了城市工业劳动力供需关系中"剃头挑子一头热"的困局。借由改革开放带来户籍制度的配套改革，就成为放开农村劳动力市场以满足城市工业发展人力资源需求的政策动力，以及促成农村劳动力到城市就业谋生的政策拉力。

同全国的情况一样，江苏苏南地区跟随中央的步伐自1978年始就依据城市发展对农村劳动力的社会需求不断修改并颁布实施更新后的户籍管理制度，而制度的屡次革新则反过来又不断促进外来农民工对城市的流入。时至今日，逐渐宽松的户籍制度与日渐人性化的农民工城市居住政策更吸引农民工尤其是"第二代农民工"形成庞大的城市移居潮。以下我们挑选中央及地方（苏南）户籍制度改革进程中部分重要政策予以简要回顾，并辅以政策宽松后带来的入城农民工数量及特征变化情况予以充分地说明。

1984年10月，国务院发出《关于农民进入集镇落户问题的通知》规定：凡申请到集镇（不含县城关镇）务工、经商、办服务业的农民和家属，在集镇有

[①] "家庭联产承包责任制"政策普遍实施之后，极大地激活了农民的生产积极性，随着农业机械化程度的进一步改善，农业生产效率和产量都得到很大提高，农村劳动力从"过密化""搭便车"的低效农业生产模式中解放出来，曾一度造成了农村劳动力就业不足，而又由于城市长期限制农村人口的流入，导致20世纪80年代初农村中积蓄了大量的剩余劳动力。

— 45 —

固定住所，有经营能力，或在乡镇企事业单位长期务工的，公安部门应准予落常住户口，及时办理入户手续，发给《自理口粮户口簿》，统计为非农业人口；粮食部门要做好加价粮油的供应工作，可发给《加价粮油供应证》；地方政府要为他们建房、买房、租房提供方便；工商行政管理部门要做好工商登记、发证和管理工作。此后据统计，从1984年至1986年年底，在不到3年的时间里，全国办理口粮户达1 633 828户，总计4 542 988人（张英红和雷晨晖，2002）。这是中国户籍制度的一次重大松动，这也是费孝通提倡和推行小城镇建设的一项配套措施，由此也推动了农民"离土不离乡"的就地转移模式（熊贵彬，2009）。

随着外来务工人员入城人数的迅速增加，1985年7月，公安部颁布了《关于城镇暂住人口管理的暂行规定》以应对户籍制度改革带来的城市流动人口的社会管理问题。暂住时间拟超过三个月的十六周岁以上的人，须申领《暂住证》；因务工、经商、兴办服务业等工作原因暂住时间较长的，登记为寄住户口，发给《寄住证》。进入20世纪90年代以后，暂住证制度在全国各大城市间普遍推行，苏南地区（苏州、无锡、常州）也分别于1990年、1993年、1995年推行了流动人口暂住证制度，并在随后几年根据实施情况进行了修改。表3-4中列举了我国一些重要城市制定暂住人口管理法规规章的时间分布（张玮，2009）。从表3-4看出，苏南地区暂住证制度推行实践的时间在全国来说属于较早的，这也间接说明苏南地区农村劳动力流入城市现象与农民工城居问题都较早的显现出来，从而促动当地政府尽早开启了以"建立暂住证制度"为内容的阶段性户籍管理制度的改革。

表3-4 我国一些重要城市制定暂住人口规章制度时间表

年份	华北	东北	华东	中南	西南	西北
1986					昆明	
1987						
1988		哈尔滨、吉林、齐齐哈尔、抚顺		珠海	成都	
1989		长春、大连				
1990			苏州、厦门	广州		
1991	太原					
1992				汕头		
1993			无锡			
1994	大同			长沙、南宁		

3 农民工融城的物质空间实践：居住融入

续表

年份	华北	东北	华东	中南	西南	西北
1995	包头、石家庄邯郸		**青岛**、南京常州、南昌	深圳、武汉	贵阳	
1996		**鞍山**、大庆	合肥、淮南	中山		
1997		沈阳	徐州	东莞		**铜川**
1998		本溪	济南	郑州		**玉树**
1999	唐山		杭州			西宁
2000			景德镇	襄樊	拉萨	
2001						西安、兰州
2006			九江			

注：加粗标注表示时间早于省会城市
资料来源：张玮，2009

  当然，暂住证制度仅从字面意思理解就表明，此项户籍制度管理方式的改革重在承认城市流动人口城市居住行为的暂时性与事实性，而并未确认能给予城市流动人口同等的市民待遇和承认流动人口城市生活的永久性。暂住证制度并没有专门针对农民工的城市融入问题予以充分解决。除了暂住证制度的过渡性质及对流动人口管理的管制本位[①]特征之外，暂住证所适用的人口对象不仅包括农民工，还包括其他非农民工城市流动人群，其具体法规确认的是流动人口暂住身份的合法性，其政策影响的目标并不指向解决农民工的城市融入问题。而随后推行的小城镇户籍制度的改革虽然对城市外来农民工的暂住者管制思维有所突破，但从改革后相关法规规定的具体内容来看，农民工要想真正落户城镇、移居城市仍面临较高的居住和就业等方面的准入门槛，即便是发达地区也只处在投资移民、技术移民和婚嫁移民阶段上（刘林平等，2009）。我们从1984年颁布的《国务院关于农民进入集镇落户问题的通知》细则中就能发现，自理口粮户口的农民入城之后虽然获得了城镇户口资格，但并未能与城市居民同等享有商品粮户口在住房、就业、升学、参军、婚配、养老、医疗等方面的政策待遇。这就造成了为获得城市户口本而入城的农民因户籍身份与户籍政策资源享有之间的不对等性而

---

  ① 由于以管制为主的制度设计思路，城市暂住证制度在各地具体实施过程中还出现了一些职能部门利用管理权限"创收"和"腐败"的恶劣行为，造成了严重不良的社会影响，以致后来各地城市又纷纷推出了流动人口暂住证制度的户籍管理制度改革实践，取消了暂住证办理体系。

"两头空"的尴尬与麻烦(失去了农村户口保障的农地经营权又不能在城市获得市民社会保障权益)。尤其是乡镇企业发达的苏南地区,其在20世纪80年代吸纳农民工入城镇务工的能力在全国一直居于高位,农民工城市移居的长远性与稳定性需求更为突出,大量、长期而深入的农民工城市生活实践要求日益触动户籍制度持续变革。1997年6月,国务院批转公安部颁布《小城镇户籍管理制度改革试点方案》,明确规定,农村户口的人员及其共同居住的直系亲属,在小城镇已有合法稳定的非农职业或者已有稳定的生活来源,而且在有了合法固定的住所后居住已满两年的,可以办理城镇常住户口。适用方案的对象包括,一是从农村到小城镇务工或者兴办第二产业、第三产业的人员;二是小城镇的机关、团体、企业、事业单位聘用的管理人员、专业技术人员;三是在小城镇购买了商品房或者已有合法自建房的居民。2000年6月,中共中央、国务院发布的《关于促进小城镇健康发展的若干意见》指出:为鼓励农民进入小城镇,从2000年起,凡在县级市市区、县人民政府驻地镇及县以下小城镇有合法固定住所、稳定职业或生活来源的农民,均可根据本人意愿转为城镇户口,并在子女入学、参军、就业等方面享受与城镇居民同等待遇,不得实行歧视性政策。对在小城镇落户的农民,各地区、各部门不得收取城镇增容费或其他类似费用。这两项小城镇户籍制度的改革举措,较为慎重地考虑了推动农民落户城镇、入城移居过程中消除融入歧视和障碍的政策导向,从而回应了农民工进入城镇稳定、长期居住的需求和愿望,从政策层面保障了农民工融入城市的条件。户籍制度从暂住证到小城镇落户改革力度进一步扩大,外出就业农民工数量从20世纪90年代初期的6000万人左右增长到21世纪初期的1亿人左右。东部沿海地区和城市的第二产业、第三产业成为农民工就业的主要渠道。

关于小城镇户籍制度改革吸引农民劳动力入城落户的政策效应,全国各地的情况并不一致。但在乡镇企业和集镇经济较为发达的东部地区,小城镇户籍制度改革吸引农民工入城和稳定农民工劳动力市场的政策效应是显著的。例如,早在2003年江苏省统计局人口抽样调查结果就显示,江苏全省城镇当年就业的农民工就有160多万人,其中来自省外的48.95%,省内占51.05%;省内农民工中苏南地区占46.48%,苏中地区占22.93%,苏北地区占12.59%。这主要是由于江苏城市密集,特别是苏南地区经济发展水平高,就业机会多,能够提供较大的生存和发展空间(徐国强等,2004)。由此可见,不仅在江苏省甚至在全国,苏南地区都是一个农民工聚居谋职的重地。大量农民工到苏南乡镇企业就业,加速了当地农村的工业化、城镇化,农民工对迁居苏南城镇的强烈要求也加快了当地户籍制度改革的步伐,并日渐触及旧有户籍制度在新形势下显露的核心弊端——

城乡人口社会身份与资源分配的二元差异。而正是这个户籍制度的结构性问题对农民工的城市社会融入形成了根本性障碍，户籍制度的改革仍要持续。

3.2.2 农民工移居潮及对户籍壁垒的冲击

3.2.2.1 农民工流动"家庭化"趋势与城市移居趋势

总体上，20世纪80年代是乡镇企业吸纳农村劳动力进入城镇务工和生活，形成民工潮"离土不离乡"（地区内流动）的第一阶段，而20世纪90年代则是乡镇企业经营前景暗淡时农村劳动力"离土又离乡"（跨地区流动）的民工潮第二阶段，而进入21世纪后以新生代农民工为主体的入城务工潮则可视为民工潮的第三阶段。如果说，前两个阶段的民工潮都具有典型的农民工"候鸟式"往返城乡兼顾农业生产与外出务工的特征，那么第三个阶段的民工潮则具有显著的"迁徙式"特征，即农民工长期在城市务工、亟待融入城市及定居城市。近10年来全国各地有关农民工城市居留意愿与行为的调查研究结果都充分说明了这一点。

《中国劳动保障报》2005年7月28日至8月10日连续刊登的"劳动保障部课题组关于农民工情况的研究"系列报告中指出，农业部固定观察点数据显示，2003年全部外出劳动力中，外出时间10个月以上的常年性外出占60.2%；第五次人口普查数据显示，来自乡村的迁移人口中，随迁家属占13.9%。在省内迁移中，随迁家属相当于务工经商人数的40%；在省际迁移中相当于务工经商总数的11%。国家统计局农调队调查数据显示，2004年农民工举家外迁的有2470万人，比2003年增长1.6%，约占农村外出人口的20.9%。

广州中山大学承担的国家社科基金重大招标项目（05&2D034）结项成果表明（问卷调研时间2006年7～8月，调研地点广东珠江三角洲9个地级市，有效问卷3086份），30.8%的农民工愿意放弃土地但不愿意迁移户口到城市，25.2%愿意放弃土地并愿意定居城市，29.4%的农民工仍愿意往返城乡之间即不愿意放弃土地也不愿意迁居城市，14.6%的农民工则不愿意放弃土地但又有迁居城市的意愿（蔡禾等，2009a）。那么，实际上有迁居城市意愿可能的占到69.2%（25.2%+29.4%+14.6%），但之所以其中有确定的迁居城市行动的只占到25.2%，则主要是由于制度设置上对农民工的安排使得他们很难摆脱以户籍制度为核心的制度体系约束的限制（蔡禾等，2009），从而形成了移居城市的重要障碍。

广东省青少年工作领导小组2007年编写的《广东省青少年发展报告》显示，27.4%的农民工希望在务工城市买房定居，50.2%的农民工打算干几年回家，想尽快回家的农民工加起来不超过两成（广东省青少年工作领导小组，2007）。

浙江省 2007 年抽样调查显示，在流入地居住一年以上的农民工已经占到总数的 63.4%（中国农民工战略问题研究课题组，2009）。

上海复旦大学与国家统计局上海调查总队 2009 年 9 月合作开展的"上海市外来农民工情况调查"结果显示：上海农民工的平均来上海时间为 7.2 年，其中来上海超过 10 年的占 24.2%。在上海农民工群体中，来上海年数为自然年龄 1/5 以上的人占 43.8%，为 1/4 以上的人占 31.5%。平均而言，上海农民工们迄今已将 22.2% 的生命时间在上海度过（陆康强，2010）。

以上各地农民工流动的"家庭化"趋势及移居城市的稳定趋势亦显现于江苏苏南地区。曾在 20 世纪 80 年代以"江南小城"而闻名的苏州、无锡和常州，而今无论是从人口规模、经济总量还是从城市区划、社会规划来比较和衡量都已发展成为名副其实的"苏南大都会"，虽不能比拟上海这样的"巨型城市"，但也在全国趋于二线城市之首。从"小城故事"到"大城纪事"，苏南外来务工者的大量涌入功不可没。

3.2.2.2 农民工城市移居行动对户籍结构的冲击

1)"结构二重性"观点下农民工城市移居行动的理论解读

在民工潮的初、中期阶段，一方面，农村人口在收入改善的"推力"与城市工业的"拉力"共同作用下纷纷进城务工，他们的城市务工生活实践触动了城市空间和资源分配体系的渐进性变革（从最初颁布实施政策允许符合条件农民入城务工，到建立城市流动人口暂住证制度，再到改革小城镇户籍制度放开农民落户城镇限制）；另一方面，以旧有户籍制度为核心的城市社会制度仍以其"坚韧"的惯性延续着城乡二元分割的格局（包括这种二元制度下产生的二元思维），农民工暂时仍沿行"候鸟式"乡-城循环迁移的路径。但正如吉登斯所指出，行动与结构互为条件、互为因果，不管农民是基于哪种最初入城的机遇与动因，他们在城市谋工的经历与体验及由此确定的对城市制度、文化和人际的认知都将影响到他们下一步入城的动机与行动。对农民而言，城乡之间如果仅有职业类型的差别，并无居住方式与生活方式差异，那么农民入城务工的行动后果就如同只是更换一种工作地点、工作岗位或工作方式，并不引起农民工对城乡差别的"过度"敏感。然而现实的情形是，城乡反差之大（尤其是改革开放早中期）足以让初次入城的农民们"眼花缭乱"直至"愤愤不平"。城里人的居住空间布置、工作时间安排、饮食起居模式、消费娱乐选择乃至城里人听的歌、说的话、穿着打扮、举手投足都与农村人不同甚至很不同。农村人进入城市之后几乎每天目睹现代都市人的朝至夕归，其内心比较后的感受、情绪、判断及与同乡交流所达成的共识都深深地刻画着他们心目中的城市。一些有关农民工的纪实文学和影视作品中常常出现的场景是：当外出务工者绘声绘色地向尚未出村的老乡讲述城市的新鲜与时髦时，他们脑海里同时浮现的却往往是城市的偏见与排斥。夹杂着过往隐忍的辛酸和对未来涨酬的寄望，农民工们把城市对他们产生的各种影响源源不断地扩散至农村，影响着更多的老乡到城市寻找机会、感受城市、评价城市，一方面幻想着做城里人，一方面又对城市彻底地失望。这些农民工对自己城市务工经历的评价、对城市的认知和感受都汇集成强大的主观力量影响着农民工后续入城的期待与行动选择。而正是数以亿计的农民工持续近30年进城打工的行动选择及他们对自身行动所赋予的各种意义，影响着与农民工融城实践密切相关的城市社会制度与规则的变迁。城市户籍制度也在其中，由最初的城乡二元分割向城乡一体化演进，向更有利于农民工城市融入的方向演进。

以上运用"结构化理论"与"理性选择理论"对我国城市户籍制度变革与农民工城市移居潮互动关系进行了解释，我们还需要在经验层面观察和验证，即是否如理论所预见的那样，农民工城市融入的行动与影响农民工城市融入的结构因素之间互为条件、相互建构。我们分别从两个方面来展现经验研究结果：首先描述调研地农民工的城市移居行为，然后借以政策文本分析和农民工移居量化数据佐证，梳理苏南地区城市户籍制度的变革过程和农民工移居趋势，以及两者之间的互构关系。

2）苏南农民工的城市移居行为选择

（1）移居意愿和户口变动意愿。2007年的被访对象中21.2%的人明确表示想长期留在城市安家立业，19.8%的人表示想学好技术回老家找个好工作，11.2%的人想回去办企业自己当老板，有15.2%的人表示做几年就回家继续务农，还有18.1%的人表示没想过或不知道将来怎么办。34.0%的农民工表示愿意将户口迁入现在居住的城市，47.5%的农民工不愿意将户口迁入，16.7%的农民工表示说不清楚自己的决定（表3-5、表3-6）。对比我们发现了一个矛盾之处：被访对象中想迁入户口到城市的占到了34.0%，而有长期留在城市安家立业意愿的却只有21.2%。什么原因引起了两个看来高度相关的测量指标得到了差异12.8%（21.2%~34.0%）的结果？或者可以说被访农民工似乎更看重城市户籍身份的获得，而并不确定自己能否真正融入城市。实际上，从这里我们就很容易看出，附着在城市户籍上的权利和资源是吸引农民工迁居城市的主要因素，而城市制度的结构性排斥及农民工自身的各种融入障碍则让行动者犹豫不决，导致对自己能否长期定居城市的想法充满怀疑。

表 3-5　2007 年苏州、无锡、常州农民工的移居意愿

移居意愿	频次/人	比例/%
长期留在城市安家立业	414	21.2
学好技术回老家找个好工作	279	19.8
回去创办企业自己当老板	387	11.2
做几年就回家继续务农	218	15.2
没想过或不知道将来怎么办	353	18.1
其他	273	14.0
合计	1 942	99.4
缺省	12	0.6
总数	1 954	100.0

注：表中数据由 2007 年课题组成员共同整理

表 3-6　2007 年苏州、无锡、常州农民工的户口变动意愿

户口变动意愿	频次/人	比例/%
愿意迁入户口到城市	665	34.0
不愿意迁入户口到城市	929	47.5
说不清自己的决定	327	16.7
合计	1 921	98.3
缺省	33	1.7
总数	1 954	100.0

注：表中数据由 2007 年课题组成员共同整理

2012 年我们对苏南新生代农民工城市留居意愿调查结果显示（表 3-7）：愿意长期定居务工城市的被访者比例为 24.8%，同 2007 年的调研结果（21.2%）相比有微幅上升，而已确定回农村的定居者从 2007 年的 46.2%（回乡就业、创业、务农）大幅降至 2012 年的 30.5%。这表明苏南地区外来农民工城市定居意愿近些年有趋强态势，尤其新生代农民工城市留居意愿更强。我们还注意到，2012 年调研对象中有多达 42.5% 的新生代农民工对是否定居城市持还没想好的态度，比 2007 年（18.1%）上升了 24.4 个百分点，这说明被访对象中仍有相当比例者存在定居城市的可能性，并进一步印证了新生代农民工城市留居意愿趋强的观点。之所以会有相当比例的农民工在是否定居于务工城市问题上犹豫不决，这主要是由农民工面临的不确定移居条件所决定的，考虑到定居城市的经济成本、社会风险、心理代价等。例如，仅根据我们对苏南地区新生代农民工的购房

决策所做的调查（表3-7），结果显示只有9.7%的被访对象已在务工城市购房定居，而明确表示不会在务工城市购房者占到五成（53.7%）。从表面上看这似乎与苏南农民工城市留居意愿趋强的结论相背离，但正说明仅购房因素这一项就直接影响着农民工们定居城市的决策。国家人口和计划生育委员会2012年8月发布的《中国流动人口发展报告2012》中显示，目前全国72%的流动人口家庭是通过租房居住（城市），也从一个侧面印证我们对苏南农民工城市移居难原因的判断。不过我们看到，表3-7中显示有10.4%的被访者正在或决定购房，而仍有25.2%比例的农民工对购房问题处在犹豫中。据国务院发展研究中心"促进城乡统筹发展，加快农民工市民化进程研究"课题组2011年发布的调研数据显示，全国近80%的农民工无论如何都愿意留在城里（韩俊等，2011），课题组在苏南地区的调研结果离全国农民工城市留居意愿趋势还有一定距离。除去统计口径、地区差等客观因素造成统计结果差异之外，我们相信，如果务工城市进一步通过调整住房政策、优化公共服务措施降低农民工的入城居住成本，农民工的移居融城意愿将更为明朗。

表3-7 2012年苏州、无锡、常州新生代农民工的定居决策和在苏州购房决策

		人数/人	比例/%
移居意愿	定居城市	692	24.8
	回农村	850	30.5
	去其他地方	63	2.3
	还没想好	1 185	42.5
	有效合计	2 790	100
购房决策	已经购买	270	9.7
	正在购买	109	3.9
	打算购买	208	7.5
	看情况决定	705	25.2
	不会购买	1 498	53.7
	有效合计	2 790	100

注：表中数据由2012年课题组成员共同整理

（2）户籍制度对农民工的开放度影响其移居城市的意愿和行为。改革开放以后，户籍制度限制人口流动的坚冰逐步被打破，苏南地区也在逐步放松对城乡户籍转移的限制。但为什么在全国较早开展城镇户籍制度改革，放宽对农村人口

迁移落户限制的苏南地区，农民工的城市定居意愿仍旧偏低？这需要我们分析改革后户籍制度具体政策的实施效用来予以回答。

以苏南地区外来人口最多的城市苏州市为例。2007年苏州市对外来务工人员的户口迁移政策规定，在本市申请户口迁移实行条件准入制。购买市区成套商品住房75m² 以上，取得房屋所有权证三年以上，且被单位合法聘（录）用三年以上，按规定参加社保三年以上，具有合法稳定经济收入的，允许其本人、配偶及其未成年子女整户迁入①。从这里可以看出，苏州市的户籍限制在当时（截至2007年）还没有完全放开，当地政府采取的是一种要么凭资金要么凭能力的一种选择性入户机制。其对农民工户籍迁入的主要限制，已经变成有自购住房、正规就业及缴纳较长年限养老保险，即被企业合法录（聘）用、按规定参加社保三年以上、购买市区成套商品住房75m² 以上，取得房屋所有权证三年以上等。这其中，拥有自购住房又是最主要的，不论是以何种身份到苏州工作，要落户意味着必须拥有自购房（且自购房建筑面积需达75m² 以上），而我们的调查结果显示，能够达到这一要求的农民工的比例是微乎其微的。调查样本中，仅有1.3%的人在城里买了自己的商品房，他们中的绝大多数是自己租房住（占68.2%），其次是住在单位集体宿舍（占19.6%）。

以上调研结果证实了我们的判断：户籍制度的开放度直接影响农民工移居城市的意愿和行为。放开了户籍迁移的可能，但仍然附加迁移的条件，不要说农民工通过迁居实现城市人的生活体验受到限制，就是农民工将户口迁移到城市改变户口簿上的身份标签都不是想象中的那么容易。从调研结果中我们看到了，苏南农民工已经显现出希望拥有城市户口的美好愿望，但尚未充分放开的户籍制度仍造成了苏南农民工融入城市的结构性障碍，因而唯有尊重农民工的理性选择意愿（获得城市户籍，享受市民同等待遇而不仅仅是获得收入），持续进行促进农民工融入城市的户籍制度改革，城市社会制度才不会对农民工造成结构性"压榨"，否则农民工在城市依旧会遭遇"被边缘化"并带着"城市失落"重又返回农村。2008年金融危机过后出现的"民工荒"就已说明，无论农民工理性或非理性，农民工都是具有能动作用的行动者，农民工们不是没有选择，"如果城市不接纳我们，我们依然可以回到农村，哪怕没有事做也比待在城市受人气、吃喝都贵强！"

3.2.2.3 实现农民工城市融入的苏南地区户籍制度的深度变革

一直走在经济体制与社会体制改革前列的苏南地区，迫于当地工业经济快速

---

① 《苏州市户籍准入登记暂行办法》（修订），2007年9月3日颁布。

发展对劳动力稳定供应的压力，及时回应了农民工的"家庭式"迁移与稳定移居的现实需求，近两年苏南地区在城乡一体化背景下大刀阔斧推进的城市社会管理体制的创新举措中就包括城乡户籍制度的深度变革。

1）苏州

2008年7月16日，苏州市公安局、人口和计划生育委员会、教育局、劳动和社会保障局、卫生局、政府法制办公室相关负责同志及苏州大学有关专家学者，专门就《苏州市外来人口居住证制度的可行性研究》召开了专题调研会，专门研究居住证制度的必要性和可行性，并由笔者承担了"苏州市外来人口居住证制度可行性研究论证"课题。对于苏州实施外来人口居住证制度，笔者提出以下政策意义。

（1）以居住证制度淡化户籍概念。相比暂住证制度，苏州居住证制度淡化了户籍概念。暂住证强调"外来"的概念，含有一定的歧视含义，而居住证强化"居民"意识，强调了公民的权利。从暂住证制度变革为居住证制度，虽一字之差，却反映了城市对外来人口观念的改变。

（2）居住证制度是基于外来人员市民待遇的体现。外来农民工多数从事着市民不愿意从事的底层工作，用廉价劳动力为城市发展贡献了巨大产值，但却长期被排除在市民待遇之外。而建立居住证制度后，持有居住证的外来农民工可以享受在子女教育、养老、住房、医疗、教育等诸多方面与市民同等的待遇，这有利于消除外来务工人员的城市生活顾虑，增强其城市适应能力，促使其尽早地融入城市。

（3）居住证承载的信息量大，更有利于社会管理与服务，节约和统筹行政资源。居住证承载的信息包括姓名、性别、从业状况、社会保险、婚姻状况、计划生育、诚信和违法行为记录等。同时，居住证信息系统通过采集、交换、共享外来人员信息，统一数据和交换标准，系统互联互通，节约了管理成本，提升了政府公共服务能力。

苏州市外来人口居住证制度施行前期，笔者还从制度运行的政策、经济、技术和管理四个可行性方面予以了详尽论证。政策可行性是指在原则上，施行该制度应该不违背相关法律、不违背相关的国家规定；经济的可行性是指可用政策资源的可能性、政策要能实现资金、人力和资源的合理配置，并使计划和政策与国家经济能力和消费者的支付能力相适应；技术的可行性是指能有相关的技术工具、载体与平台有效实现居住证制度的实施目标；管理的可行性则是指居住证制度建立后要避免组织体系上错综混乱，建立的基础是已经形成了相对完整的外来人口管理组织体系。分析论证认为，苏州市在当前已经具备居住证制度建立和实施的可行性条件。

2010年8月，苏州市公安局第一次完成《居住证管理暂行办法》初稿。随后先后召开了9场不同层面的座谈会和论证会，经过先后10次修改，最终形成《居住证管理暂行办法》定稿并在2010年3月28日的市政府常务会议上正式通过。

2011年4月1日，苏州市正式颁布实施《居住证管理暂行办法》，在江苏省率先启动居住证制度试点工作，发放了首批居住证，600多万外来人口拥有了苏州"绿卡"，从而在就业、医疗、教育等诸多方面享受"市民待遇"，这成为真正破除苏南地区外来农民工融入城市户籍制度壁垒的重要标志。

2）无锡

2007年5月，无锡市委、市政府主办的"人口素质与城市现代化高层论坛"，论坛围绕《无锡市提升人口素质三年行动计划》制定和出台召开。行动计划从10个方面提升无锡的人口素质，包括：改革暂住证和户口登记制度；建立居住证及与之相配套的新的人口登记制度；符合条件的可以领取居住证，暂时不符合条件的换发或申领临时居住证；坚持提高出生人口素质；搞好人口的结构调控，尽可能延缓老龄化加速的势头；加强对市民的道德文明素质的培育和引导；努力营造人才成长、集聚和人口潜能发挥的良好环境；继续做好维护和保障农民工权益的工作等。2007年7月，无锡市委、市政府颁布实施《关于进一步提升全市人口素质的若干意见》，着手改革暂住证和人口管理体制，建立以居住证为核心的新的人口登记制度，并创建人口管理服务新体制。这个新的体制主要包括四个方面的内容：一是要建立统一、高效、专责的人口管理服务机构；二是要建设人口综合信息服务网络；三是要健全"条块结合、以块为主"和"权责利相统一"的人口管理服务体系；四是要形成社会化、社区化和"以证管人""以房管人"相结合的人口管理服务新模式。尽管文件通篇未见"户籍制度改革"一词，但强调要逐步弱化户籍概念，对所有常住人口实行权利义务平等和公共服务均等，让持居住证的外来人口与本地户籍人口享有平等的权利和义务，这些内容本身就是户籍制度改革必然要面对的重要课题。

2008年8月，无锡又出台了《关于全面加强人口服务管理工作的决定》和系列配套文件，以体制机制创新为抓手，落实各级政府服务管理职责，加快政府职能转变，推动社会管理创新，突破人口问题对经济社会转型发展的制约。

2009年5月1日，无锡市正式实施《无锡市居住证管理暂行办法（试行）》，为全市实行居住证制度做了有益的探索。

2010年7月11日，经过一年多的开发建设和社区试运行，无锡市人口综合信息管理系统正式启用。该系统建成了"一库五平台"，即人口综合信息库，人口综合信息数据交换平台、采集平台、决策分析平台、共享服务平台和监控管理平台，涉及全市8个部门700多万人口个案信息汇总入库，初步形成了包括江阴、宜兴两个市（县），包含户籍人口和流动人口在内的全市实有人口信息库。2010年年底，无锡市分别入选全国"十大最具幸福感城市"和"十大最受农民工欢迎城市"，2011年3月获得全国"最具幸福感城市"和"最受农民工欢迎城市"两个称号。

3）常州

2003年7月1日，常州市公安局颁布实施《常州市户籍准入登记暂行规定》。此次户籍管理制度改革的最大突破，就是打破城乡分割的户籍管理二元结构，取消农业和非农业户口性质，全面建立以居住地登记户口为基本形式，以合法固定住所或稳定职业（生活来源）为户口准入条件，与市场经济体制相适应的新型户籍管理制度。《常州市户籍准入登记暂行规定》共14条，主要内容为：在常州市范围内取消农业户口、非农业户口，建立城乡统一的户籍登记制度；取消"农转非"制度，全面建立户口迁移条件准入制，以合法固定住所或稳定职业（生活来源）为户口准入的基本条件；进一步放宽"三投靠"人员在城市登记常住户口的条件限制，投靠配偶不受婚龄限制，父母投靠子女不受身边有无子女限制，未婚子女均可投靠父母；继续实行投资兴业人员户口迁移政策；实行有利于引进人才户口迁移政策；改革大中专院校学生户口迁移办法（荆轩和胡越，2003）。

2005年年底，常州市常住人口达412.8万人，其中外来人口（在常州市居住半年以上，无常州市户籍）76.8万人，数量在江苏省13个城市中居第4位。与2000年人口普查数据相比，常州外来人口总量增加了17.1万人，年均增加3.4万人，快于户籍人口年均增加2万人的速度。外来人口占常住人口的比例达18.6%，比2000年上升了2.8个百分点，其中在常州市生活一年以上的占80.1%，五年以上的占29.6%（江苏省统计局，2007）。截至2010年11月1日，常州市常住人口为459.2万人，与2000年第五次人口普查相比，十年间共增加74.7万人，增长19.4%，年平均增长1.8%，年均涨幅高于全省1.2个百分点。2010年年末户籍人口为360.8万人，与常住人口之比为1∶1.3，十年间常州市户籍人口共增加19.3万人，增长5.7%，年平均增长0.6%。2011年11月5日，常州市发展和改革委员会、"农民、农村、农业"工作办公室、公安局、财政局、人力资源和社会保障局、住房保障和房产管理局、教育局等部门联合召开户籍管理制度改革研讨会。会议就户口准入条件、保障农民权益等方面围绕省政府《关于深入推进户籍管理制度改革的意见（征求意见稿）》进行深入探讨，提出修改建议。

应该说，正是苏南地区不断进行户籍制度改革乃至以居住证制度建设为标志的深度改革，从根本方向和理念上包括政策层面为农民工城市身份的确认和城社会的融入创造了有利的结构性条件。反过来，也可以认为，正是基于苏南地区外来农民工日益迫切的融入要求与融入实践，促成了城市户籍制度向有利于农民工定居城市和融入城市方向上的结构性变动，农民工的城市融入行动与城市户籍制度结构变革之间形成了互动与共变的关系。

3.3　争取农民工居住空间公平的政策实践

农民工的城市融入问题本质从属于个人与社会的关系问题，即农民工与城市社会的关系问题。"空间"是"关系"产生的物质载体且同时"关系"又型塑"空间"的形态，城市社会给予农民工怎样的"城市空间"，农民工就基于这种空间形成怎样的个人与城市的"社会关系"和对城市的"心灵归属"，从而又在农民工自己的物质空间、社会空间和心理空间的统一中塑造农民工自己的"都市空间"，它可能是与市民的"都市空间"格格不入，但也可能是相互交融，与此相对应，农民工可能是被城市社会排斥和隔离的，也可能为城市所接纳。而按照哈维和卡斯泰尔的城市空间理论，政府对城市空间生产的干预和农民工争取城市权益而开展的社会运动也重新塑造了城市空间。因此无论是居住在企业提供的集体宿舍区，还是城市出租屋或是亲友住处，住所对农民工来说都是基于劳动力再生产的物质消费品和再生产实现的空间的意义而存在。所谓的住宅，已经不是简单的提供劳动力再生产的物质空间，而是蕴涵了更多权力、分层、剥削、合谋、冲突、反抗等意义的社会空间（蔡禾等，2009），并且农民工基于居住空间所形成的对城市空间的认知和心理感受，直接影响农民工的城市融入进程，因此农民工的城市居住融入是继户籍融入前提、就业融入条件、社会保障融入基础之后的农民工城市融入的关键。

3.3.1　农民工居住空间公平问题的总体评价

目前，我国农民工城市居住空间形成的主导决定力量主要包括资本、社会两种[①]。在资本力量的主导下，居住空间的出资方或控制方基于生产成本最小化的

[①] 有学者从"劳动力日常再生产模式"角度将农民工的居住方式概括为"资本主导型"和"社会主导型"两种基本类型，资本主导型包括员工集体宿舍、临时窝棚和工作场所等居住形式，社会主导型包括租屋、借助不固定及自购房住等既非资本直接提供也非政府正是部门提供的居住方式。见蔡禾的《城市化进程中的农民工：来自珠江三角洲的研究》。

考虑会侧重于从资本增值最大化角度安排劳动力的栖居模式，其中就包括对劳动力调动、使用和管理的时空便利性、集中便利性及替代便利性考虑。这样，为农民工提供集体宿舍或靠近生产场所集体租屋及直接在工作场所附近临时搭建工棚的居住安排就最有利于员工顺应快节奏、高效率的上工班次，对资方来说是最大可能地节省了用工居住费用，而对员工又能以居住近便、价格低廉形成就业吸引。但显然，这种"鸽笼"式的住宿模式往往不具备"居家"的意义，被集中隔离与城市社会之外的农民工只能将厂区宿舍、集体租屋和工棚视为谋生的暂时居所，在取得"满意的"劳动收入时甚至忽略自身对居住改善的需要，更无暇顾及居住选择时考虑自己融入城市的需要。

另一种农民工居住空间形成的主导力量"市场"尽管能增多农民工自主择居的机会，但由于农民工整体的弱势性导致他们也难以在环境幽雅、居住舒适的住宅区租赁房屋解决居住问题。相反，他们只能选择在房屋租价低廉的城郊结合处、"城中村"、拆迁还建区来解决居住。这些地区最大的特点是人居混杂、流动性大、生活圈贫民化、卫生和安全条件差。农民工居住在这样的空间与环境中，对人身安全的提防盖过对城市正面的认知，负面的城市印象无从引导农民工建立对城市的归属感。

如果说资本力量主导下居住在厂区宿舍、租屋和工棚的农民工是由于"身体隔离"而失去融入城市社会空间的机会，那么在市场力量主导下在出租屋居住的农民工则由于"心理隔离"而"融不进"城市社会空间。借助社会网络"落脚"于城市的农民工，由于散居于亲朋或雇主提供的临时住所内，多数情况下居住空间被压缩得很有限，往往是因陋就简，就在店铺房、门面房、值班室甚至是地下室搭铺过夜，居住的质量堪忧。这种情形下的农民工也无从扩展城市社会交往的空间，农民工不是生活在与自己同类的圈子里，就是只能与雇主和工友建立社会关系，对城市社会的融入相当有限。

那么相对而言，住在政府出资统一修建的农民工集中居住区或廉租房内是否更有利于农民工的城市融入？这要看农民工的集中居住区是否与城市优质的公共服务设施、场所和服务系统实现有效对接。一些情况下出资方迫于财政压力（如地价、规划和建设成本）的考虑会选择在城区外围修建农民工集中居住房，尽管农民工考虑就近入职方便选择在这些地方居住，但必然减少了农民工与城市核心圈接触的机会。另外一种情形是，即使廉租房是通过拆迁改造建在城市中心区，但由于商圈效应影响，这多数农民工会顾虑自己的经济承受能力而选择"城市贫民"寄居的廉租房区域就住，因此居住空间的安全与庇护的保障效应并不明显，甚至是微乎其微。由此，也只有最后一种，由具有一定经济实力的农民工在城市自购住宅才算是最有利于其城市融入的居住方式,不过这部分农民工群体人数较少,同扎根城市社会很深的市民相比,其购置住宅时在地段、交通、商业服务、住房面积、结构及配套的物业服务等方面的选择余地相对不大,他们的城市融入对农民工群体整体来说意义仍不显著。

总体而言,目前农民工的城市居住方式及由此决定的居住空间还十分不利于农民工的城市社会交往圈和心理层面的融入,资本、市场、政府、农民工的社会网络及农民工自身都是改善居住空间及由此带来的城市融入影响的决定性力量。但从农民工群体当前整体上还处于社会弱势地位的角度,资本、市场,尤其是政府借以政策促进农民工在提供、影响、帮助或引导农民工合理选择居住方式方面责无旁贷。

3.3.2 苏南地区争取农民工居住空间公平的政策实践

苏南地区农民工的居住方式既有全国普遍性特点也有其地区性。苏南制造产业发达,农民工分布在大大小小的外资企业和乡镇企业中务工,资方是解决其居住问题的一支重要力量。其次,苏南地方经济发达,政府在招商引资的社会服务方面能给予较为稳定的财力支持,因此政府亦能在农民工的居住问题上发挥重要作用。此外,在苏南乡镇企业谋职的农民工,"离土不离乡"的就业情况较为普遍,因此通过社会关系网络(包括地缘、亲缘)解决务工居住问题的选择余地就比只身外出打工的农民工居住选择余地大;而在大型外资企业,资方均有实力满足员工的住宿要求(当然也是企业必须要为劳动力解决的),自建宿舍或集体租房是主要形式。

在解决农民工居住空间公平方面,苏南地方政府对集宿制的推动不遗余力。农民工集宿制是指当前在各城市中存在一种政府大力提倡的农民工集中居住的安置模式。集宿制住宅区主要通过三种方式兴建,对用工人数较多的企业,鼓励企业按政府制订的建设标准建造员工的集体宿舍(确保室内寝居条件完备、冷暖设施齐全);以政府投入的方式,建造一批规模型、标准化的农民工聚居点;采用市场运作方式,由民营企业投资建造或农民共同出资入股兴建。相对于其他农民工居住方式,主要由政府推动扶持建立的集宿区充分考虑到了农民工居住空间对都市日常生活需要的满足,这和由资本主导居住方式形成的居住空间存在本质上的区别,也优于由农民工在有限财力和居住信息条件选择的住所条件。例如,新华网 2007 年 3 月 8 号的一篇"江苏:十件实事让 900 万农民工实实在在收益"文章中就报道:苏州已有 70% 以上的农民工住进了民工公寓,无锡也兴建了许多的农民工集宿区。据资料统计，昆山市现已建成农民工集中居住点 50 处，26 多万人员居住，农民工集宿率达 60%；吴江市纳入集宿管理的农民工 21 多万人，占 71%；常熟市的集宿区，城镇区域农民工入住率为 42%，企业农民工入住率为 80%。在苏州市工业园区，十几幢拔地而起的外来工青年公寓非常"抢眼"，近万名外来工彻底告别了"游击"生活，有了自己暂时的家。"青年公寓"就是其中的典型一例，它是由企业投资建造、委托物业公司进行管理的一个农民工集散地。一期工程共有 19 栋宿舍，二期尚在建设中，可容纳外来人口一万余人，目前已入住九千余人，入住率达 95%。男女分开居住，有专门的男生宿舍和女生宿舍，这也有针对夫妻情况的二人宿舍。这里的房间由企业与物业公司签订合约，按人数出租床铺给公司。青年公舍内的生活设施一应俱全，有专门的物业公司管理，有超市、食堂、面点店、理发店、网吧等。不过就地理位置而言，"青年公舍"远离市区，如乘坐公交车，从市区到"青年公舍"要一个小时左右；但是，目前苏南地区各条城际、城内地铁线路也顺利开通，也相当有效地解决厂区农民工进入城市中心生活区、商圈的消费需求。

3.3.3　农民工集宿居住方式下的城市融入：以张家港冶金工业园为例[①]

地处张家港市锦丰镇的江苏扬子江国际冶金工业园是 2003 年 1 月由江苏省人民政府批准设立的国内首家省级特色工业园，北临长江深水岸线，南接沿江高速公路和苏虞张一级公路，地理位置十分优越。规划面积 36.8km^2，起步区面积 13.1km^2，已开发 15km^2。近年来冶金工业园依托沙钢、浦项等核心企业，进一步整合港口资源综合优势，加快冶金产业集聚，初步建成以金属冶炼为主业、以金属深加工和现代物流为延伸的新型工业基地。2006 年 8 月，江苏扬子江国际冶金工业园与锦丰镇实施一体化管理。2009 年 3 月，行政管理体制调整，冶金工业园区中国共产党工作委员会、管理委员会对园、镇实行统一领导和管理。

3.3.3.1　冶金工业园外来务工人员基本情况

冶金工业园外来务工人员情况见表 3-8 ~ 表 3-10。

[①] 本小节的内容，由苏州大学社会学院高峰教授指导的本科生唐荷玉整理完成。

表 3-8　冶金工业园外来务工人员基本情况

总数/人	男性/人	女性/人	16 周岁以下/人
59 208	34 108	18 112	6 988

表 3-9　冶金工业园外来务工人员文化程度分布

文化程度	人数/人	所占总人数比例/%
文　盲	165	0.32
小　学	2 366	4.53
初　中	41 706	79.87
高中（中等或中技）	5 084	9.74
大学专科或专科学校	2 040	3.91
本科及本科以上	836	1.61
研究生	23	0.04

表 3-10　冶金工业园外来务工人员职业构成

务工类型	人数/人	所占总人数比例/%
企业和建筑业	37 820	72.42
务农	1 102	2.10
服务	5 090	9.74
经商	1 935	3.70
无业	5 969	11.44
其他	304	0.60

资料来源：张家港市锦丰镇流动人口服务中心 2011 年 7 月统计报

3.3.3.2　冶金工业园外来务工人员的居住类型

张家港冶金工业园集宿点按出资主体来划分，主要有四种模式：政府直接出资建设模式、村民出资自建模试、私人公司出资建设模式和用工单位出资建设模式（表 3-11）。

表 3-11　冶金工业园外来务工人员的居住类型

居住类型	人数/人	占总人数比例/%
租赁房屋	21 994	42.12
企业内部集宿	23 510	45.02
工地宿舍	1 100	2.11

续表

居住类型	人数/人	占总人数比例/%
社会闲散集宿	1 500	2.87
经济门店	1 544	2.96
自购房屋	1 588	3.04
自建房屋	745	1.43
水上船舶	87	0.16
其他	152	0.29

资料来源：张家港市锦丰镇流动人口服务中心 2011 年 7 月统计报

（1）政府直接出资建设模式。一种是通过政府直接投入资金建设集宿区，建成后直接以廉租房的形式面向农民工招租，或通过企业拍卖经营权的形式转让于企业使用，此种模式对政府造成的负担较重，建设量不可能很大。由于是政府直接参与投资建设，在公共服务设施配置上相对比较完善。其中最典型的是由镇政府 2007 年投入 2400 万元建设的锦丰科技创业园集宿区，该集宿区属于社会闲散集宿点，位于冶金工业园郁桥村，面积 22 000m²，6 层，房屋 7 幢，其中集体宿舍 5 幢 260 间，夫妻宿舍 2 幢 60 套，双层门面 11 间，门卫 1 间，实行全封闭管理，可容纳 3500 人居住，并安排保安进行 24 小时值班，在其周围配有小吃部和超市，满足居住人员的日常生活。另一种是政府通过组织利用闲置的厂房、学校、拆迁安置的临时过渡房，以及其他暂时闲置的建筑物，进行简单的整修、加固后，配套一定的基本生活设施，出租给外来单位，由外来单位实行自治。其中最典型的属于淮安劳务公司，淮安劳务公司分为二个社区，由闲置的厂房和学校改建而成，建筑面积 9500m²，其中单身宿舍 40 间，夫妻宿舍 72 套，里面配有职工餐厅和职工休闲娱乐室，因处于镇中心，未配有超市等其他生活设施。

（2）村民出资自建模式。由村民自筹资金建设，将家中的整幢空置房经过改造后出租给有需要的外来单位作为员工宿舍，由单位统一管理。此类形式一般都是由沙钢的外包单位承租，伙食由单位自行料理，此类聚居区，由于单位节约成本，未配备专职卫生人员，卫生状况不容乐观。目前冶金工业园此种集宿区超过 30 家，每户居住人数有 20～50 人不等。

（3）公司（企业）出资建设模式。主要是由私人公司以集团形式先行建设，继而将这些集宿区集体出租给需要的企业，集宿区选点靠近工厂集中的地方，企业承租后，通常由物业公司进行统一管理，如沙洲电厂集宿点，建筑面积 5690m²，共有宿舍 14 幢，房间 168 间，出租给 7 家外来单位。

（4）用工单位出资建设模式。主要由雇用农民工的大型企业建设，一般该类企业规模较大,有一定的经济实力,该类集宿区由企业进行封闭管理,相当于职工宿舍,此类形式是冶金工业园集宿点建设中最常见的一种类型。冶金工业园的张家港爱丽塑料有限公司,是目前国内领先的塑料地砖专业生产厂家之一,现有外来员工800人,年销售收入超过7亿元。爱丽塑料有限公司在2005年投入380余万元新建60套公寓套房的基础上,2010年,又投入180万元新改建了70余套公寓房。公寓房内配有数字电视、厨卫设施、油烟机、空调及全套家具,而企业仅向入住的员工每月象征性地收取物业费、水电费,许多被评为先进的员工则可以全年免交物业费,使大家感到既是经济待遇,又是精神奖励。

3.3.3.3 冶金工业园外来务工人员集宿点居住与城市融入

1)集宿点内外来农民工的社会参与

社会参与既是农民工表达权益的重要内容,又是实现和维护个人与集体利益的实现途径。农民工是冶金工业园产业工人的重要组成部分,赋予他们社会参与的权力关系到社会稳定大局。通过近几年的努力,冶金工业园集宿点内外来农民工已占到该镇农民工总数的50.05%。在政府主导下,以社区为平台,不断支持和鼓励集宿点农民工参与到社会管理的各个方面,使外来农民工逐渐走出企业或来源地的局限,迅速融入到城市社区社会生活中。集宿点农民工社会参与主要通过以下组织实现。

(1)流动人口党组织。2006年7月,率先成立了张家港市首个流动党员党总支,并分别在巡防大队、科技创业园、淮安劳务、灌云劳务、十三冶五个集宿区成立了党支部,现有流动党员200名,新发展流动党员38名。冶金工业园流动党员党总支,在全体流动党员中积极开展"立足岗位比奉献,比学赶超争先锋"等主题活动。教育全体党员不分地域、不分行业、不分阶层,发挥党员的先锋模范作用。2011年,开展了关爱流动党员系列活动,把关心流动党员工作落到实处,激发流动党员的工作和创业热情。为喜迎建党90周年,进一步提高流动党员对"第二故乡"的归属感和认同感。开展了"迎建党90周年、流动党员看港城"活动,组织20余名流动党员和入党积极分子先后参观了冶金工业园沙上文化馆、东渡苑古黄泗浦遗址、江南农耕文化园,并开展了座谈。

(2)妇女组织。2007年8月,在流动人口党组织机构的基础上,成立了流动人口妇女工作委员会、流动人口计划生育协会,2010年12月又成立了全市首家流动人口"妇女儿童之家"。通过开展职业介绍,为妇女就业创业牵线搭桥,涌现出了一批优秀的女性创业先锋。各级妇女组织经常性开展丰富多彩、富有地方特色的家庭文化、体育、娱乐活动，满足妇女及家庭成员的精神文化需求。为切实维护流动人口妇女合法权益，为流动已婚育龄妇女提供了"两癌"筛查等一系列的计划生育及生殖保健服务，实现公共服务均等化。2011年上半年，流动人口计划生育协会走进集宿点发放计划生育宣传礼包23 000份，免费发放计划生育服务卡2454份，免费进行早孕检查4433人次、B超等服务性检查22 321人次，孕环检查26 754人次，发放药具4000人次，生殖健康检查29 554人次，"两癌"筛查2800人次。

（3）新市民调解委员会。冶金工业园于2006年4月成立了全市首家新市民调解委员会，委员会成员由各单位中有较强影响力和代表性的外来农民工和流动人口服中心的专职协管员组建而成，共有成员16人。这一组织是外来农民工维护自身合法权益最有效、最便捷的途径，成立几年来，解决涉及外来农民工各类纠纷1023起。

（4）新市民共进协会。2010年12月，冶金工业园在下属的联兴村探索成立了新市民共进协会，有会员235名，其中外来农民工会员为225名，是外来农民工与本地居民融合型组织。新市民共进协会是在村党委领导下的群众组织，具有民间性、共建性、互助性、服务性等特点，该组织的宗旨是：通过自我组织、自我教育、自我服务、自我管理和平安建设，成为新老市民交融的民间协调团体，成为联系党和群众的桥梁和纽带，成为基层组织开展管理工作有力助手。

2）集宿点内外来农民工的公共参与

这里所说的公共参与，是指在社区内行使直接权利的外来农民工，在市、县、镇、村，通过代议制度、推荐制度、评选制度，进入社会公共领域，进入地方共同体及国家共同体中行使各项职责。

（1）荣誉评选。市镇各级先后在外来农民工中开展"十佳新市民""优秀党员""三八红旗手""十佳优秀少年"等评选活动。有26名外来农民工获得以上荣誉，其中有2名农民工因获得"市十佳新市民"荣誉而获得优先将户口迁入张家港市的资格。

（2）参与政府决策听证。近年来，在张家港市政府工作报告、有关农民工政策出台之前，都举行座谈会，听取外来农民工的意见。冶金工业园就有4名外来农民工代表走进了市人民代表大会会堂听取市政府工作报告。

3）集宿点内外来农民工的社会融合

集宿点内的农民工以业缘聚居在一起，交朋友的范围主要局限在同事之间，他们的社会融入主要是参加企业内部的社团和俱乐部。为此，市镇两级流动人口服中心积极创造各种途径和渠道，增强农民工融入感和归属感。

一是通过开展"春风行动",提供职业技能培训,为农民工提供劳动就业服务。例如,2011年的"春风行动"中,就发放春风卡等宣传资料980份,有680人达成求职意向;组织100人参加职业培训,努力为用工单位和农民工创建就业平台,减少了农民工盲目找工作的尴尬局面。

二是通过新市民才艺大赛、新市民运动会等业余文化活动,提升农民工的人文素质。2011年上半年,共推荐了33名农民工参加了新市民才艺大赛,有55幅十字绣、剪纸、摄影、书法、绘画等作品参加了比赛,展现了农民工的新面貌,也增强了他们对第二故乡的认同感和归属感。

三是通过送法进企业、新市民法制学校,为农民工开展法制培训,提高他们的法律意识。2011年先后26次邀请各类法律专家、派出所干警、司法所干部等到企业上课。课程结合典型案例,向农民工讲解了《江苏省暂住人口管理条例》《治安管理处罚法》《安全生产法》《劳动合同法》等多部法律法规,13 500余名农民工参加了培训,有9000名农民工参加了法律法规和市情知识试卷的测试。

四是通过电波传递情感。张家港电台的"相约张家港、梦寻张家港"是一档由农民工讲述自己故事的节目,很多农民工踊跃走进电台,和大家分享自己在张家港的创业经历和心路历程,引起了广大农民工朋友的心灵共鸣,很多农民工漂泊的心不再孤单,通过这档节目结交朋友,融入城市。

3.3.3.4 基于冶金工业园外来务工人员集中居住状况的政策评价与建议

1)农民工集宿点居住方式的积极意义

(1)有利于推动农民工规范化管理。近年来,从违法犯罪人员统计情况来看,外来农民工违法犯罪率占当地违法犯罪总数的比例一般都超过50%,这其中还有不少恶性犯罪案件,案件产生的原因固然是多方面的,但在一定程度上,同他们居住的环境有着必然的联系。由于居住分散,人员复杂,治安防范监控很不到位,再加上一些出租房主治安管理责任不明,签订的治安责任书形同虚设。更有不少房主对外来农民工情况一无所知,看到流动人员有违法犯罪嫌疑视而不见,不敢声张,不敢举报,唯恐"报复""暗损",导致一些好恶逸劳的农民工把出租房当做违法犯罪的"藏身地""避风港"。外来农民工建设集宿点,在改进和提高外来人口居住条件的同时,也有利于促进人员的规范化管理,能更有效落实治安防范措施,保障社会治安的稳定。

(2)有利于创建良好的居住环境。随着外来农民工的涌入,不少市民在"房东经济"利益的诱惑驱使下,乱搭乱建现象时有发生。出租房屋只收房金不抓管理,卫生状况不容乐观,脏乱差现象非常严重,垃圾、污水满地,再加上私房出租户大多数没有配套的卫生设施，这些直接影响了大环境卫生的管理，同时也容易引起邻里之间矛盾。由此，"脏、乱、差"成了私房出租户外来农民工的"代名词"。外来农民工走集宿化道路，通过规范化管理，在集宿点内开展创建活动，配置专职管理人员，将会彻底改变外来农民工的生活卫生环境，良好的卫生环境能逐步转变人的卫生观念，摒弃不良生活陋习，提高外来农民工的生活质量。

(3) 有利于提高农民工的整体素质。在外来农民工中，绝大部分来自贫困地区的农村。他们接受的文化教育较少，文化层次较低，法律法规知识淡薄，人员整体素质较差。通过集中居住，能够更有效地开展各种宣传教育活动，充分利用黑板报、宣传橱窗等宣传阵地，广泛开展法律法规、文化卫生等方面的宣传教育，组织业务培训和各种有益的文化娱乐活动，提高外来农民工的整体素质，逐步使他们向新港城人、新市民方向转变，迅速融入张家港这个"第二故乡"大家庭中来。

(4) 搞好外来农民工集宿点建设，有利于政府各职能工作的顺利展开。外来农民工管理服务工作涉及方方面面，在加强人员管理的同时，切实关心、帮助、解决好他们的工作、生活等方面的问题，已成为政府各职能部门的工作重点之一。通过集宿点管理，能够更加有效地强化外来农民工的计划生育、卫生防疫、妇幼保健等方面的宣传和服务。在加强管理与服务的基础上，积极倡导外来农民工建立自治协会组织，充分发挥他们自治、自理、自立的能力，积极配合政府部门开展好各项工作。

2) 农民工集宿点建设的制约因素

(1) 经济因素。集宿点在发展过程中要考虑到经营主体和权衡利益的平衡。一是集中居住公寓的经营的问题很复杂，政府、企业是常见的主体。政府为主要的经营主体，容易造成财政负担与后续管理的压力；企业则要更多地考虑投入与产出的比例，一般不愿意投入到集中公寓的建设；本地居民的廉租房并未大规模地开展，如果政府在农民工集宿公寓投入过多，容易引起本地居民的不满。房租收入是本地居民重要的收入来源，以50万人（张家港市72万农民工中有70%租房），人均年租金300元计，则全年租金收入为1.5亿，外来人口转向集宿公寓则对本地居民的收入有较大冲击。

(2) 资源环境因素。随着城市化的推进，土地已经成为十分稀缺的资源，又受国家有关的土地管理政策的限制，镇区内的可供用于建造集中公寓的土地指标极少。在工业园区内，有10%的指标（包括管理用房）可以用于非生产性用房的建设，而如果要引入专业的公司来建造并提供公寓租赁业务，就需将原有土地的工业属性转为商用，在审批上环节上有一定的难度，而在商业用地上建设出让或出租的公寓房则成本过高。

（3）社会文化因素。农民工来自不同的地方，不同的文化背景、不同的习俗、不同的思想观念导致农民工选择自己租房居住。一方面农民工在个人思想上往往带着浓厚的地方性，强调地域性观念，喜欢和老乡租住在一起，渐渐形成了一定的乡土圈子。例如，冶金工业园协仁村的"滨海城"。另一方面，由于地方习俗、生活习惯不同，很多农民工不适应集宿点各种规章制度，宁愿在外面自己出钱租房居住。

（4）制度因素。由于一些企业夫妻公寓房资源有限，不能满足所有农民工的居住需求，许多企业在提供夫妻公寓房时对学历、工作年限、资格等级等方面作了限定，使得很多拖家带口的农民工很难享受到夫妻公寓房待遇，不得不选择租房居住。

3）解决外来农民工城市居住问题的对策和建议

（1）明确政府和社会责任，建立更为合理的住房保障体系。实行住房保障，提供公共住房是政府和社会义不容辞的责任和义务，由于农民工住房问题的艰巨性，要求全社会必须公正地对待农民工的住房保障问题，每个社会成员都应该认识到各个社会阶层都是经济发展中不可缺少的力量，每个社会成员对于社会总利益的扩大都有一定的贡献，他们有权作为社会成员享有舒服的居住条件，分享社会繁荣的成果，建立农民工住房保障不仅仅是为了保障农民工这一社会低收入阶层利益，而且也为了其他人福利的最大化，因为社会稳定可以使社会成员以较低的代价获得最大的利益，对于一个不断走向富裕、不断走向公正的社会，人人享有一定的住房是全民性的社会生存权利，为每一阶层建立合理、长期和稳定的住房保障体系，是一个公正社会的必然要求。

（2）提高农民工住房可支付能力。农民工住房消费问题的实质，是农民工实际住房消费能力与其住房需求之间的矛盾。政府应该不断地创造机会，以提高农民工的住房消费能力为首要任务，为农民工提供劳动技能培训，提供各种就业机会，提高农民工家庭收入，要授之以渔并最终解决农民工的住方问题。

（3）租房居住和集宿居住并存。从目前形势看，租房居住和集宿居住仍是解决居住问题的主要途径。一方面政府应出台一系列优惠政策引导和鼓励企业根据"谁用工、谁负责"的原则，建立职工宿舍，解决有固定工作农民工的居住方面。另一方面要加强房屋租赁市场的管理和引导，农民工是租赁房源主体，但是冶金工业园地产租赁数量和比例较低，租赁市场发展缓慢，政策性租房体系没有形成，农民工社会保障性租房体系基本不存在。农民工收入低、流动性强特点决定他们大多居住在廉价的出租屋里，因此，加强房屋租赁市场管理对农民工来说意义重大，政府部门应当加强出租屋的管理，建立住房出租管理协会这个民间团体来协助政府管理，搭建政府和出租房主的桥梁。对出租屋进行综合评估，订立多层次租金指导价，并将其作为纳税的依据，一方面确保农民工负担得起的住房，另一方面避免一些出租屋随意抬价，侵害农民工利益。同时，要严格控制私人出租屋加建扩建现象，对居住质量不符合条件的私房严禁出租，保证农民工的基本居住条件。

（4）逐步将农民工纳入廉租房的分配对象。根据目前的规定和各地的做法，廉租房的分配对象主要是具有城市户口的双困难户家庭，这种比较狭窄的范围规定，在廉租房体系的培育初期对社会的稳定起到了重要的作用。但随着社会的转型，农民工成为了新的一个不可忽略住房弱势群体，而且随着城市化进程的加快，这个群体将不断扩大，逐步将符合条件的低收入农民工纳入廉租房分配对象应该成为农民工住房问题的核心内容。

（5）在解决农民工的住房问题上，政府必须处于主导地位，各级主管部门和相关部门也要明确工作职责，将农民工的住房问题纳入城市住房建设发展规划，建立覆盖面更广、更为合理的城市住房保障体系，要从农民工收入着手，提高农民工住房消费问题的同时扩大住房供给，多层次、多渠道地为农民工提供适合他们的住房。

4 农民工融城的社会空间实践：就业融入

4.1 外来农民工的城市就业空间评价

在城市就业并获得高于在农村工作时的收入，这应当是绝大多数农民工进城的初衷。虽然城市向农民工展示的显然不只是"就业美好"这唯一幻想，但我们不得不承认，比在农村更多回报的城市就业吸引着大量农民工驻足城市。城市空间社会理论认为，社会空间承载的是个体通过生产与生活实践活动与城市社会结成的互动关系，它既由诸多复杂的社会关系所构成，同时又直接影响主体在各种关系架构下的实践行动。在一个技术高度分工的现代城市中，生产活动与消费活动在时间纬度和空间维度上彼此都能够分离，消费者使用的产品可由这些产品的生产者所提供，而生产者的劳动成果在市场上交换为一般等价物后再进入消费领域完成商品使用价值的消耗。在城市系统中，人们进入不同的职业领域或就业空间，各自通过多样化、个性化的就业实践而产生彼此的依赖。吉登斯（2003）认为：工作空间的分离不是简单的空间划分，而是对人们活动的时空分区，是现代性的时空区域化的过程。现代城市所提供的就业空间就属于人们构筑彼此间职业关联的社会空间范畴。

如果每个居民在就业空间中居于平等的就业职位和拥有同等的就业资源，那么包含在就业空间中的职业关联实现的不仅仅是社会功能的耦合，并且也维护了个体生产性实践价值的对等性。然而现实的情形是，现代城市中的就业"空间剥夺"现象一直存在。除了个体能力差异可以解释产生就业不平等的某种内因，相对于个体的微观影响力而言，职位的空间化对个体就业现状的影响是更为重要的外因。根据城市社会空间理论，职位的空间化主要表现为两个方面：①横向上，不同类型的职业占据着不等资源量的就业空间，如依靠脑力技术就业者在单位工作时间内获得的劳动回报很可能大大超过只靠体力就业者的收入；或者掌握社会某种紧缺专业技能的人更容易获得工作机会与高薪。②纵向上，不等级别职位所产生的工作空间（生产空间）同样存在差别，那些居于科层组织体系顶端的领导者比低于其职位的任何员工都拥有更多支配他者的职场权力。资源和权力

4 农民工融城的社会空间实践：就业融入

是构成就业空间的核心要素，不同工种与职位下形成的不同就业空间决定了有差异的生产实践的过程和结果。马克思就曾指出，正是对生产资料占有情况的不同而产生了阶级的差别。

现代城市中职业空间化特性的存在，使我们在分析生产者的就业行动时不能仅从个人理性出发来理解其就业选择，而应当同时看到城市就业空间分布对就业者的影响，以及就业者通过生产实践活动与城市社会所形成的互动关系。那么，进城谋职的外来农民工会遭遇怎样的就业空间呢？目前，关于我国农民工城市就业问题的研究成果均表明，总体上农民工从第一代到第二代，横向上看所从事的行业仍主要集中在制造业、建筑业和服务业三大职业领域[①]；而在纵向上，农民工在每种职业体系内部所就业的岗位大多处于最底端，收入低但工作环境却很恶劣。除了就业空间环境评价方面，对农民工就业空间的社会评价，还包括收入、劳动时长这两项关键的评价指标。

2011年国家统计局对全国农民工在不同就业领域外出务工月平均收入及增幅的分类统计结果，如图4-1所示。

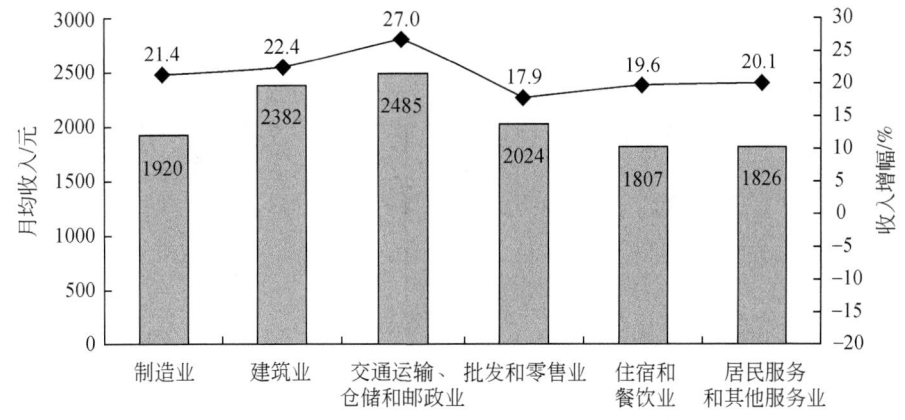

图 4-1 2011年不同行业外出农民工月均收入水平及增幅

资料来源：国家统计局，2012

---

① 根据国家统计局最新（2011）农民工调查监测报告结果显示：2011年全国农民工总量达到25 278万人。农民工从业仍以制造业、建筑业和服务业为主，从事建筑业的比例明显提高。在农民工中，从事制造业的比例最大，占36.0%，其次是建筑业占17.7%，服务业占12.2%，批发零售业占10.1%，交通运输仓储和邮政业占6.6%，住宿餐饮业占5.3%。从近几年调查数据看，变化较明显的是建筑业，农民工从事建筑业的比例在逐年递增，从2008年的13.8%上升到17.7%，从事制造业的比例则趋于下降。见国家统计局发布的《2011年我国农民工调查监测报告》。

2011年国家统计局对全国农民工在不同就业领域外出务工月平均收入及增幅的分类统计，结果见表4-1。

表4-1 全国农民工务工时间（2010，2011年）

农民工工作时长	2010年	2011年
全年外出从业时间/月	9.8	9.8
平均每月工作时间/天	26.2	25.4
平均每天工作时间/小时	9.0	8.8
每周工作时间超过5天比例/%	86.4	83.5
每天工作时间超过8小时的比例/%	49.3	42.4
每周工作时间超过44小时的比例/%	90.7	84.5

资料来源：国家统计局，2011；2012

2012年苏州、无锡、常州地区新生代农民工的就业行业和单位性质，见表4-2。

表4-2 2012年苏州、无锡、常州新生代农民工的就业行业和单位性质

就业行业	人数/人	比例/%	单位性质	人数/人	比例/%
制造业	1682	60.3	私营企业	988	35.4
批发零售业	285	10.2	个体工商户	674	24.2
住宿餐饮业	232	8.3	港澳台资企业	591	21.2
美容美发娱乐业	159	5.7	日韩资企业	181	6.5
装修建筑业	131	4.7	欧美资企业	117	4.2
家政保安环卫业	54	1.9	集体企业	100	3.6
交通运输仓储业	51	1.8	国有企业	64	2.3
农林牧渔	15	0.5	土地承包者	8	0.3
其他	181	6.5	其他	67	2.4
有效合计	2790	100	有效合计	2790	100

注：表中数据由2012年课题组整理

4 农民工融城的社会空间实践：就业融入

由图 4-1、表 4-1 和表 4-2 可知，当前农民工所从事的就是人们常说的具有"脏、险、苦、重、毒"性质的工作，不仅 84.5%的农民工每周工作时长超过 44 小时（2011 年），而且其中就业收入最高的从事交通运输仓储邮政业和建筑业的农民工，年均收入也只是刚刚与城镇居民年均收入持平[①]。不包括就业福利，仅收入、工作时长两项就足以说明，整体上我国农民工当前在城市中所占据的并不是回报高、就业环境舒适和工作福利好的就业空间，即在资源和权力两项核心要素上，农民工都未能通过其所占据的城市空间取得足够的支配能力。

从我们在苏南地区调研的情况看，被访农民工就业的行业领域也主要集中在制造、建筑与服务行业。1954 名被访对象中（2007 年），在这三个主要领域不稳定就业（打零工）者人数就达 559 人（28.6%），稳定就业但从事的是非技术工种（低技术含量密集劳动）的占到 29.7%（581 人），有一技之长一线工占 21.3%，而持有专业技术的农民工仅有 83 人（4.2%），被访农民就业分类详情，见表 4-3。从这里我们可以看出，苏南地区外来农民工的就业选择总体上同全国的情形类似，偏低的人力资本遭遇了被压缩的就业空间，农民工就业的行业类别和岗位级别可选择的余地很小。不过，尽管苏南地区农村劳动力的社会待遇情况与全国整体情况类似，但近几年，长江三角洲地区（苏南地区为其腹地）吸引外来农民工的力度超过珠江三角洲地区的趋势明显，这提醒我们对苏南地区农民工城市就业空间的社会评价还必须注意到苏南地区的"相对优势"[②]，以便透过苏南地区农民工具体的就业融城实践，来探知城市就业空间与实践主体之间互动影响关系形成的内在机理。在我们对苏南地区农民工就业情况的追踪调查中（2012 年）发现（对比表 4-3 和表 4-4），新生代农民工的就业空间实践已与 2007 年我们调查的第一代农民工相比有了明显的进步性改善，所从事的职业类别虽仍主要集中在制造业、建筑业和服务业，但就职业岗位级别而言，整体上无固定职业者比例大幅降低（由 28.6%降至 13.6%），甚至中层及以上管理者比例有所提升（由 2.3%升至 5%）。

[①] 根据国家统计局 2012 年农民工调查检测报告结果，收入水平较高的是交通运输仓储邮政业和建筑业的农民工，月均收入分别为 2485 元和 2382 元，按一年 12 月来计算，这两个行业农民工人年均收入分别是 29 820 元和 28 584 元；而同年全国城镇居民人年均收入为 23 973 元。

[②] 尤其随着中西部地区的快速发展，东、中、西部地区农民工工资水平趋同，和中西部地区相比，长江三角洲对农民工的就业吸引力甚至也开始趋降，见国家统计局发布的《2011 年我国农民工调查检测报告》。

表 4-3 2007 年苏州、无锡、常州农民工的就业身份

职业类型	人数/人	比例/%
个体户	111	5.7
各类专业技术人员	83	4.2
高级管理人员	45	2.3
部门管理人员	75	3.8
办事员	84	4.3
技术工	416	21.3
非技术工	581	29.7
其他（不固定职业）	559	28.6
合计	1 954	100.0
缺省	0	0
总数	1 954	100.0

注：表中数据由 2007 年课题组整理

表 4-4 2012 年苏州、无锡、常州新生代农民工的就业身份

就业身份	人数/人	比例/%
雇主	97	3.5
中层管理者及以上	141	5.0
基层管理者或包工头	111	4.0
技术员	359	12.9
一般雇员	1 702	61.0
家庭帮工	64	2.3
自营劳动者	316	11.3
有效合计	2 790	100

注：表中数据由 2012 年课题组整理

4.2 城市劳动力市场对农民工就业融入的结构性影响

按照学者蔡昉（2007）的观点，我国经济体制由计划经济向市场经济转型初期，一些新生的经济部门（个体工业、集体工业、其他工业）对劳动力的需求快速并大量增长，此时逐步走向自负盈亏的国有企业也急于摆脱沉重的社会管

理包袱而极少吸纳新生劳动力（尤其是农村劳动力）。同时由于传统的国有企业并没有按照市场原则配置劳动力和决定工资水平，而是依照一种"分享式的工资制度"向劳动力支付高于市场决定的工资水平，这样就促使按照市场原则运作的新生工业部门除非支付比国有企业更高的工资水平才能从国有企业中"挖人"，这显然不利于新生部门的原始积累。于是从20世纪80年代初开始，新生部门成为吸纳众多农村劳动力的重要部门。新生部门之所以有生命力和市场竞争力，恰恰在于它具有市场化的配置资源的机制，能够利用中国现阶段廉价劳动力的优势，支付给从农业劳动转移到城市从事非农业劳动者较低的工资，甚至无需支付住房、医疗、养老和事业保险等工资外福利（由于历史的原因，农村劳动力处在传统福利制度之外，在改革开放初期他们容易在城市获得比农业经营更为满意的劳动报酬）。这样新生工业部门更易于发展劳动密集型产业（纺织、服装、玩具、电子、制鞋等）以充分吸纳低成本的农村劳动力，同时城市的建筑业、服务业也大量吸纳农村劳动力来从事城市人不愿意干或者是干不了的"辛苦活"。国家统计局根据第四次人口普查资料分析得出的1990年农民工从事的职业类型（排在前10位的）：①瓦工、抹灰工；②个体流动小商贩；③装卸搬运工；④采矿、采石工；⑤家具、营建木工；⑥零售商；⑦餐馆服务员；⑧缝纫、缝制工人；⑨旅馆服务员；⑩织布工。以上结果基本上代表了我国第一代农民工的从业状况，即中国存在二元的劳动力市场，但农民工进入的却是底层的职业领域（李斌，2004）。从这里我们也可以看出，对于第一代农民工，其城市融入问题显得没有第二代农民工迫切和突出，其中一个很关键的原因是，这种二元结构性的城市劳动力市场没有预留给农民工足够的城市融入条件与空间。事实上也可以这么理解，"候鸟式"迁移模式之所以成为第一代农民工外出务工的主要特征，除了户籍管理制度这个重要的结构性原因之外，劳动力市场的二元化也是其中一个重要的结构性因素，即长期在非正规部门就业和在城市非稳定性的就业，不仅让农民工难以获得融入城市的条件和机遇，也难以让农民工产生长期定居城市的意愿和行为。

进入21世纪，随着我国整体经济结构的调整，以及各大城市产业结构的升级，我国劳动力市场结构也开始发生转变。虽然对农民工而言，这种转变尚未对劳动力市场的二元结构性质有彻底性改观，但就地区比较来看，长江三角洲地区与闽东南地区、珠江三角洲地区相比，其产业结构调整后引起的劳动力工作环境、工资待遇、企业福利和培训的改善更有利于农民工在城市获得发展的机会。一些学者将珠江三角洲和长江三角洲企业结构的差异概括为：①在外资方面，珠江三角洲以港台的中小企业为主，而长江三角洲有较多的欧美日韩及港台较为大型的企业；②珠江三角洲国有企业较少，而长江三角洲较多；③珠江三角洲除个别地方外较为缺乏乡镇企业的传统，而长江三角洲特别是苏南具有浓郁的乡镇企业传统；④珠江三角洲的私有、个体企业主要是依附港台外资企业而发展起来的，而长江三角洲则更多的是乡镇企业转制而来的（万向东等，2006）。我们仅仅从这些学者所做的企业结构对比就可发现，农民工在长江三角洲地区的务工条件与珠江三角洲地区务工条件是存在差别的，2008年席卷全球制造业的金融危机就是地区产业结构优劣及中国农民工流动转向的"试金石"。由于长江三角洲产业结构好，受国际金融危机冲击相对较小、因此选择从闽东南、珠江三角洲流向长江三角洲等地的农民工增多（长子中，2009）。中国区域经济与区域规划的知名学者肖金成指出，我国综合实力最强的经济中心、亚太地区重要的国际门户、全球重要的先进制造业基地和我国率先跻身世界级城市群的地区，长江三角洲当前正在努力发展服务业和先进制造业。长江三角洲是我国最为富裕和发展相对均衡的地区，也是我国最大的经济区和城市群。以苏州、昆山为代表的将乡镇企业模式转型为外向型企业和台资企业模式又成为中国经济发展的主要模式之一，这些都是长江三角洲地区具有中国经济发展领先作用的自身优势（孙小林，2009）。与其他产业集群地区相比，长江三角洲地区在金融危机期之所以没有出现严重的"民工荒"，这与长江三角洲地区的欧美日韩大型外资企业向员工提供比拟港台资中小型企业更优厚的福利条件和更人性化的工作环境有关。农民工流动就业并不是无理性的，农民工"用脚投票"去选择用工地区和用工企业，于是那些工作环境差、工资待遇低、经常拖欠工资的企业出现了"民工荒"现象（赵曼和刘鑫宏，2010）。

虽然在城市中，整体上农民工受人力资本、社会资本的限制暂时无法改变自己在劳动力市场上的底层地位，但农民工个体对用工企业和就业城市的能动性选择说明，农民工越来越注重外出务工的综合收益，不仅仅是收入高低和就业的稳定性的考虑，工种的难易程度、劳动的强度、工时长短、劳工福利、培训与升迁、人身安全甚至包括劳动尊严的保护都被纳入到农民工的理性考虑之中。如果能够更为稳定地在城市就业并获得较高的工作满意度，农民工自然更倾向于留在城市而不是反复地往返于城乡之间消耗家庭资本积累（打算回乡创业的农民工和无一技之长盲目外出务工的农民除外）。因此，就政府和资方推动我国的劳动力市场结构优化而言，如果产业部门要在人口红利期结束之前实现产量、产值增值，除了要依据国际和国内经济发展整体走势及时发生调整和转型，更重要的是充分保障农民工们所在乎的综合收益。否则，"民工荒"尤其是"技工荒"将一直严重困扰企业的生产运营，直到我国农村剩余劳动力无法转移或农村不再有新增剩余劳动力的那一天。苏南的产业结构当前也正在顺应整个长江三角洲地区产业结构升级的大方向而转型至高端制造业和新型服务业，其对高知识、高技能和高水平的高素质劳动力的需求不仅量大而且紧迫，必须尽快通过劳动力市场结构的良性调整来改善农民工就业融入的条件，以满足企业长期发展对劳动力数量和质量的要求。

4.3 苏南农民工就业融入的行动选择

4.2节中我们运用逻辑分析法探讨了我国劳动力市场的二元结构对农民工城市就业融入的宏观影响，那么微观层面，农民工的城市务工行为怎样基于二元劳动力结构作出就业行动的决定？农民工哪些能动性的行动回应又促成了地方劳动力市场结构的优化？我们用经验调查材料进行具体分析。

4.3.1 农民外出务工的经济动因

家庭收入是反映农民外出务工经济动因的重要指标。本次被访对象中：农民工月收入在2500元以上的占12.8%，在2001~2500元的占10.4%，在1501~2000元的占17.0%，在1001~1500元的占36.1%，低于1000元的占23.7%。课题组首次调研时间为2007年10月，如果按照1~10月来推算，被访农民工截止到2007年10月的收入分布，见表4-5。

表4-5 2007年苏州、无锡、常州农民工的收入分类

月收入分类	人数/人	比例/%	农民工人均收入/元（1~10月）
2500元以上	251	12.8	25 000
2001~2500元	203	10.4	22 505
1501~2000元	332	17.0	17 505
1001~1500元	705	36.1	12 505
1000元及以下	463	23.7	10 000
合计	1 954	100	—

注：表中数据由2007年课题组整理

为了形成对照，我们分别选取2005年江苏省统计局提供的1~10月城市居民可支配收入情况（表4-6）和苏州市财政局提供的2005年苏州、无锡、常州

三市农村居民可支配收入及结构情况（表4-7）来分析。

2005年前10个月，江苏苏州、无锡、南京、常州、南通、镇江6个城市居民人均可支配收入过万元，苏州、无锡、南京、常州四城市居民收入遥遥领先于省内其他城市（表4-6）。

表4-6 2004年及2005年江苏部分城市居民可支配收入情况

城市	2004年城市居民人均可支配收入/元	2005年城市居民人均可支配收入/元
南京	9 534	12 593
无锡	11 311	13 342
徐州	8 203	9 115
常州	10 956	12 395
苏州	12 221	13 717
南通	9 226	10 393
连云港	7 414	8 349
淮安	6 704	7 612
盐城	8 133	8 913
扬州	8 170	9 527
镇江	9 093	10 384
泰州	7 991	9 234
宿迁	5 105	5 968
平均	8 765	10 319

注：我们可以根据表4-6中苏州、无锡和常州三市的城镇居民人均可支配收入数据计算均值为13 151元（2005年1~10月）

资料来源：江苏省统计局，2005

表4-7 2005年苏州、无锡、常州三地农村居民人均全年纯收入

城市	农村居民人均全年纯收入/元
苏州	8 396
无锡	8 004
常州	7 002

对比表4-5~表4-7的结果我们发现，被访外出务工农民年均收入达到城镇市民2005年人均可支配收入水准的（13 151元）比例占到了40.2%（根据表4-6中的数据），而超过2005年农村居民纯收入（表4-7）的被访对象比例达到100%（对比表4-5）。对比结果清晰表明，被访农民工外出务工后对农村家庭收

入有了显著改善，并且有近半数的农民工收入达到了城镇户籍居民的人均年收入可支配水平。调研数据表明农民工进城务工的经济动因十分明确，进入城市能获得相对农业生产更高收入是我国城乡二元经济结构在劳动力市场价格工农差上的具体体现，我们发现农民入城务工可以被视为是农民工基于获得城乡差额收益而做出的理性选择。

4.3.2 农民外出务工职业选择的人力资本约束

由表4-8、表4-9可知，在企业注重组织岗前技能培训的条件下（接受过和未接受过企业技能培训被访对象各占一半比例），被访对象外出务工前自身人力资本积累偏低是造成职业选择限定在技术类工种而非管理类工种的主要原因，并且技术含量低的工种选择中被访者也占到了一定比例。实际上，苏南地区对农民工城市就业准入门槛的设定是比较开放的。以苏州市为例，外来民工在就业及工资方面与城镇居民一视同仁。实行城乡劳动者自主择业，取消对外来民工流动就业的户籍限制，取消外来劳动力调节费、外来务工经商人员管理服务费等行政事业性收费。外来民工只要符合法定的劳动年龄、具有一定的劳动能力和初中以上文化程度，持有相关证件，均可在我市劳动力市场求职（苏州市劳动和社会保障局，2004）。但是，也这正是个初中文化的门槛要求与进入产业结构升级期的苏南工业对劳动力技能水准的要求之间产生了"断层"，从而驱使无论是农民工自己还是企业都不得不注重人力资本给养和培育的问题。在我们的被访对象中，已经意识到人力资本在就业融入中起到重要作用的对象高达近60%（表4-10），而同时，苏南地区企业开展技能培训的职业传统与文化，以及苏南当地政府推动和敦促企业进行职业技能培训，并不断颁布出台和实施鼓励企业开展职业技能培训的政策措施，都为农民工在苏南地区的就业融入，而且是向高层次劳动力市场的融入做好了外部准备。

表4-8　2007年苏州、无锡、常州被访对象的受教育程度

受教育程度	人数/人	比例/%
小学及以下	292	15.0
初中	1 137	58.2
高中及以上	525	27.9
合计	1 954	100.0

注：表中数据由2007年课题组整理

表4-9 2007年苏州、无锡、常州被访对象接受企业职业技能培训状况

培训状况	人数/人	比例/%
接受过岗前职业技能培训	973	49.79
没有接受过岗前职业技能培训	981	50.21
合计	1 954	100.0

注：表中数据由2007年课题组整理

表4-10 被访对象认为个人就业发展最重要的因素

职业类型	人数/人	比例/%
个人的勤奋工作和能力	796	40.7
运气	181	9.3
知识	336	17.2
政府的帮助	37	1.9
亲人和朋友的帮助	551	28.2
其他	38	1.9
合计	1 939	99.2
缺省	15	0.8
总数	1 954	100.0

4.4 扩展农民工城市就业空间的政策实践：以苏州为例

总体上我国农民工目前的城市就业现状表明，农民工的城市就业长期被压缩在高劳动强度、低劳动回报和求职资源贫乏、择业权力有限的空间范围之内。这其中，农民工作为就业实践主体，其自身劳动力素质不高成为个人层面的主要障碍，而城市劳动力市场对农民工不公正的制度待遇与个人偏见是造成以上困局最根本的结构性原因。因此需要通过扩展农民工的城市就业空间，使他们能够获得足够量的就业资源和就业权力从而来改善农民工的就业回报。怎样扩展农民工的这一就业空间呢？按照城市空间社会理论，我们发现在职位空间化后的城市体系中，无论是从纵向上提升农民工的职位高低还是在横向上扩充农民工的职业类别，人力资源禀赋都是必不可少的条件。就农民工城市就业空间的扩展问题而言，主体层面需要提升就业实践者个人的人力资源禀赋，而社会层面则需要借以相关政策手段来帮助主体实现个人人力资本的升级。

苏州市从2002年5月起,对外来劳动力统一实行就业培训制度。苏州市政府还将外来民工培训列入市政府实施项目,就业培训的内容主要包括就业形势、择业指导、劳动保障法律法规,安全常识及公民道德等。同时,对外来民工积极推行国家职业资格证书制度,对经过培训鉴定合格的外来民工,由市劳动保障部门统一发放《外来务工、经营人员就业培训合格证》(劳动和社会保障部,2004)。事实上,针对来苏州市的外来民工的就业引导性培训已开展多年,苏州每年有几十万外来民工参加就业指导,截至2006年底苏州市已资助来自山东、河北、河南、福建、湖北、云南等20多个省份的2万名民工学习专业技能。2006年10月,来自全国各地的100名外来民工,开始为期120个学时的"PCB制造工艺与技术"免费技能培训,这是苏州首个由政府"买单"开办的对外来民工的专业课程,从此,苏州开启了针对外来民工更好就业服务的岗位技能培训。在苏州市《关于做好2007年度农村劳动力技能就业计划实施工作的通知》,计划当年苏州市对农村和外来劳动力岗位技能培训要完成5万人的指标,并着手推动建立了五项机制,包括"企业内训机制",即根据农民工的实际情况和用人单位的实际需要,在全市选择10家规模较大、具有一定培训能力的企业,制订适合农民工培训的教学大纲,对培训合格的,按人均培训标准30%给予补贴;实行"差额补贴机制",对外来农村劳动力培训经费实行政府、用人单位、个人三方共同分担;开展"紧缺工种认定机制",通过市场调查、企业调研、专业难度分析,认定了服装缝纫工、电子装配工、机加工、数控操作、模具钳工、汽车修理、电工、电焊工、建筑安装工等18个初级工种为紧缺工种,将这些工种的培训任务下达到各招标确认的定点培训机构,由这些培训机构对前去报名的外来民工进行免费培训。另外,还建立了"培训、认证、就业一体化机制",并对培训合格率、稳定就业率达不到规定要求的机构,实行"退出机制"(周建越和尤静芳,2007)。2008年5月22日,苏州市人民政府办公室就中国农工民主党苏州市委在市政协十二届一次会议提出的《"新苏州人"的职业教育亟待重视》提案予以复函,复函中肯定了苏州市政府、相关高校、职业技能学校、有关乡镇和企业在开展外来务工人员("新苏州人")职业培训方面所取得的重要成果,如政府委托培训机构实施职业技能培训,购买培训成果;充分利用各类教育载体,大力开展职业技能培训;建立民办职业培训机构培育机制,为"新苏州人"提供便捷培训服务;积极开展企业内训工作,为"新苏州人"提升职业技能开辟快捷通道;积极落实"新苏州人"职业教育培训经费,实行专款专用等,复函中还积极回应了提案方的政策建议,并给出了下一步推进"新苏州人"职业培训工程的具体步骤(苏州市人民政府,2008)。

在无锡市，2006 年 5 月，该市外来务工人员职业培训基地就正式挂牌成立，这是该市第一家外来务工人员专门培训机构，标志着全市职业培训体系基本完善。基地能为外来务工人员提供引导性培训、技能培训和创业培训，利用现有教育资源，建立进城务工人员教育培训管理体制，满足外来务工人员的培训教育需求（马薇，2006）。实际上，这也是无锡市根据劳动保障部《关于开展 2006 年再就业援助月活动和春风行动的通知》精神，开展的"春风行动"阶段性重要成果之一。之后每年，无锡市都设定专项主题专门针对外来工人员的就业融入提供职业培训和教育资源，例如，2007 年开展的是"技能培训与就业岗位对接专项服务活动"。2008 年 3 月底，无锡市面向进城农民工的 2008 年"春风行动"圆满结束。在历时近 3 个月时间的"春风行动"中，无锡市劳动保障部门面向农民工发放春风卡 9.8 万份，79 家公共就业服务机构为农民工提供免费职业介绍服务 2.11 万人次，其中介绍成功 1.27 万人次，12 家民办职业中介机构为农民工提供职业介绍服务 2.04 万人次，其中介绍成功 0.9 万人次。通过"春风行动"，无锡市为 2.17 万农民工找到了就业岗位（江苏省人力资源和社会保障厅，2008）。2009 年无锡市开展"春风行动 2009"六个一活动：一是推出一批减轻企业负担稳定就业局势的政策措施；二是倡导诚信服务，认定一批服务比较规范、群众比较满意、诚实守信度比较高的"放心职介服务机构"；三是开展"春风送岗位"活动；四是开展技能岗位对接活动；五是开展"维护您的权益"活动，会同工商、公安、人事等部门组织开展一次对职业中介机构的专项行动，查处取缔非法或违规职业中介机构；六是免费发放一批"春风卡"，引导进城务工农村劳动者到正规职介机构求职，为进城务工农村劳动者提供求职指南、职业中介和职业培训机构名单、维权保障等信息（江苏省人力资源和社会保障厅，2009）。2010 年无锡市"春风行动"主题是"送岗位送技能服务求职人员 满足用工需求"，2011 年的延续这个主题，但帮助农民工就业融入的服务内容更加细化：一是免费服务、岗位对接；二是规范经营、倡导诚信；三是供需调查、发布信息；四是收集岗位、组织招聘；五是规范市场、净化环境。六是宣传政策、营造氛围。截至 2011 年年底，无锡市每年培训农村劳动力人数达到了 5 万，并在 2011 年 12 月 6 日印发了《无锡市关于本省农村劳动力职业技能培训鉴定获证奖补实施办法（试行）的通知》（无锡市人力资源和社会保障局，2011），明确指出，凡当年在无锡市参加职业技能培训、职业技能鉴定，并取得《职业资格证书》或者《专项职业能力证书》的江苏省农村劳动者，均可按规定获得资金奖补，可获得最高补贴为 1200 元/人。不难发现，苏南地方政府近十年来之所以不断出台农民工职业培训政策，正是由于城市经济转型对高人力资本劳动力的迫切需求，但目前农村能够提供给城市企业的劳动力多数又是因城乡二元长期分割发展所造成的低文化、低技能的农民工群体。农民工为了获得更好的综合收益（包括家庭收入、子女教育等）入城谋工，但却发现自己因素质瓶颈而被挡在稳定与高薪就业门槛之外。从我们调研的结果来看，农民工主观动机上是有获得知识和技能培训强烈要求的，他们是否能够成为高素质产业工人关键是看当地政府和用工企业是采取一种"劳动替代"的思维还是采取"劳动给养"的思维。苏南的地方工业发展实践证明，一种注重劳动力人力资本培育，舍得在劳动力身上进行人力教育投资的"劳动给养"思维才是保障高素质劳动力供给源、保障劳动力再生产能力和创造剩余价值能力的正确思维。按照马克思主义资本论的观点，如果只顾短期利益而严重压榨劳动力维持基本生存需要的时空和资源，就只能是"资本家自掘坟墓"。满足了农民工自身技术升级需求，企业产能转型和升级才成为可能，因为劳动才是企业生产中不可或缺且是最重要的因素。我们认为，苏南农民工就业融入的行动实践及其现实困难触发了苏南劳动力市场二元结构转型的内在需求，而当地政府、企业在"劳动给养"思维的影响下，为苏南农民工创设了相较于全国其他地区更多、更好的人力资本积累条件，从而为实现劳动力市场结构优化和农民工就业融入的双赢提供了可行和可能。

5 农民工融城的社会空间实践：
劳动权益保护与救助

5.1 农民工劳动权益保护与救助的空间评价

　　世界工业化实践结果表明，对产业工人的劳动权益予以合法保护与积极救助，从而保障劳动力再生产环节的顺利实现，是工业化城市社会经济持续繁荣的本源。发达资本主义国家相对完善的劳工权益保护与救助体系的建立离不开工人阶级坚持不懈的权利抗争，而对工人的权利待遇予以制度关注与回应，老牌资本主义国家英国就有近400年历史。受工业化、全球化的依附效应影响，发展中国家远没有发达国家如此宽裕的工业转型空间与时限，因而要在一个较低的农业财富积累基础上又实现工业的快速扩张，"牺牲"农民的利益似乎成为某种必然。但这并不意味着，发展中国家对此就"束手无策"，反之要借鉴发达国家处理工农矛盾的经验，来探索本国实现工业发展与劳工权益保障"双赢"的思路。但基于发展中国家共有的国情以及本国特殊境遇，我国农民工群体的劳动权益保障问题相当突出，劳动权益受损现象普遍，劳动权益救助不力，劳动权益抗争微弱。学界一致认为，城市工业侵害农民工合法劳动权益的首因是制度缺失，涉及相应的政策与法律规章。其次，学界认为，农民工缺乏劳动权益保护意识、欠缺劳动维权能力、缺少劳动权益的救助渠道也是造成农民工劳动权益容易受到损害的主要原因。此外，涉关农民工劳动权益获得的行动主体（政府和企业）的偏差行为，如政府对农民工利益保护的不作为及企业逃避保护农民工利益的责任等都直接造成农民工劳动权益被侵害。当然，追根溯源，引起农民工城市就业权益得不到合法保障的前因仍是长期以来我国城乡二元分割的经济社会体制。对农民工城市就业不利的是，城乡二元户籍结构不仅限制了农民工城市就业权益的顺利获得，同时，由于农村发展长期滞后于城市发展，导致农民工因较低的人力资源禀赋而被迫进入"高险、低酬、无保障"的城市次级劳动力市场。从城市空间社会理论角度来看，正是由于上述多重原因形成了被压缩的农民工城市就业空间，农民工的就业空间实践过程由此也缺失了完善的劳动权益保护与救助。

　　一直以来，在城乡二元体制的刚性约束下，无论是制度层面的政策、法规的履行，还是主体层面农民工努力为自身权益抗争，农民工的劳动权益保护与救助都难有实质性的改观。好在当前，我国城乡二元体制已逐步打破，户籍制度改革已进入"深水区"，城市产业结构优化也已迫在眉睫，这些都是十分有利的扩展农民工劳动权益保护与救助空间的客观条件。除此之外，农民工的劳动权益维护意识与抗争能力还有待进一步提升，因为只有主动参与了劳动维权的空间实践，农民工才能在城市中争取到符合自身劳动权益保护与救助需要的社会空间。

5.2 苏南农民工的劳动权益保护与救助空间实践

农民工的劳动权益是指由《中华人民共和国宪法》（简称《宪法》）和劳动法律法规所规定的、农民工作为劳动者所享有的与劳动相关联的一系列权利和利益，包括劳动权、劳动报酬权、休息权、职业安全权、职业培训权、民主管理权、社会保障权等（谢德成，2005）。不言而喻，《宪法》与《劳动法》共同构成了法定的、保护农民工劳动权益免受损害的第一屏障，同时也是农民工实践劳动权益保护的社会空间。1995年1月1日起执行适用的《劳动法》是从《中华人民共和国民法通则》（简称《民法》）中分离出来的独立的法律部门，《劳动法》的法律条文规定了工会、雇主及雇员的关系，并保障各方面的权利及义务。2008年以后，针对《劳动法》施行适用的实际情况，全国人大常委会于当年年初又颁布实施了《中华人民共和国劳动合同法》（简称《劳动合同法》）。《劳动合同法》事实上是对《劳动法》中涉及劳动合同法文条款的专门替代，这就进一步细化和严格化了劳动者权益保护法令的具体执行。《劳动合同法》颁布后司法实践者不断吸纳修改意见，直至最新修改方案于2012年12月28日通过，新的《劳动合同法》自2013年7月1日起施行。由于课题组开展相关调研是在2007年9月至2012年8月，因此所收集的苏南地区农民工获得劳动权益保护与救助的调研资料是以2012年之前适用的《宪法》、《劳动法》、《劳动合同法》为分析标准。

5.2.1 苏南农民工劳动权益保护的空间实践

根据法定的劳动权益保护内容，本章重点描述分析苏南农民工劳动权（劳动合同签订）、劳动报酬权、休息权和职业安全权的权益保护空间实践情况。农民工的居住权保障情况详见本书第3章，职业培训权保障情况详见本书第4章、就业保险等社会保障权情况详见本书第6章。

5.2.1.1 劳动合同的签订

劳动合同是在明确劳动合同双方当事人权利和义务的前提下，对劳动者合法权益予以保护的基本依据。2008年1月1日开始施行的《劳动合同法》第七条规定，用人单位自用工之日起即与劳动者建立劳动关系；用人单位应当建立职工名册备查。第十七条规定，劳动合同应当具备以下条款：用人单位的名称、住所和法定代表人或者主要负责人；劳动者的姓名、住址和居民身份证或者其他有效身份证件号码；劳动合同期限；工作内容和工作地点；工作时间和休息休假；劳动报酬；社会保险；劳动保护、劳动条件和职业危害防护；法律、法规规定应当纳入劳动合同的其他事项。劳动合同除前款规定的必备条款外，用人单位与劳动者可以约定试用期、培训、保守秘密、补充保险和福利待遇等其他事项。

国家统计局《2011年我国农民工调查监测报告》显示，外出受雇农民工与雇主或单位签订劳动合同的占43.8%。而根据我们在苏南地区的调研，2007年苏南被访农民工中，劳动合同签订率就已达53.7%（表5-1），2012年苏南被访新生代农民工与用工单位签订固定劳动合同签订率又上升至57%（表5-2）。可见就全国的范围来看，苏南地区近些年都是用工单位履行劳动合同签订责任情况较好的地区。根据我们的调查，那些依法履行了劳动合同签订义务的主要集中在苏南地区的大中型企业，一些私人企业、乡镇企业履行劳动合同签订的规范性仍不足。

表5-1 2007年苏州、无锡、常州被访对象与用人单位劳动合同签订意愿与行为情况

与用人单位合同签订行为	与用人单位签订合同意愿/（人/%）			有效合计/人
	需要签订	不需要签订	不清楚	
已签订	879（46.8%）	95（5.1%）	34（1.8%）	1008（53.7%）
未签订	528（28.1%）	203（10.8%）	139（7.4%）	870（46.3%）
有效合计/人	1407（74.9%）	298（15.9%）	173（9.2%）	1878（100%）
缺省	—	—	—	76
总数	—	—	—	1 954

注：表中数据由2007年课题组整理得到

表 5-2 2012 年苏州、无锡、常州新生代农民工与用人单位签订劳动合同情况

合同类型	人数/人	比例/%
有固定期限	1 590	57.0
无固定期限	208	7.4
完成一定工作任务	36	1.3
试用期	139	5.0
其他类型合同	137	4.9
未签订劳动合同	635	22.8
不清楚	45	1.6
有效合计	2 790	100

注：表中数据由 2007 年课题组整理得到

5.2.1.2 劳动时间

按照法律规定，我国实行劳动者每日工作时间不超过 8 小时，平均每周工作时间不超过 44 小时的工时制度。2008 年新《劳动法》第三十一条规定，用人单位应当严格执行劳动定额标准，不得强迫或者变相强迫劳动者加班。用人单位安排加班的，应当按照国家有关规定向劳动者支付加班费。根据国家统计局《2011 年我国农民工调查监测报告》，2011 年我国外出农民工平均在外从业时间是 9.8 个月，平均每个月工作 25.4 天，每天工作 8.8 小时。每周工作超过 5 天的占 83.5%，每天工作超过 8 小时的占 42.4%，32.2% 的农民工每天工作 10 小时以上，每周工作时间超过劳动法规定的 44 小时的农民工高达 84.5%。而课题组早在苏南地区 2007 年调研的结果就显示，1954 个被访农民工中，没有出现一周工作 8 天以上的农民工，每周工作 5 天以上的占 64.9%，可见周工时权益保护方面同比全国的情况要好。就每天的工时安排而言，苏南地区的农民工一天工作 12 小时以上的占 17.19%，工作 11~12 小时的占 16.35%，9~10 小时的占 25.81%，无固定时间的占 24.45%，即每天工作超过 8 小时以上的占到 59.35%。这一结果虽显示苏南地区农民工仍存在超时工作的现象，但同全国总体高达 84.5% 的农民工超时工作现象相比要轻一些。

5.2.1.3 劳动报酬

2008 年新《劳动法》的第三十一条明确规定，用人单位应当按照劳动合同约定和国家规定，向劳动者及时足额支付劳动报酬。用人单位拖欠或者未足额支

付劳动报酬的,劳动者可以依法向当地人民法院申请支付令,人民法院应当依法发出支付令。根据课题组 2007 年在苏南地区的调查,64.3% 的农民工认为所在用人单位没有克扣、拖欠工资的情况,27.3% 的农民工认为用人单位存在克扣和拖欠工资的情况。剩下 8.4% 的农民工虽然不存在工资被拖欠的情况,但他们认为自己不清楚所务工企业是否有克扣工资的情况,由于这部分人属于通过劳务中介进入务工企业的,其劳动合同是与用人单位与所委托的人力资源中介公司集体签订,工资的发放也是通过中介公司,因此他们认为自己不能确定用工企业和中介是否克扣了工资。课题组 2012 年在苏南地区调查的新生代农民工中,工资经常被拖欠的只占到 1.3%,65.5% 的被访农民工每月能正常领取工资,30.04% 每个月领取上个月的工资,3.18% 每个季度或半年领取工资一次;工资拖欠情况 60% 以上发生在私营企业,20% 以上发生在个体工商户用人单位。从行业来看,目前拖欠苏南地区新生代农民工工资的主要还是建筑业。

响应全国政策要求,苏南地区近几年在解决和遏制农民工工资拖欠情况方面也取得了明显成效。例如,2007 年 5 月常州市武进区曾对区内建筑施工企业的市场行为进行了全面考评,并把拖欠农民工工资行为作为企业诚信考核的重要内容,对因拖欠农民工工资造成集体上访的 6 家施工企业作出了限制其在该地区承揽工程的处理,并作为不良信用记录记入企业信用档案,予以公开曝光[1]。无锡市在 2009 年 11 月到 2010 年 1 月在全市开展了农民工工资支付情况专项检查,共检查用人单位 1690 户,涉及农民工 14.31 万人,为 3.65 万名农民工清偿拖欠工资 6590.88 万元[2]。为保障农民工工资及时支付,苏州市将把不按合同约定支付工程款、恶意拖欠工程款的建设单位纳入不良信用信息记录"黑名单",并对其依法采取相应措施进行惩戒。2012 年年底,苏州市住房和城乡建设部门发布《关于做好建设工程年终结算工作的通知》,要求建设单位在工程造价咨询企业审核结束后,必须严格按合同约定支付工程款,并尽可能在 2013 年 1 月 25 日前足额支付。对不按合同约定支付工程款、恶意拖欠工程款而引发拖欠农民工工资,造成群访等事件的,将作为建设单位不良信用信息记录,并依法对其采取相应措施(刘巍巍,2012)。

5.2.1.4 职业安全保障

2006 年 3 月发布的《国务院关于解决农民工问题的若干意见》第九项意见

---

[1] http://aefu.people.com.cn/GB/5756258.html.
[2] http://news.thmz.com/co189/2010/02/2010-02-08700614.html.

专门指出，依法保障农民工职业安全卫生权益。意见要求各地要严格执行国家职业安全和劳动保护规程及标准；企业必须按规定配备安全生产和职业病防护设施；强化用人单位职业安全卫生的主体责任，要向新招用的农民工告知劳动安全、职业危害事项，发放符合要求的劳动防护用品，对从事可能产生职业危害作业的人员定期进行健康检查；加强农民工职业安全、劳动保护教育，增强农民工自我保护能力；从事高危行业和特种作业的农民工要经专门培训、持证上岗；有关部门要切实履行职业安全和劳动保护监管职责；发生重大职业安全事故，除惩处直接责任人和企业负责人外，还要追究政府和有关部门领导的责任。2008 年新《劳动法》的第三十二条明确规定：劳动者拒绝用人单位管理人员违章指挥、强令冒险作业的，不视为违反劳动合同。劳动者对危害生命安全和身体健康的劳动条件，有权对用人单位提出批评、检举和控告。课题组 2007 年对苏南农民工的调查中，有 13% 被访对象认为自己的职业安全权得到较好保障，59.2% 的农民工认为职业安全权得到了基本保障，合计有近七成被访对象认为获得了职业安全权保障。余下 20.8% 的人认为自己的工作环境较差，有 7% 的人认为自己的工作环境差，职业安全权得不到保障。总体而言，苏南地区企业尤其大中型企业由于管理规范，从而为农民工职业安全权保障营造了有利条件。

以上我们重点从劳动权、休息权、劳动报酬权、职业安全保障权四个方面描述了苏南农民工劳动权益保护的空间实践。分析结果表明，城市越是愿意在制度层面（政策、法律）为农民工架构完善的劳动权益保护空间，农民工的劳动权益就越能获得稳定而有效的保障。我们看到，相对于全国其他地区，不仅苏南地方政府积极承担保护农民工劳动权益的政策责任，当地的企业也积极履行维护农民工劳动权益免受侵害的法律责任，这都使得苏南地区农民工获得了相对充分的保障其劳动权益的社会空间。

5.2.2 苏南农民工劳动权益救助的空间实践

一方面，农民工需要依据完善的劳动权益保障法规体系确保自身劳动权益免受侵害，另一方面，农民工也要积极通过合法的劳动权益救助渠道对自身的劳动权益予以保护和救助。而就目前我国农民工劳动权益救助现况来看，对于劳动权益受损，大多数农民工由于惧怕雇主辞退、失去工作而选择忍耐和抱怨，或因内部的"分割""分化"而缺乏集体抗争的能力（李培林等，2004）；同时由于农民工文化素质受限，农民工利益表达机制构建不完善等多种原因，农民工在劳动权益受到侵害后不能及时获得有效救助。这实际上也表明，农民工劳动权益救助的社会空间中存在着"资强劳弱"的不平等现象。农民工劳动权益救助实践的社会空间主要依据劳动维权主体的活动范畴来架设。在我国，劳动维权主体主要包括劳动保障部门、工会、法律援助机构、劳动争议仲裁机构、人民法院等机构；相应的，共青团、妇联、各类行业协会、新闻媒体包括公民个人都能够发挥农民工劳动维权救助作用（柴海瑞，2009）。某种程度上，社会舆论充当着扩充农民工劳动权益救助实践空间的力量。

根据我们在苏南地区的调研，2007年被访农民工中加入务工单位工会组织寻求权利救助的只占到12.7%，大部分被访农民工的维权意识不强，也缺乏多样化的权利救助渠道。而课题组2012年的调查发现，被访新生代农民工的权利救助方式开始多元化，其中主要采取的维权手段是"打官司"、到政府相关部门上访及联合其他人一起向社会机构反映，分别是69.2%、63.4%和42.6%（多重选择）。被访新生代农民工还比较注重利用大众传媒的影响，选择媒体曝光和利用互联网求助曝光的比例分别是36.8%和33.1%。被访新生代农民工中，只有7.73%首选默默忍受；采取暴力手段维权的只有1.3%。2012年调研结果既说明新生代农民工比第一代农民工具有更强的维权意识，同时也说明我国农民工寻求权利救助的合法化渠道日益多样化。这都表明，相对而言，苏南地区有着较为宽松的农民工劳动权益救助实践的社会空间。

6 农民工融城的社会空间实践：城市社会保障

6.1 农民工的社会保障空间评价

自工业革命时期英国颁布《济贫法》以来，通过建立社会保障制度来确保国民基本社会生活需要已是各国家不可推卸的基本责任。尽管理论上，社会保障制度的设计强调权利公平、机会公平、规则公平和分配公平的原则，但制度实际运作的结果往往受政治、经济、社会、文化等多种原因影响而与理想情形产生差异，总有一些社会群体的权益因制度设计的漏洞或制度运作不畅而得不到应有的保障。如果说，就业空间是城市展开居民生产实践的"场域"，那么，居住空间和社会保障空间则分别构成了城市居民展开生活实践的"硬环境"与"软环境"。城市社会保障空间主要由城市的社会保障制度所架构，在我国，城市居民的权益保障还受到城市户籍制度的直接影响。

与城乡二元户籍制度相配套，我国的城市社会保障制度的对象是城镇从业人员和具有本地城市户籍的人口。理论上，农民工在城镇就业就应该可以与城镇居民一样享有城市的公共福利保障，但实际情形是，城市社会保障资源的到达存在着严重的户籍制度与就业体系的依赖性。首先，农民工获得城市户籍并不容易，这就导致与户籍挂钩的养老、医疗、住房、失业等保障内容只能覆盖到城市户籍居民，而同在城市生活且从事"脏、险、累、苦、毒"工作的农民工反而得不到应有的甚至是最基本的社会保障；其次，尽管一些城市普遍实行了居住证制度以着力淡化户籍的约束，但农民在城市务工的流动性又影响了其居住证资格的持有，从而引起相应的与居住证挂钩的社会保障不稳定的问题；再次，城镇企业为农民工支付的养老、医疗、工伤及生育等保险费与企业的成本、利润比例关系直接挂钩，在保险费用的缴纳上就可能更倾向于低水平化。企业的生存竞争决定了大包大揽式的员工福利保障并不理性，但以适度的保险缴费率引导员工共同参保又有一个前提，即员工要能够支付得起保险费用。这里面一个悖论就是，企业一方面要压低农民工劳动价格以获取更高利润，一方面又要引导员工自己参保来减轻企业负担，那么导致的结果只能是低收入的农民工群体无力参保而丧失本该在就业过程中获得的社会保障。也就是说，就业体系的保障效用发挥只适用于在正规企业中就业的中高收入员工，而在非正规企业中就业的农民工就无从谈参保的普遍适用性。国家统计局2011年农民工调查监测结果显示，雇主或单位为农民工缴纳养老保险、工伤保险、医疗保险、失业保险和生育保险的比例分别为13.9%、23.6%、16.7%、8%和5.6%，整体偏低。由此我们看到，现行的城市社会保障制度对农民工的社会融入存在明显的结构性排斥。这也就表明，农民工虽然生活在城市，却未能与城市居民拥有同质的社会保障空间，甚至在某种程度上被排斥在城市社会保障空间之外。

6.2 苏南农民工城市社会保障空间实践

课题组在苏南地区2007年的调查中，务工农民工已缴纳社会保险的有940人，比例为48.11%（有效样本1954人），缴纳社会保险的农民工仍主要集中在苏南地区的大中型企业。课题组2012年对新生代农民工的调查结果显示，"五险一金"[1]全部缴纳者占到27.4%，缴纳三项以上者占37.5%，至少参加一项保险占到47%。其中养老保险、医疗保险、工伤保险、失业保险、生育保险和住房公积金参加的比例分别为35.6%、38.7%、39.6%、34.7%、28.6%、22.2%，对比全国农民工参保情况[2]，苏南地区农民工参保水平趋高。

在保障农民工合法权益方面，苏南地区探索实践的有效经验集中体现在农民工社会保障的制度供给与权益改进上的政府责任担当。

第一，借城乡一体化发展契机，推动实现社会保障体系的城乡统筹。苏南地区工业积累深厚，具备城市化快速发展的优先历史条件，因此而成为全国城乡一体化发展实践的先锋地区。城乡一体化发展政策的出台，为打破长期以来的城乡二元格局提供了最佳契机，促使苏南地区突破城乡分割的旧观念，从城乡统筹发展的大局观念出发来设计有利于农村向城市转型，农民转型为市民并享有同等社会待遇的制度体系。例如，早在1999年，苏州市政府就把农民工列入城镇职工基本养老保险制度范围之内。经过不断地完善，现阶段苏州市社会保障实行统一的社会保险政策，让农民工与市民享有同等的社会保障待遇（景跃军等，2010）。苏州市目前已建立施行的居住证制度，旨在承认农民工城市居民身份，

---

[1] "五险一金"是指：养老保险、医疗保险、工伤保险、失业保险、生育保险和住房公积金。
[2] 国家统计局2011年对农民工的监测调查结果：养老保险、工伤保险、医疗保险、失业保险和生育保险的比例分别为13.9%、23.6%、16.7%、8%和5.6%。

以制度合法保障农民工的市民待遇。2009年10月,第四届中欧社会保障高层圆桌会议在瑞典首都斯德哥尔摩隆重举行,会议主题是"金融危机下社会保障面临的挑战和机遇",苏州作为国家人力资源和社会保障部唯一推荐参会的城市,在大会上专题交流了覆盖城乡居民的社会保障体系建设情况,受到了欧盟各成员国的高度评价,引起了国际社会的广泛关注。

第二,政府顺应时代要求,向服务、监督、风险兜底的职能角色定位转型。在保障农民工合法权益过程中,苏南地区政府认真担负起制度供给的责任。苏州、无锡、常州三市的劳动与社会保障局的发文中都明确规定,本市各类企业均要求给务工农民工缴纳企业应缴的部分("五险一金")。不仅如此,苏南地区政府仍不断出台监督性政策确保农民工权益保护法律法规的有效执行落实。针对当前农民工参保面不足问题,苏南地区各市也通过政策手段推动本市农民工参保。例如,无锡市近些年将农民工工伤保险扩面工作作为推进农民工社会保障体制建设重中之重(事实上,相较于农民工养老保险的参保情况,我国农民工工伤医疗保险参保更是严重不足)。无锡市出台多项管理政策推动本市农民工参保,2010年无锡市已有近82万农民工参保了工伤保险项目(江苏省人力资源和社会保障厅,2011)。

6.3 苏南农民工城市社会保障空间实践:以医疗参保行动为例[①]

6.3.1 被访对象健康状况和对医疗机构的利用情况

由表6-1~表6-8可知,2007年苏州、无锡、常州被访农民工的身体健康状况总体欠佳,患感冒、肠胃疾病及外伤疾病的比例偏高,这表明农民工所从事的职业危险性、负重性很大,还可推知农民工的营养摄取不足从而引起身体免疫系统脆弱(感冒患病率高达95.9%)。此外,农民工患病就诊选择近半数自己购药解决,医疗费用太高是农民工选择自己挺过去或自己买药解决的主要原因。在就诊机构选择中,社区卫生机构成为农民工的首选,这显然是即考虑就诊便利,又考虑费用开支的一种折中选择。

---

① 本节内容及数据由课题组负责人高峰教授指导的苏州大学社会学专业硕士生王荷分析整理完成。

表 6-1　2007 年苏州、无锡、常州被访对象务工期间健康状况

务工期间健康状况	频次/人	比例/%
生过一些疾病	1 442	73.8
未曾生过病	382	19.5
记不清	130	6.7
合计	1 954	100.0

表 6-2　2007 年苏州、无锡、常州被访对象曾患疾病类型

疾病类型	频次/人	比例/%
感冒	1 383	95.9
肠胃疾病	512	35.5
外伤	379	26.3
五官科疾病	263	18.2
呼吸道疾病	183	12.7
其他	118	8.2
有效回答总数	1 442	100.0

表 6-3　2007 年苏州、无锡、常州被访对象对自身健康状况的评价

健康评价	频次/人	比例/%
很好	707	36.2
好	542	27.7
一般	468	24.0
差	222	11.4
很差	15	0.8
合计	1 954	100.0

表 6-4　2007 年苏州、无锡、常州被访对象患病后的就诊情况

就诊行为选择	频次/人	比例/%
立即去正规医院就诊	467	23.9
去街头小医院、小诊所就诊	168	8.6
自己去药店买药治疗	931	47.6
能忍就忍，不能忍就拖	287	14.7

续表

就诊行为选择	频次/人	比例/%
其他	71	3.6
合计	1 924	98.5
缺省	30	1.5
总数	1 954	100.0

表6-5　2007年苏州、无锡、常州被访对象患病后不去就诊的原因

就诊行为选择	频次/人	比例/%
看病费用太高	1 120	57.3
自己能挺得过去	328	16.8
没时间看病	125	6.4
其他	172	8.8
合计	1 745	89.3
缺省	209	10.7
总数	1 954	100.0

表6-6　2007年苏州、无锡、常州被访对象对医疗开支的评价

对医疗开支的评价	频次/人	比例/%
太贵	1 257	64.3
比较贵	325	16.6
还可以，能接受	212	10.8
比较便宜	33	1.7
很便宜	12	0.6
不了解	84	4.3
合计	1 923	98.4
缺省	31	1.6
总数	1 954	100.0

表6-7　2007年苏州、无锡、常州被访对象就诊选择的医疗机构

就诊医疗机构	频次/人	比例/%
市立医院以上	301	15.4
二级医院	304	15.6
社区卫生机构	671	34.3
私人诊所	335	17.1
回老家治疗	212	10.8
其他	128	6.6
合计	1 951	99.8
缺省	3	0.2
总数	1 954	100.0

表6-8　2007年苏州、无锡、常州被访对象选择不同医疗机构的原因

原因	频次/人	比例/%
就医方便	631	32.3
价格便宜	560	28.7
服务态度好	126	6.4
对医疗质量放心	499	25.5
其他	83	4.2
合计	1 899	97.2
缺省	55	2.8
总数	1 954	100.0

6.3.2　被访对象医疗费用承担情况及负担意愿

由表6-9和表6-10可知，2007年苏州、无锡、常州被访农民工对疾病有很强的治疗意愿（会考虑借钱继续治疗的达54.4%），但因为费用过高（72.4%的被访对象是由自己承担医疗费用）无力全部承担而只有能拖则拖、放弃治疗和寄希望于政府救助。从这里，实证调研的数据同我们从苏州、无锡、常州三市劳动与社会保障局拿到的农民工医疗参保的资料（参保率还比较高）似乎有所出入，但经过课题组将正规企业就业和非正规企业就业的农民工进行分类详析后发现，参保率低且医疗保障状况差的情况主要集中在非正规就业的农民工群体中。

表6-9　2007年苏州、无锡、常州被访对象医疗费用承担情况

费用承担情况	频次/人	比例/%
全部由个人和家庭承担	1 415	72.4
全部由单位负担	89	4.6
单位和个人共同承担	184	9.4
合计	1 688	86.4
缺省	266	13.6
总数	1 954	100.0

表6-10　2007年苏州、无锡、常州被访对象医疗费用负担意愿

医疗费用承担意愿	频次/人	比例/%
借钱继续治疗	1 062	54.4
放弃治疗	395	20.2
向政府求助	267	13.7
其他	185	9.5
合计	1 909	97.7
缺省	45	2.3
总数	1 954	100.0

6.3.3 农民工的医疗保险需求和筹资意愿

由表6-11可知，农民工对医疗、养老、工伤和失业保险的参保选择意愿最强烈，这与农民工从事的职业类型有着很大的关系。"脏、苦、累、重"迫使农民工十分看重身体健康的基本保障。

表6-11　2007年苏州、无锡、常州被访对象参保的险种选择意愿

险种选择意愿	频次/人	比例/%
医疗保险	757	38.7
养老保险	629	32.2
生育保险	80	4.1
失业保险	216	11.1
工伤保险	264	13.5
其他	8	0.4
合计/总数	1 954	100.0

由表6-12、表6-13可知，一方面农民工日益看重医疗参保的作用（愿意参加大保和小保的比例共达80.6%），但另一方面农民工又是一个低收入群体，大部分人的交费能力都比较低，因此选择每月缴费30元，住院医疗费用报销30%的所占比例最多，为33.5%；根据调查，虽然有将近半数的被调查者希望大病小病都能保，但是因为保障程度高，保障费用也高，因此选择每月缴100元，门诊和住院医疗费报销80%左右的被调查者仅占26.5%；选择每月缴50元，住院医疗费报销50%左右和每月缴80元，住院医疗费报销80%左右的分别占16.6%和15.4%。

表6-12　2007年苏州、无锡、常州被访对象愿意参保医疗的保障范围

保障范围	频次/人	比例/%
保大病	710	36.3
保小病	104	5.3
两种都保	900	46.1
都不愿意参加	204	10.4
合计	1 918	98.2
缺省	36	1.8
总数	1 954	100.0

表6-13　2007年苏州、无锡、常州被访对象参保医疗方案的选择意愿

选择意愿	频次/人	比例/%
每月缴30元，住院医疗费报销30%左右	654	33.5
每月缴50元，住院医疗费报销50%左右	325	16.6
每月缴80元，住院医疗费报销80%左右	301	15.4
每月缴100元，门诊和住院医疗费报销80%左右	517	26.5
合计	1 797	92.0
缺省	157	8.0
总数	1 954	100.0

6.3.4　农民工的医疗参保行为

没有参加医疗保险的农民工为基数核算，当中，41.1%的人是因为自己流动性大，不方便参加医疗保险；而由于对医疗保险不了解而没有参保的人占了25.8%，其中，没有听说过医疗保险的占10.1%，不知道自己是否应该参加医疗保险的占15.7%。在信息和传媒高度发达的现代社会，这个比例显得偏高，同时也说明了政府在宣传和落实相关医疗保障政策方面的力度不够。18.7%的被

调查者因为参保费用太高而没有参加医疗保险；10.6%的人是因为自己觉得身体好，所以没有必要参加医疗保险；其他原因为2.7%（表6-14，表6-15）。

表6-14　2007年苏州、无锡、常州被访对象参保医疗的状况

状况	频次/人	比例/%
城镇基本医疗保险	350	17.9
农村合作医疗保险	631	32.3
商业医疗保险	113	5.8
没有参保	771	39.5
其他	73	3.7
合计	1 938	99.2
缺省	16	0.8
总数	1 954	100.0

表6-15　2007年苏州、无锡、常州被访对象未能参保医疗的原因

原因	频次/人	比例/%
没有听说过	78	10.1
不知道自己是否应该参加	121	15.7
流动性太大，不方便参加	316	41.1
自己身体好，没必要参加	82	10.6
参保费用太高	151	19.6
其他	21	2.7
合计	769	100

6.3.5　农民工的医疗参保意愿、行为分析

尽管在全国来说，苏南地区农民工医疗保障制度创新走在前列，但从调研结果我们发现，其制度实践过程中仍存在亟待解决的一些现实问题，并且这些问题在整个农民工社会保障体系（包括养老、失业、工伤、生育保险在内）构建和运行过程中还具有某种共性，它们也形成了农民工城市融入的基础性障碍。

6.3.5.1　被调查的农民工存在"三低一高"现象

1）农民工的收入水平低，抗疾病风险能力差

从调查结果看，76.8%的被调查者的家庭月总收入低于2000元，其中家庭

月总收入低于1000元的占23.7%。而2006年江苏省城镇居民人均家庭总收入为15 249元，也就是说，城镇居民人均家庭月收入为1271元，农民工收入偏低已经成为不争的事实。我国城市中存在着特有的二元劳动力市场，由于户籍制度及农民工自身的种种条件的限制，他们与城市市民并不是平等竞争。课题组在调查中了解到，农民工普遍从事待遇差、工作环境差、劳动强度大、危险性高的工作，生活的环境也异常的恶劣，在这种环境下工作和生活，对他们的健康也是不利的。调查显示，73.8%的被调查者在打工期间生过病，打工期间住过院的占被调查者的21.9%，其中住院费用超过2000元的占29.7%，83.8%的被调查者必须独自承担这些高额的医疗费。然而大部分农民工的收入仅仅能够解决自己的温饱，因此，在面对疾病时，他们就会陷入"吃饭还是吃药"的两难境地。在1909名被调查人员中，如果住院费用超过承受能力，20.7%的被调查者选择放弃治疗。根据调查发现，经济收入对医疗方式的选择、医疗机构的选择有较大的影响，被调查者经济收入越低，生病后选择去街头小诊所就医的比例就越高，甚至有部分被调查者因无法承受高额的医疗费，生病后他们不采取任何措施，能忍则忍，不能忍则拖，不到万不得已不去医院，这部分人的比例为14.9%。

农民工微薄的收入与城市高昂的消费很不协调，房租、水电及伙食费等已是一笔很大的开支，并且他们大多数还要给家里寄钱，他们在城市中的生活实际上已经非常的拮据。如果缺乏医疗保障，一旦患病，会使得农民工群体相对于城市居民群体来说更容易陷入贫困。根据调查，绝大部分农民工认为医疗费用太贵，这个比例为65.4%；认为医疗费比较贵的占16.9%；认为目前医疗费用还可以，能接受的占11.0%。

2) 农民工受教育程度低，医保意识和维权意识差

根据调查，73.1%的农民工的受教育程度为初中及初中以下，其中没有受过教育的被调查者所占的比例为2.4%；高中及中专、中技文化程度的比例为24.5%；大专及以上程度比例为2.4%。由于大部分农民工的文化程度比较低，因此他们预测风险能力也不够强，医疗保险意识相对较差，他们往往首先考虑的是眼前的现实利益，现实收益对他们来说更为重要。课题组在与农民工的访谈过程中了解到，多数农民工外出打工的主要目的就是挣钱养家、供子女上学、回老家盖房、娶老婆。因此思想单纯的农民工主观上也不愿从微薄的工资中挤出资金来参加医疗保险（吴炜，2006）。通过调查不难发现，文化程度与医疗保险的缴费水平有一定的关联，文化程度越高，每月缴费水平也就越高，35.4%的初中及初中以下文化程度的被调查者愿意每月缴费30元，而每月愿意缴费100元的比例仅为26.9%；12.7%的文化程度在大专及大专以上的被调查者愿意每月缴费

30元，51.1%的大专及大专以上文化程度的被调查者愿意每月缴费100元。在经济发达程度比较高的苏南地区城市里，文化程度比较低的农民工只能从事技术含量低、收入待遇差的工作。如果让他们从微薄的工资中每月定期拿出一部分钱来缴纳医疗保险费，他们是不情愿的，即使愿意，他们中的多数也没有这样的经济能力。

由于大多数农民工的文化程度比较低，法律知识较少，在他们自身权益受到侵害的时候，不会使用法律的武器来保护自己。根据《劳动法》第十六条第二款规定，建立劳动关系应当订立劳动合同。现在关于农民工医疗保障的政策大多适用于与用人单位建立了正式劳动关系的农民工，而这种正式的劳动关系是建立在订立劳动合同基础上的。2004年5月，劳动与社会保障部《关于推进混合所有制企业和非公有制经济组织从业人员参加医疗保险的意见》（劳社厅发[2004]5号）中强调要以与城镇用人单位建立了劳动关系的农村进城务工人员为重点，积极探索他们参加医疗保险。2006年5月，劳动和社会保障部办公厅发出《关于开展农民工参加医疗保险专项扩面行动的通知》（劳社厅发[2006]11号），要求以省会城市和大中城市为重点，以农民工比较集中的加工制造业、建筑业、采掘业和服务业等行业为重点，以与城镇用人单位建立劳动关系的农民工为重点，全面推进农民工参加医疗保险工作，争取在2006年年底农民工参加医疗保险的人数突破2000万人，争取在2008年年底将与城镇用人单位建立劳动关系的农民工基本纳入医疗保险。根据政策规定，农民工只要是有依托单位的，都有权利参加医疗保险，而那些没有与用人单位签订劳动合同的农民工就被排除在医疗保险之外。然而，在1885名被调查者当中，有870名农民工没有与用人单位订立劳动合同，比例为46.2%，调查发现，文化程度越低，与用人单位签订劳动合同的比例就越少。在这870名没有订立劳动合同的被调查者当中，78.3%的人是初中及初中以下文化程度。在没有受过教育的被调查者当中，比例为80%的人没有与用人单位签订劳动合同。

3）农民工群体的整体年龄偏低，以青年人为主

农民工的年龄普遍比较低，其中大部分都是中青年劳动力。根据调查，绝大多数被调查者的年龄在35周岁以下，比例为72.7%，其中18~25周岁的被调查者占37.7%，18岁以下的被调查者占5.5%；26~35周岁的占35.0%；36~45周岁的占22.8%；45周岁以上的仅占4.6%。基于这个调查结果，本书认为，就个体的健康而言，农民工群体的免疫能力和身体机能处于较好的状态，他们的疾病风险相对于整个人群的疾病风险来说要小。调查数据显示，在1954名被访问者中，36.2%认为自己身体很好，27.7%认为自己身体好，认为自己身体一般

的占24.0%，认为自己身体差的占11.4%，认为自己身体很差的占0.8%。但是，农民工自身身体状况并不像他们自我感觉的那样好，在所有被调查者中，73.8%的农民工在打工期间生过病，其中，打工期间住过院的占21.9%，95.9%的农民工患过感冒，35.5%的人患过肠胃疾病，受过外伤的占26.3%，12.7%的人患过五官科疾病。这表明，虽然农民工群体的年龄结构相对年轻，但是这并不意味着他们不需要医疗保障，因为他们大多从事的是繁重的体力劳动，工作生活的环境较差，在长期超时、超负荷工作的情况下，身体状况又得不到及时的休整。课题组在调查过程中了解到，不少农民工反映工作很辛苦，身体吃不消。调查显示，35.9%的被调查者一周的工作时间为7天，59%的被调查者一天的工作时间在9小时以上，其中17.0%的人一天工作时间超过12小时。从这些数据可以看出，农民工为了能换取更多的收入，正在透支自己的身体、牺牲自己的健康，农民工群体的这种行为使得他们面临着巨大的、潜在的疾病风险。一旦步入中老年，他们身体状况很有可能将全面下降，对医疗保障的需求将急剧上升。从短期看，农民工群体对医疗保障的需求虽然不是十分迫切，但是从中长期来看该群体的医疗疾病问题必将成为一个重大的社会经济问题，因此，绝不能因为农民工目前的年龄结构而忽视其医疗保障制度的建设（陈佳贵和王延中，2007）。

4）农民工流动性高，增加了参加医保的难度

调查数据显示，在1934名被调查者中，65.5%的人至少换过一次工作，其中工作变动三次及以上的占17.0%，19.0%的人变动两次工作，29.6%的人变动过一次工作，没有变动过工作的为34.4%。这组数据客观地反映了农民工的就业处于非稳定状态。他们频繁地更换岗位与职业，甚至是城市之间流动，正是农民工的这种流动性特征一定程度上加大了农民工参加医疗保障的难度。

6.3.5.2 医疗保障体制的设计存在缺陷

1）仍有部分农民工没有参加医疗保险

根据调查，大部分农民工，尤其是长期在外务工的农民工都意识到了医疗保障的重要性。调查显示，在所有的社会保障项目当中，38.9%的人认为医疗保险最重要，所占比例最大。在被调查的1918名农民工当中，将近90%的人愿意参加医疗保险，其中46.9%的人选择既保大病又保小病的综合保险；选择只保大病的占37.0%；希望只保小病的占5.4%；不愿意参加医疗保险的仅占10.6%。在1902名被调查者中，希望参加城镇基本医疗保险的占45.2%；愿意参加农村合作医疗保险的占36.7%；7.5%的人希望参加商业保险。从调查结果看来，绝

大部分农民工都期望参加医疗保险,然而现实的参保情况是,39.7%的被调查者没有参加任何医疗保险;参加农村合作医疗保险的占32.6%;参加城镇基本医疗保险的占18.1%;5.8%的被调查者参加商业保险。没有参加医疗保险的被调查者中,因为自己流动性大,不方便参加医疗保险的被调查者所占的比例最大,为41.1%;由于对医疗保险不了解而没有参保的被调查者占了25.8%;19.6%的被调查者因为参保费用太高而没有参保;10.7%的人是因为自己觉得身体好,没必要参加医疗保险。农民工的参保率偏低,期望参保人数与实际参保人数之间存在着一定的差距。

2）农民工异地流动时,医疗保险关系无处接收

我国各地经济发展不平衡及各地区的人口结构和社会状况的不同,造成我国各地区在处理农民工医疗保障的问题时,无论是筹资模式、缴费方式还是待遇水平上都各自遵循着当地的政策规定。特别是由于我国社会经济发展呈现典型的二元经济特征,城乡社会经济发展不平衡,这必然造成城乡医疗保险政策大相径庭,缺乏全国统一的保障平台,这给医疗保险关系的转接带来了阻力。因而农民工在异地流动时医疗保障关系的转接存在困难。按照社会医疗保险的相关规定,当农民工离开城镇时,他们医疗保险个人账户的储存额随同他们一起转移到户口所在地的社会保险机构,或申请退保,退保后,由社会保险机构将个人账户的本金一次性支付给本人。如果其医疗保险个人账户储存额随同转移到户口所在地社会保险机构,那么这一医疗保险关系的接续是完整的,但是由于全国各地的经济发展不平衡,医疗保险的统筹层次不同,各地医疗保险的推进速度也不一致,大部分农民工离开城镇后,他们的医疗保险关系无处接收,导致这些人只能选择退保。但是退保时只能退个人账户余额,而真正用于分散风险的统筹基金却无法退回（吴炜,2006）。这严重地侵害了农民工的合法权益,同时也影响了农民工参加医疗保险的积极性。调查显示,在1938名被调查者中,有771名农民工没有参加任何医疗保险,所占比例为39.5%,其中,由于自身流动性大的原因没有参加任何医疗保险的所占比例最大,为41.1%。由于缺乏一个统一的、开放的、多层次的以覆盖全体社会公民为目标的社会医疗保障制度,使得我国目前医疗保障制度的整体推进和持续发展受到了阻碍。

3）普遍的医疗保障水平,无法满足不同层次的人群的需要

我国目前城镇医疗保险存在缴费基数高、费率高、待遇高的特征,不适用于就业与收入水平不确定的非正规就业人员,因此如果把在城市务工的农民工直接纳入到目前城镇医疗保障中,不符合农民工自身的现实条件,他们无法承受城镇医疗保障的缴费水平。如今参加农村合作医疗的农村人口日益增多,新型农村合

作医疗之所以在农民群体中有如此高的号召力是因为其较低的缴费水平。但是，农村合作医疗与城镇医疗保险缺乏衔接，两种保障制度在缴费比例、缴费方式和结算方式上都存在着较大的差异，外出务工的农民一旦患病，必须回到本地定点医疗机构才可以报销医疗费用，如果他们在外地治疗后再回到本地报销，那么报销比例会降低，并且农村合作医疗的缴费方式单一，保障水平也比较低，无法满足不同职业、收入水平和年龄段的农民工的需要。

根据调查，将近90%的人愿意参加医疗保险，其中选择既保大病又保小病的综合保险的人数最多，占46.9%；但是农民工毕竟是一个低收入的群体，限于自身的经济情况，他们的缴费能力是比较低的，因此选择每月缴费30元，住院医疗费用报销30%的所占比例最多，为36.4%，这一缴费水平代表了大部分农民工的医疗保障的缴费能力。选择每月缴50元，住院医疗费报销50%左右和每月缴80元，住院医疗费报销80%左右的分别占18.1%和16.8%，但是，28.8%的被调查者愿意承担较高的医疗保险费用来获得较高层次的医疗保障水平，这部分人愿意每月缴100元，门诊和住院医疗费报销80%左右。

调查显示，家庭月收入与医疗保障方案的选择有较为密切的关系，家庭月收入越高，则每月缴费水平越高。比例为43.5%的家庭月收入在3000元以上的被调查者选择每月缴费100元，门诊和住院医疗费用报销80%左右这一保障方案，家庭月收入在1500元以下的被调查者选择这一保障项目的比例仅为28.1%。学历越高，每月缴费水平越高。调查结果显示，比例为51.1%的大专及大专以上学历的被调查者愿意每月缴费100元以获得更高的保障水平，31.8%的高中、中专学历的调查者愿意每月缴费100元，而大部分文化程度在初中及初中以下的被调查者则选择每月缴费30元，比例为35.4%。

从上述调查结果可以看出，农民工内部对医疗保障有不同层次的需求和承受能力。学历和经济收入不同的农民工对医疗保障的需求是不相同的，工作较为稳定，收入水平较高，文化水平较高的农民工有能力也希望通过缴更多的保险费来获得更高的医疗保障待遇。

6.3.5.3 农民工的医疗保障缺乏法律保证

我国社会保险的立法滞后于社会保险的需求与改革发展，在现行的社会保险法律法规中，涉及农民工的社会保险的规定很少并且笼统。例如，1991年的《全民所有制企业招用农民合同制工人的规定》，对农民工的社会保险作了规定，但却很不完整，而且适用范围极窄。此后颁布的一系列全国性劳动立法中，如《国务院关于建立城镇职工基本医疗保险制度的决定》《企业职工工伤保险暂行规定》等，在适用范围规定上大多对职工未作明确的列举，缺乏可操作性（杨慧芳，2006）。社会保险立法的层次较低，并且很多单位对现有法规执行不到位，政府行政手段的刚性制约明显缺乏。因此，在缺乏强制性的政策措施的情况下，部分既有的法规无法得到贯彻落实，高层管理者的初衷也难以体现。另外，虽然国家相关法规对用人单位与劳动者签订劳动合同作出了明确的规定，但绝大部分企业都没有很好地贯彻执行，根据调查，苏南地区有大量的农民工没有和用人单位签订劳动合同，所占比例为46.2%。企业用工制度的不规范阻碍了农民工医疗保障问题解决。

6.3.6 解决苏南农民工医疗保障融入问题的政策建议

6.3.6.1 强化政府职责，为农民工医疗保障提供政策引导和资金支持

（1）政府作为社会保障制度的建设者、组织者和政策的制定者，应该积极做好对农民工医疗保障制度的组织引导工作。在解决农民工问题的过程中，政府无疑是主导性的力量。政府应该高度重视处于弱势群体的农民工的权益保障问题，政府作为人民利益的代表，有义务保障和实现农民工医疗保障的公平。目前，农民工的养老保障得到了政府的广泛重视，但是根据我们的调查资料，医疗保障才是农民工群体目前亟需的社会保障项目，政府在推行政策的时候并没有较好地考虑到农民工的主要需求。因此，政府在制定和推行相关社会保障政策时必须顺应社会保障发展的客观规律，把握农民工社会保障发展的大方向，积极做好对农民工医疗保障问题的组织引导工作。

（2）政府应承担一定的财政责任，为农民工医疗保障事业提供资金支持。在现阶段，政府因为国家的财力有限，还没有能力将大量的资金投入到农民工医疗保障的建设中来，但是对农民工医疗保险项目的管理成本进行补贴还是可行的，这种举措也能体现政府对这项还在起步阶段的新制度的支持。同时，政府作为农民工社会保障制度的最后承担者，其实并不需要财政立即支付，如果制度合理、监管得力、基金运作得当，制度自身可以实现财务平衡，也就不需要财政的补贴（郑功成和黄黎若莲，2007）。当然，有政府财政资金的介入，不仅能够增强农民工对这项制度的信心和预期，也有利于农民工医疗保障制度树立安全可信赖的良好形象。

（3）加强医疗保障立法和监督管理，尽快将农民工医疗保障纳入法制化轨道。我国政府陆续出台了不少针对农民工医保的政策和相关文件，但这些相关政

策只是解决农民工医疗保险问题的应急之举,并且效力太弱。虽然也在保护农民工的合法权益方面起到了一定的作用,但从长远来看,这种行政手段不仅对解决农民工医疗保障问题缺乏长效性,而且还无法解决官员个人或者其所在部门的一系列道德风险问题。近几年,时常能在媒体上见到农民工医疗保障权益遭受侵害的报道,这更说明推进农民工医疗保障法制化建设的紧迫性。因此,政府必须要尽快出台相关的农民工医疗保障权益保护方面的法律,为农民工的医疗保障的科学管理和健康运作提供法律依据。在医疗保险费用征缴方面,应该提高保险费征缴的法律效力,将基金的征收上升到法律的高度,做到有法可依。例如,可以在《劳动法》中明文规定用人单位在用人原则上不得歧视农民工,必须与劳动者订立劳动合同,并且必须为建立了劳动关系的农民工按时足额的缴纳医疗保险费;一旦用人单位发生任何违约或者侵权行为,农民工可提起诉讼或者申请法律援助。同时要强化对企业的监督管理的措施,加大执法的力度。恶劣的生活和工作环境是造成农民工患病的主要原因,因此,有关部门应在农民工的工作和居住的地方,尤其是建筑工地,对施工现场的安全性进行检查并加强监督;对农民工聚居地的食堂、宿舍、自来水供应和污水排泄等提出明确的卫生要求并定期进行监督和检查;对容易发生职业病的一些行业,如采矿、煤矿等,必须由主管部门监督用人单位对其雇用的农民工进行定期的体检,一经查出患有职业疾病的,必须严格按照《职业病防治法》的有关规定执行。通过这样一系列的法律法规措施来保障农民工合法权益。

总之,政府应采取多种形式,并且借助于媒体手段,有针对性地对有关农民工医疗保障的法律、法规进行广泛的宣传,对用人单位进行严格的监督管理,以增强用人单位和农民工的法律意识。

6.3.6.2 建立完善的全民医疗保障制度

1) 完善以大病统筹为主体的多层次、多险种的医疗保障方案

(1) 逐步建立全国统一的农民工大病统筹的医疗保障体系。目前我国各省份实行的农民工医疗保障政策虽然各不相同,但是,农民工大病医疗统筹的医疗保障制度已经在很多省份逐步建立起来,对于建立农民工大病统筹医疗保障制度的观念已达成共识,这为进一步在全国范围内推广的工作奠定了坚实而广泛的基础,降低了后期国家实行统一的政策的改革成本,建立全国范围内的农民工大病医疗统筹的医疗保障方案具有较大的可行性。另外,调查结果显示,农民工主要以青壮年为主,72.7%的被调查者的年龄在35周岁以内,对这一年龄层次的农民工来说,患大病带来的风险最大。本次调查发现,打工期间住过院的被调查者

占 21.9%，其中，51.7% 的被调查者的住院费用在 1000 元以上，住院费用 3000 元以上的占 17.6%。由于该群体收入低，超过半数的被调查者的家庭月收入在 2000 元以下，他们对大病风险的抵御能力十分脆弱，一旦患病往往会使他们丧失劳动能力，失去经济来源，从而陷入贫困。

具体的操作办法可借鉴北京外来务工人员的医疗保险办法，针对农民工高流动性、低收入水平的特点，着重保农民工的当期的住院医疗。保当期是指农民工在城市打工期间的医疗保障，不将他们离开打工地后及退休后的医疗保障纳入管理范围。乡镇企业的本地农民工既可以参加当地的新型农村合作医疗，也可参加农民工大病医疗保险。缴费办法上，实行低费率制，不承担国有企业职工的历史债务，费率为社会平均工资的 2%，主要由用人单位负担，个人不承担缴费责任，没有雇佣单位的农民工以个人身份按月缴费。待遇享受可以参照城镇职工住院医疗保险待遇执行，但不享受退休人员医疗保险待遇。

（2）分层、分类解决农民工医疗保障问题

城市化是社会发展的客观规律，从国际经验来看，大多数西方国家的基本医疗保险制度都是统一的，我国的农民工现在已经占到产业工人的一半以上，并且还有增多的趋势，农民工最终也会随着经济社会的发展向城市市民的身份转化，因此该群体的医疗保障最终会被纳入城镇医疗保障体系。然而在现阶段，我国的财力有限，农民工的收入水平低下无力承担较高的保险费，二元经济制度和户籍制度的影响仍未消除，因此立即将农民工全部纳入城镇医疗保障体系是不现实的。根据务工时间和空间的差别，农民工内部已经发生了分化，不同类别和不同层次的农民工对医疗保障的需求也有所不同，所以，应该采取灵活的措施，将其与不同类别的医疗保障制度连接。

第一，将已与用人单位建立劳动关系并且已经城市化的农民工纳入到城镇职工基本医疗保险的范围。这部分农民工长期在城市工作生活，他们有固定的收入和住所，并且他们的配偶和子女都已经迁居到城市，基本不再从事农业生产，虽然这部分人的户籍都是农村，但是他们一般不会再回到农村了。根据他们的特点，建议将这种类型的农民工纳入到城市基本医疗保险，给予他们与城市职工同等的医疗保障待遇。

第二，将季节性的农民工纳入输出地的新型农村合作医疗保障的范围。这类农民工的特征是，他们的家人还在农村从事农业生产劳动，他们只是在农闲的时候出来打工赚钱，农忙时回到农村从事农业劳动，他们最终还是会定居在农村。因此，应该鼓励这部分人参加当地的新型农村合作医疗保险，并且积极做好农民工尤其是青年农民工关于合作医疗知识的宣传教育工作，因为他们在农忙的时候会回到农村,因此,农忙时节是最佳的集中宣传时机,通过宣传,使他们了解和真正认可新型农村合作医疗保险制度,并自觉自愿地参加合作医疗。同时应该对合作医疗进行完善,当农民工在打工城镇就近住院治疗时,应该给予他们报销上的方便,这样能提高这部分农民工参加合作医疗的积极性,扩大农村新型合作医疗的覆盖面。

第三,将长期在城市从事个体经营的农民工纳入到城市灵活就业人员医疗保险制度。这种类型的农民工在城市从事了多年个体经营,他们当中的大多数本身有一定的经济实力,他们的特点是,当中的多数处于青壮年时期,他们外出务工的动机大多是向往城市的生活与谋求个人的发展,因此这类农民工中的绝大部分不愿意再回到农村。他们所处的情况与城市灵活就业人员非常相似,因此,将他们纳入城市灵活就业人员医疗保险,也有一定的可取之处。

第四,为流动性比较高的农民工建立全国性统一的个人社会账户,便于他们在城市之间流动。这类农民工大多从事一些边缘职业,如建筑业、服务业、运输业等,他们的工作大多是亲戚朋友介绍,哪赚钱多就到哪,他们的工作极其不稳定,频繁地在各城市之间流动,他们大多没有和用人单位订立劳动合同,劳动关系比较松散。因此,以订立劳动合同为基础的医疗保障制度将他们排除在外。所以,应该为这部分流动性较强的农民工设立个人社会账户,将其缴纳的社会保障金存入其个人账户内,并保证个人社会账户能够在各城市之间转移,一旦农民工的工作城市发生改变的时候,他们的个人账户也随之转移到这个新的城市,如果他们最后要回到没有建立统一医疗保障的原籍所在地时,个人账户中的金额可以一次性的提取出来,并且同时保留其个人账户号及个人资料,一旦他们重新参加医疗保障时,可以恢复原来的医疗保障账户。

2)逐步将门诊医疗纳入保障范围,满足农民工对基本医疗服务的需求

虽然农民工的年龄结构比较轻,但是由于工作的特殊性,他们面临日常门诊疾病的风险要高于城镇职工。根据调查,73.8%的农民工在打工期间生过病,其中,在打工期间患过感冒的人占95.9%,曾经患过肠胃疾病的占35.5%,打工期间受过外伤的占26.3%,患过五官科疾病的占18.2%。65.4%的被调查者认为目前的医药费太贵,无法承受。目前的门诊医疗费用也已经超过了他们的支付能力。有不少农民工因为医疗费用太高,得了小病也不敢去治,以至于把小病拖成了大病。应该可以看出,农民工对日常的门诊需求也是非常强烈的,所以在保障项目的内容上,不能仅仅停留在大病医疗保险的范畴,应该将一般的门诊费用也纳入到报销的范围。将门诊医疗纳入医疗保障范围,可以缩小农民工医疗保险和城镇医疗保险的差距,同时也提高了对农民工的保障力度。这样,农民工得了

小病就敢去治、也治得起，而不至于把小病拖成大病。在缴费方式上，对于有雇佣单位的农民工，实行农民工和用人单位双方共同缴费，用人单位所缴费用计入成本费用；无雇佣单位的农民工个人全部承担医疗保险费的缴纳。有了门诊医疗，农民工到医院看病时可以按照一定比例报销门诊费用，减轻了他们的医疗负担，防止了"小病扛"现象的出现。对于企业来说，由于保险费的缴费水平低，并且还可以记入企业的成本费用，降低了企业的税收负担，在用人单位的承受范围之内，调动了企业为农民工缴纳医疗保险费的积极性。

3）实行广覆盖、低费率为主体的多层次的缴费制度

农民工的经济收入比较低，59.8%的被调查者的家庭月收入在1500元以下，如果缴费过高，超过他们的承受能力，只会使他们对医疗保险望而却步，医疗保险也丧失了对他们的吸引力。另外，对企业来说，高额的医疗保险费会加重企业的负担，严重影响企业的发展速度，还会促使企业想方设法逃避缴纳医疗保险费的义务。因此，在缴费义务的设计上，要充分考虑到农民工的收入水平和企业的承受力，实行低缴费制，把缴费额度控制在农民工的承受能力和企业的承受意愿的范围内，还必须考虑到那部分无雇主、完全由个人承担医疗保险费的农民工，缴费额也应该符合他们的承受能力。这样才能提高农民工和用人单位的参保积极性，从而扩大医疗保险的覆盖面。根据调查，希望每月缴纳30元医疗保险费，住院医疗费用报销30%的人所占比例最大，为36.4%。这一水平代表了大部分农民工医疗支出的承受范围。因此，宜实行高覆盖率，低缴费为主的缴费方式。有雇佣关系的农民工，由用人单位和个人双方共同按月缴纳医疗保险费，无雇佣关系的由农民工以个人身份按月独自承担缴费。缴费额度的设计上，深圳的劳务工合作医疗制度的定额低缴费的经验值得借鉴。深圳劳务工合作医疗制度对缴费的规定是，外来劳务工每月向"外来劳务工合作医疗基金"缴费12元，其中用人单位缴纳8元，外来务工人员个人缴纳4元。保障范围包括门诊和住院两项。缴纳的12元保险费，6元用于支付门诊医疗费用，5元用于支付住院医疗费用，1元用于调剂。深圳市合作医疗保障的缴费水平较低，农民工个人每人每月只需交4元，符合农民工收入水平低的特点，调动了农民工参保的积极性。

调查结果显示，农民工的收入水平和受教育程度与其愿意承担的医疗保障缴费水平成正相关，即农民工的家庭月收入和受教育程度越高，他们愿意通过缴纳更高的医疗保险费来获得更高的保障水平。因此，如果只是采用低费率，则会影响这部分人的参保积极性。为了适应农民工内部不同层次人员的需要，在缴费水平的设计上应体现差别，在最低水平的基本医疗保险的基础上，设计多种档次的缴费等级，如果期望获得更高层次的保障水平，个人必须缴纳更多的保险费。享

受待遇上体现权利与义务对等的关系，农民工缴纳的医疗保险费越高，报销比例也就越高；而缴费越低，报销比例也相应地降低。农民工可以根据自身的经济水平和需求自主选择参加不同档次的医疗保险，这种多层次的缴费水平的设计，满足了不同层次农民工的需要。极大范围地调动了他们的参保积极性。

4）建立有利于农民工在地区之间流动的相关配套政策

（1）农民工群体存在着职业转换快、地区之间流动性大的特点，目前迫切需要制定农民工在地区之间流动的医疗保险关系接续的有关政策，以确保他们参加医疗保险的连续性和参保人员享受医疗保险待遇的稳定性（胡大洋和张晓，2005）。这对医疗保险管理技术和管理方法及硬件设备等都提出了挑战，针对农民工异地就医的问题，要求医疗保险体系实现网络化管理，社保机构之间，社保机构与医保定点医院之间要建立信息联网，方便随时查询就医者的相关信息。另外，根据农民工职业转换快的特点，可以参照深圳市外来劳务工医疗保险模式的相关政策，采取不限定就诊医院，即农民工参加住院医疗保险后，不对其限定就诊医院，他们可以在全市甚至全省范围内有住院条件的任何一家医疗保险定点医院就诊，这有利于农民工更换工作地点后就近就医，农民工"跳槽"后，其医疗保险号不变，不必到医疗保险机构更换医疗卡，仍可使用原卡号就医。

（2）从长远来看，我国势必要在全国范围内建立统一的全民医疗保障网，这也是我国医疗保障体系的改革大方向。但是目前，我国各地经济发展不平衡，医疗保障尚处于省级和市级统筹层次上。因此，就当前而言，包括苏南地区在内的经济发达地区是农民工集中的主要地区，应当率先于全国从宏观上统筹规划，研究和制定农民工医疗保障的管理办法，使新老政策、城乡医疗保障体系能够衔接，先建立起全省统一的农民工医疗保障的体系，允许那些符合参保资格的农民工能够在统筹地区内自由流动，解决农民工在省内和城乡之间流动时医保资金和档案的转移和接续问题。这不仅是对社会资源是一种节约，同时也是管理理念上的进步。先在经济发达的省市打好对医疗保障统一化管理的基础，最终实现统筹层次全国化的长远目标。

6.3.6.3 建立农民工医疗救助制度

农民工整体参加医疗保险的能力比较低，并且受到报销比例甚至封顶制度的限制，大量农民工在身患疾病的情况下失去工作之后，很多人连基本的生活都不能保证，更难以承担巨额的医疗费用，在这种情况下就可能会造成患病农民工不得不中断治疗的局面，甚至最终还会导致因病致贫现象的发生。对于这部分农民工，政府和社会有义务来承担他们医疗救助的责任。农民工医疗救助制度的建设,应该建立以政府、社会和企业多方协作为基础的特困农民工医疗救助机制。由政府财政负担,建立农民工医疗救助基金,地方政府可以主导建立慈善和收容为一体的救助医疗救助,对于身患大病,生活困难,不属于企业责任、医疗保险责任的农民工,由医疗救助机构给予免费的医治和救助(郑功成和黄黎若莲,2007)。在一些有条件的大中型企业,可以由企业与个人共同集资建立带有共济帮困性质的互助医疗基金,来分担因疾病带来的风险。

6.3.6.4 对农民工进行卫生健康教育,增强农民工卫生保健的意识和能力

农民工经济条件差、住房条件恶劣,"脏、乱、差"现象突出,又缺乏各种卫生健康知识和疾病预防知识使得农民工成为传染病和食源性疾病的高危群体。因此,要加强对农民工进行基本医疗保健知识的宣传,使他们能够主动地以正确的方式维持自己的健康;如果能从卫生源头制止疾病的发生,或者在疾病发生时尽量减轻伤害的程度,这种方式对农民工来说更有效和更容易接受,也更具有实际意义。因此可以在城市中农民工集中居住的地区充分利用广播、宣传单、报刊、社区黑板专栏等多种形式在广泛开展防病治病的健康教育,将预防疾病、职业健康、生殖健康和自我救护技等卫生医疗观念渗透到农民工的意识中,倡导一种卫生、有益健康的工作和生活方式,提高农民工的自我保健意识和能力,控制各种疾病的发生。

6.3.6.5 做好医疗保障知识宣传工作,帮助农民工全面了解医疗保障政策和规定

根据调查,在没有参加任何医疗保障的被调查者当中,25.8%的人是由于对医疗保险不了解而没有参保,其中,10.1%的人没有听说过医疗保险,15.7%的人不知道自己是否能够参加医疗保险。同时,本书在访谈过程中还了解到,有不少农民工不了解相关的医疗保障政策,对于参保,他们感到很迷茫,不知该选择哪种符合自身特殊情况的医疗保险,而有些用人单位也正是利用了农民工的这个弱点,不给他们缴纳医疗保险费。针对这一情况,应该大力加强对医疗保障政策的宣传工作,通过各种渠道和媒体诸如报纸、电视、传单、或者组织宣传小组深入农民工集中居住区等,大力宣传农民工各项医疗保障政策的适用范围、参保办法、缴费办法、待遇水平及各项相关规定,通过这些方式来增强农民工对医疗保障的了解,提高他们的参保积极性,而且还可以给用人单位造成一定的舆论压力,督促他们为农民工缴纳医疗保险费,同时还有利于医疗保险管理部门提高办事效率。

7 农民工融城的社会空间实践：社区融入

社区是人们展开日常生活实践的最小空间单元，是人们赖以生存的物质环境、心理归属和社交圈的三者合一。作为"外来者"，城市社区是农民工务工空间以外的生活空间，它几乎构成了农民工城市生活空间的全部。也可以这么认为，农民工的城市融入实践真正的"场域"[①] 就是农民工日常生活经历的城市社区。在城市社区中，农民工获得市民身份认同与城市社会归属，从而获得与城市的实质性融入。这里需要说明的是，学术上的"社区"概念有多种，各种概念产生差异是缘于"地域"作为承载传统社区的重要空间，在现当代社会中出现了不同程度的缺位，一些跨越地域限制而具有共同价值观和互助关系的"圈子"又现实存在的事实。尽管如此，成员的共同价值（社区精神）、持续的互动关系及完备的社区功能被普遍认为是判别社区存在与否的核心要素。当前在我国农民工群体的城市生活中，"地域"作为社区存在的空间要素仍然十分重要，因此在本研究中，"社区"是农民工群体基于一定的地域范围形成的持续发生城市社会交往和参与行动的城市生活空间，它是一种与农民工直接有关并承载了农民工实践市民身份、心态及生活方式的行动空间。

7.1 苏南农民工城市社区融入的空间评价

在我国，由于农民工的居住形式不同，其融入城市社区的途径与融入的状况亦有不同。一些学者将农民工的在城市社区中的居住形式分为三种：随务工雇主（建筑队、装修队等）临时集中居住在就业场所附近；以业缘与血缘为纽带在城市角落或城乡接合部聚居；以定居的方式散居于城市中（赵利军，2006；时立荣，2005）。相较而言，只有选择定居（尤其是自购房居住）城市中的农民工才具有真正融入城市社区的机会。

---

① "场域"是关于人类行为的概念，场域理论是社会心理学与社会学主要理论之一。"场域"一词起源于19世纪的物理学概念，主要用于分析和理解包括物质环境、与他人行为关联及其他相关因素影响下的主体的心理与行为。在社会心理学领域，考夫卡、勒温是主要代表人物，在社会学领域，布迪厄是"场域"概念与理论建构的主要人物。

根据我们在苏南地区的调研,农民工通过就业途径融入城市获得了相对较好的(与全国其他地区相比)社会空间(详见第4章)。但这并不代表我们所调查的农民工群体已深度融入所务工城市。由于城市社区是农民工城市物质空间、社会空间、心理空间实践三者合一的单元"场域",因此考察农民工实质性的城市融入与否,"城市社区融入"是一个综合性的判断依据。

我们主要以农民工的城市社区居住形式来划分农民工的城市社区融入形态。从目前我们调研的情况看,能够具备定居城市社区条件的农民工所占比例整体偏小。可以认为,苏南地区被访农民工总体上尚未能有效通过社区居住途径深度融入城市。由于城市社区是农民工融城实践的最小空间单元,因此我们仍可以从城市空间社会理论角度角度,分析农民工融入城市社区受阻的原因。我们认为,有多重原因造成了农民工在城市社区空间中遭遇了"空间排斥"与"空间剥夺",主要表现在以下几个方面。

(1)住宅和居住环境选择的因陋就简。由于农民工就业选择受限和收入的低水平,造成其对居住的要求降低到仅为"栖身",而不敢奢望"过多的舒适"。寄居于城市的贫民角落,或居住于城郊和远离城市中心的工厂宿舍,这都是为城市主体居民所排斥或隔离的居住区域,在这样的社区居住条件下,农民工很难获得与城市居民们互动交往的物质空间。

(2)日常消费的量入为出。在我国长期城乡二元体制影响下,城市和农村各自形成了不同水平的消费市场,也使得城乡居民的消费观念存在很大差异。在农村,满足温饱是头等大事,且自给自足,轮到婚丧嫁娶才"破费"操办。而在城市,本来农民工中多数就已是收入较低的群体,加之饮食起居的开销全都要通过付费的方式在市场上购买,因此农民工主要聚集在城市商品的低端市场进行日常生活消费,为的是积攒更多存款用于生活中其他重要的开支。和市民相比,农民工在城市社区中的日常消费空间显然被压缩了。

(3)社会交往的就亲近邻。在农村,家庭经济之间的持续互济、血浓于水的亲情都构成了村民密切交往的基础。而在城市,农民工并不熟识城市的一切,甚至能够来到城市也主要依靠亲缘关系,出于生活方便与安全的需要,农民工更容易与城市中的亲友、因工作而熟识的人及在居住地通过日常消费所认识的近邻发生社会交往。农民工的社区社会交往空间较有限。

(4)身份认同与心理归属的自我封闭。由于不具备城市户籍,农民工不能同城市户籍居民一样享有城市社区的公共服务资源,这使得同样为城市的发展付出辛劳却得不到同等待遇的农民工产生对自我身份的质疑,从而只有向处于同类处境的人群寻求某种归属感。加之城市居民在态度和行为上表现出来的对"城市外来者"的歧视和排斥,更将农民工推向自我封闭的心理空间。

根据以上空间评价,从消除"空间剥夺"和体现"空间公平"的角度,制定促进农民工通过融入城市社区而融入城市社会的空间政策,应当从以下关键点着手。

(1) 承认农民工的城市居民身份,全面实现其享有城市社区公共服务资源的权利。

(2) 提升农民工的城市就业能力,同时完善农民工就业市场,体现劳工待遇体系的公平性与公正性。

(3) 尊重农民工的城市劳动,不断提升其就业收入和降低其城市生活成本,充分满足其达到与市民同等日常消费水准的生活需要。

(4) 倡导社会信任与社会融合,建立和畅通农民工与城市的信息与情感的沟通渠道,增进彼此的理解。

(5) 鼓励农民工参与社会公共事务与社区活动,拓展农民工的城市社会交往圈,增强农民工市民身份的自信与认同,培养农民工的城市主人翁精神。

(6) 开展社区教育,提升农民工的文化水平和公民素质,帮助其更好地融入城市的文化氛围,改变观念和适应城市的生活方式。

7.2 促进苏南农民工城市社区融入的政策实践

我们基于城市社会空间评价而提出的促进农民工城市社区融入的多个政策着力点,如果汇集成一股综合力量,则正是当前我国政府已开始推行并将持续深入实施下去的一项政策工程——构建覆盖全民的城乡公共服务体系,并确保均等化的基本公共服务在社区层面得以操作和落实。当前我国城市公共服务体系覆盖的重点是城市弱势群体,主要包括农民工,失地农民和城市失业、下岗、年老、妇女、儿童及残疾人群等,覆盖的内容包括义务教育、公共卫生、基础医疗、公共文化体育、基本社会保障及公共就业服务。结合我国目前城市"社区制"的社会管理体系,公共服务资源的配置延伸至社区,社区是城市居民享有公共服务的基本平台。因此,在城市务工的农民工也只有通过融入城市社区,才能被全面纳入城市基本公共服务体系而与普通市民享有同等的保障底线生存、基本发展、环境和安全的社会服务。作为外来农民工大量聚集的主要地区,苏南在推进城乡公共服务均等化的政策实践中走在了全国前列。一项 2010 年中国城市公共服务质量的抽样调查结果表明，苏州名列公众公共服务满意度的榜首[①]。以城市空间社会理论来解读，一座城市的公共服务质量如果能得到公众认可，至少表明居民在城市能获得令人满意的生存与发展空间，苏南地区外来农民工对城市公共服务的认可度也同样取决于他们在城市空间中所获得的同等待遇，更确切地说是在农民工所生活的城市社区获得与市民同等的公共服务待遇。

为了帮助农民工更好地融入城市社区，苏南地区政府乃至地方社会一直都积极推动着城市公共服务向农民工群体全面覆盖的政策实践，其中具有标志性的举措就是，建立居住证制度，实现农民工群体从"劳动力管理模式"向"居住管理模式"的转变，实现"同城待遇"。而这一份能够保证农民工享有城市公共服务资格，表明流动人口城市居民身份的居住证恰好主要是在城市社区中完成登记、发放与监管，这无疑为农民工建立了和城市社区互动联系的纽带。当然，除了从制度上根本保证农民工城市生活的基本权益，借助社区这一平台真正落实面向农民工的各项公共服务才是促进其融入城市的关键。苏南地区在落实城市公共服务向外来流动人口覆盖政策的过程中积累了丰富的操作化经验。例如，苏州各社区普遍建立农民工就业信息发布与交流的电子平台；从热心群众中挖掘力量组建志愿者服务团队（如"社区老娘舅"）；为解决外来人口居住、生活与工作中出现的各类矛盾，专门设立"新苏州人"人民调解委员会机构等。这些细致入微的"城市关怀"透过小小的社区向外来农民工们的生活点滴渗透，也难怪苏州、无锡连续几年都位列农民工最受欢迎城市榜单前列。

苏南地区促进外来农民工融入城市社区的政策实践经验表明，依托承载农民工日常生活实践最小空间单元的"城市社区"来实现满足农民工城市生存和发展需求的承诺是最现实，也是最可行的。促进农民工融入城市，无论是理念倡导还是构建制度，融入和市民们享有同等待遇的社区，这即是农民工融入城市的出发点，也落脚点。

[①] 由新加坡南洋理工大学和中国厦门大学公共管理领域专家协作（连式基金全资赞助）完成的"2010年全国城市公共服务质量调查"结果在广州发布，在所调查的中国内地32个城市中（省会城市及副省级单列市为主，每个城市抽取1000位市民和100个企业），公众对城市公共服务度的排名依次是：苏州、宁波、深圳、杭州、厦门、南京、青岛、北京、长春、大连，见"2010年中国城市公共服务质量调查结果揭晓"。

8 农民工子女的城市社会空间实践：教育融入

在我国，外来农民工的城市融入问题不能简单理解为只是农民工个人与城市社会相融合的问题，还必须考虑农民工所属家庭的城市移居与融入。出于生活所需，家眷随农民工进入城市后同样要面临城市适应和融入的问题。在最终需要定居于城市的农民工家庭中，虽然有着深厚农耕生活经验的年老者受较大限制不易融入城市而一般不大可能去选择适应城市，但对于农民工及其子女来说，如果要扎根城市则必须要适应和融入城市。进入城市的农民工子女尚处于社会化关键时期，因而除了身份的融入、同辈群体交往融入和社会心理融入之外，教育融入是农民工子女融城实践最主要和最重要的部分，甚至在某种程度上，教育融入是农民工子女在城市实现良好的身份融入、同辈群体融入和社会心理融入的基础和前提。那么就当前我国农民工子女融城实践的空间条件而言，他们是否和他们父辈一样遭遇了一定限度上的"空间剥夺"，以及如何争取农民工子女教育融入的"空间公平和正义"。这正是本章要集中探讨的问题。

8.1 农民工子女教育融入的城市空间评价

有学者以 2005 年全国 1% 人口抽样调查样本为依据估算，仅就当年全国农民工随迁子女[①]数量就达到 1314 万（王宗萍等，2010）。随后数年，该指标增量虽还未能有具体的统计结果明示，但以每年新增约 600 万~800 万进城务工者的间接数据可以预见（郑功成，2006），随进城务工人员迁入城市的儿童数量只会是在 2005 年数据的基础上逐年增加（此前，根据 2000 年全国人口普查的数据，我国 18 周岁以下的流动儿童已达近 2000 万[②]）。当前我国农村劳动力向城市转移已呈现出"举家流动"和"定居城市"的新特点（王春光，2010；关信平和刘建娥，2009）。这就意味着，进城务工群体其自身不仅要在城市争取公民权和融入城市，其随迁子女同样在城市要争取获得权益并融入城市。其中，由于农民

---

① 本书中"外来务工人员子女"与"农民工子女"专指流动劳动者家庭中的 0~14 岁儿童。
② 参见：黄胜利. 2005-12-04. 农民工子弟义务教育谁来关注. 中国经济时报.

工随迁子女正处于学龄阶段，其义务教育融入的需求就表现得更为迫切和突出。农民工随迁子女只有良好地融入城市的教育体系，才能够通过接受良好的教育在成年后适应时代和社会的变迁，发挥"完人"的力量、创造社会财富和体验完整的人生。就我国日益庞大的外来工随迁儿童人群来说，尽早、更好地融入城市，才是其着眼于未来美好人生的基础和起点，教育是帮助他们融入城市最为直接和最为关键的手段。

早在 20 世纪 90 年代，外来务工人员子女在城市"失教"的问题就引起社会的广泛关注，政界、学界与民间都热烈探讨解决的途径，2001 年国务院出台"两为主"[①] 政策正是社会各界在解决外来工随迁子女（少年儿童）教育权益保障问题上达成一致意见的集中体现（徐丽敏，2009）。外来工随迁儿童的"入学难"问题在"两为主"政策全面推行后有了一定的改观，不过一些"两为主"政策执行的经验材料仍表明，该政策落实的成效与原定的政策目标发生了偏移，政策的执行过程主要受到了立法、行政和财政方面的障碍（吴宏超和吴开俊，2010；黄育文和姜鹏，2010；王东，2010；李芳，2010；葛新斌，2007）。也有学者深入分析"两为主"落实问题后明确指出，外来工随迁儿童"失教"问题不单纯是"入学难"的方面，更表现为当前社会一些隐性的制度排斥[②]和文化歧视[③]仍严重阻碍着"两为主"原则在外来工子女教育过程中的遵循和教育结果上的落实（徐丽敏，2009）。

就农民工子女的融城实践而言，教育的"空间公平"就意味着农民工子女在城市能够获得平等的受教育权利和机会及公平分配到教育资源。回顾农民工子女受教育问题的出现和演变过程，我们发现，农民工子女在城市接受不到与城市居民子女同等教育的问题仍没有得到全面而彻底地解决，农民工子女普遍仍为教育"空间非公平"问题所困扰。而站在城市空间社会理论角度，正是由于农民工子女的城市教育空间"被剥夺"从而首先在外部条件上限制了农民工子女争取教育空间公平的行动资源和权力，并且这在某种程度上是对农民工子女获得公

---

① 2001 年，国务院颁布的《关于基础教育改革与发展的决定》中第十二条规定，要重视解决流动人口子女接受义务教育问题，以流入地区政府管理为主，以全日制公办中小学为主，采取多种形式，依法保障流动人口子女接受义务教育的权利。简称"两为主"原则政策。

② 关于这一点，如公办学校虽然接受外来工随迁子女就读，但仍变相收取隐性"借读费"，或在教育过程中实行"分班"制；民办学校教学条件简陋、师资不稳定、教学手段落后、教学内容与升学要求存在差距等。

③ 公办学校教师对入校的外来工随迁儿童教学上区别对待，民办学校办学资格认证存在人为阻碍等。

平教育的绝对阻碍。

8.2 农民工子女教育融入的结构性约束

有关农民工随迁子女城市教育融入的研究表明,当前我国农民工子女的城市教育融入主要受到了户籍制度、教育制度、社会保障制度及城乡文化差异的宏观结构性影响,同时也受到家庭、学校、社区及同辈群体交往网络的中观结构性影响。

就我国城乡二元结构的户籍制度而言,对农民工随迁子女教育融入的结构性影响主要是在教育权益平等性方面。在改革开放前,持有农村户口的公民子女在城市入学需持有城市户口登记机关准入的迁入证明和学校的录用证明[①],这很清楚地表明城乡人口在教育权益上的区别对待。而在优先发展城市工业的总体思路下,城市人口享受的教育待遇无论教学条件还是教学资源,明显要优于农村人口。改革开放后随着农民工大量入城,其随迁子女入城就学问题日益凸显出来,国家也不断调整和出台相关政策放开户籍约束,其中也包括解决农民工子女农村户籍与城市入学门槛对接问题的政策措施。但是,由户籍制度长期以来所造成的城乡二元分割的教育利益格局,仍影响着这些改善型政策措施实施进程甚至是削弱政策实施成效的达成,农民工子女和市民子女相比在教育权益平等性获得方面仍有实际差距,在城市他们普遍面临因户籍制度影响而造成的教育融入难的问题。

在教育制度方面,由户籍制度衍生出来的教育制度的城乡差异更直接地影响到农民工子女的城市就学。农民工子女和市民子女相比,教育制度的影响主要表现在以下三个方面。

第一,教育起点不同。城乡差异的教育制度形成城乡儿童不同的入学政策,城市公办学校对农民工子女的入学要求有着各种各样的政策性"拒绝"理由,加之农民工家庭的流动性长期存在,农民工子女被排斥在公办教育之外,只能进入随时可能面临"办学资质质疑"的农民工子弟学校,并且不入学的现象也十分普遍,这就首先在教育起点上形成了农民工子女教育融入上的障碍。

第二,受教育过程的不同。一些通过付费、利用社会网络及落实有关政策而能够进入公办学校入学的农民工子女,由"特殊化"入学所带来的教育过程中

---

① 参见我国1958年的《户口登记条例》。

的社会排斥仍然存在，在分班、配备教师、课堂互动、学业辅导和评价上，同一个学校内都可能存在人为差异。此外，进入农民工子弟学校和进入公办学校除了教育起点的不同，教育过程也有很大差距。自谋出路的农民工子弟学校与主要依靠政府财政拨款支持运作的公办学校相比，无论是师资队伍建设还是教学环境的投入、维护和建设始终都处于弱势，这必然造成在不同学校接受教育的孩子在受教育过程中的差别并直接导致教育结果的差距。

第三，教育效果不同。从教育起点到教育过程的差别化对待，农民工子女的升学率比城市公办学校学生的升学率明显偏低，学业成就存在显著差别，甚至一些农民工子女在城市受排斥的教育效果比农村留守儿童的受教育效果相对更差。而教育效果直接影响农民工子女未来的社会发展，并对我国的国民素质提升造成严重影响。为解决农民工子女的失教问题，国家也不断出台有关政策以推动教育制度改革。从专门针对农民工子女入学问题而出台的政策实施情况看，目前以"两为主"政策为核心的教育制度改革取得了重大突破，农民工子女在公办学校就读，并由流入地城市来主要管理其义务教育的落实方面至少获得了政策层面的正向支持。但是"两为主"政策在具体实施过程中仍然存在一些问题从而阻碍该政策效应的深度发挥。这些问题集中在政策操作的具体权限划归上，如办学经费划拨上中央和地方的责任划分不清晰，对流入地和流出地义务教育补偿倒挂等[①]。这些问题都导致流入地公办学校吸纳农民工子女入学的比例并不令人乐观，"高额借读费""入学证件齐全"等变相拒收农民工子女就说明公办学校对农民工子女教育落实问题"力不从心"，结果就自然导致无力承担入学缴费、无法取得入学证明材料的家庭（尤其是在农民工超生子女）就只能帮孩子选择在打工子弟学校，农民工子女融入教育制度的难度因此而并未得到实质性的减弱。

社会保障制度及相应政策是农民工子女获得稳定的教育支持和权益保证的重要结构性因素。农民工的城市社会救济、社会保险和社会福利保障缺失问题早已引起重视，各地也在积极探索农民工社会保障制度的构建，但制度建立并发挥绩效仍是一个长期过程。在当前，透过农民工社会保障制度对农民工家庭提供福利支持再渗入到农民工子女教育支持和权益保障中的力量仍较弱，专项解决农民工子女教育及其他权益保障问题的救助、保险和社会福利政策探索不足。目前能够给予农民工子女教育保障的社会政策主要包括农村低保和教育救助，但这两项政策一个对农民工城市入学经济支持力度甚微（农村低保水平相对于城市生活保

---

① 流入地依法管理农民工子女义务教育，但因经济发达往往申请不到义务教育补偿，造成管理负担过重，而中西部这些经济不发达的农民工流出地可以获得义务教育补偿，而实际上的管理负担较轻。

障要求过低),另一个则因落实政策的具体规定刚好空缺"农民工子女"对象而存在明显的社会排斥①,这些都导致农民工子女难以借助社会保障制度来实现城市教育的融入。

文化差异对农民工子女的教育融入亦是一种结构性影响。尽管主流文化一致,农民工与市民在区域亚文化和职业亚文化上仍存在差异(卢显国,2010);并且,城乡二元长期分割也造成了城市与农村文化所包含的行为规范和思维观念上的差异,这些都构成了处于农村文化与城市文化之间的农民工子女随父母入城之后文化认同的障碍,进而影响到农民工子女的教育融入。除此之外,城乡文化差异也影响城市人对农民工子女的接纳,尤其是学校的教师、同学因城乡文化的不同而对农民工子女有意无意地保持距离,这使得农民工子女不仅不能通过学校教育获得融入,反而因社会歧视而加大了融入的难度。

除了制度与文化在宏观层面对农民工子女的教育融入形成结构性影响之外,在中观层面,家庭、学校、社区及同辈群体也构成了影响农民工子女教育融入的结构性因素。家庭的影响主要表现为:农民工子女入学的教育经济支持不足、良好家庭教育环境缺失、家庭流动性下的教育断续和失序等。学校的影响主要表现在农民工子女教育适应不良、教育疏忽和教育排斥方面。社区的影响主要表现在对农民工子女教育融入的帮扶及沟通家庭教育与学校教育并整合社会教育资源方面,由于农民工子女较为弱化的社区融入,社区对其教育融入的良性影响尚未充分发挥出来。同辈群体对农民工子女教育融入影响也相当重要,同辈群体对农民工子女的学习心理认同和行为模仿方面具有决定性的影响,但是目前城乡文化差异造成市民子女和农民工子女之间仍有明显的社会和心理隔阂,农民工子女不易与市民子女发生深度的互动,也就难以借助同辈交往来促进其教育融入了。

从以上结构性角度分析我们看到,农民工子女教育融入问题的解决并非一两项专门政策的出台即可解决,而是需要从制度层面、文化层面乃至中观层面(家庭、学校、社区、同辈群体)进行结构性变迁才能得到彻底改观。当然,结构性变迁是渐进的、长期的,这其中也离不开农民工子女在教育融入方面能动性作用的发挥。当然,对尚未成年的农民工子女,能动作用的发挥的基础和前提就

---

① 2004年《民政部、教育部关于进一步做好城乡特殊困难未成年人教育救助工作的通知》中,提出了对城乡特殊困难未成年人实施教育救助的目标,规定教育救助的对象具体为:持有农村"五保"供养证的未成年人;属于城市"三无"对象,即无劳动能力、无生活来源、无法定扶养义务人或虽有法定扶养义务人但扶养义务人无扶养能力的未成年人;持有城乡居民最低生活保障证和农村特困户救助证家庭的未成年子女;当地政府规定的其他需要教育救助的对象。参见徐丽敏的《农民工随迁子女教育融入研究:一个发展主义的研究框架》。

是有利于该群体城市教育融入的户籍制度的改革和社会保障制度的建立及城乡文化的融合。

8.3 苏南农民工子女教育融入的行动选择[①]

8.3.1 农民工子女的入学

8.3.1.1 农民工子女入学基本情况

课题组2007年的调查表明，在596户入城定居苏南农民工家庭中，子女处于义务教育阶段的为352人。其中，子女就读于公办重点学校的23人，占6.5%；子女就读于公办普通学校的231人，占65.6%；子女就读于民工子弟学校的68人，占19.3%；子女就读与国有民办学校的16人，占4.5%；子女就读于其他的14人，占4.0%。而据一份全国范围内开展的农民工子女教育问题研究报告显示[②]，2007年农民工随迁子女在公办小学和公办初中就读比例分别为77%和80%，对照同年我们在苏南地区的调研结果（农民工子女入公办学校就读比例为72.1%，即6.5%+65.6%），可见苏南地区务工农民工随迁子女在公立学校入学比例水平基本达到了当年全国农民工子女入学水平。这和国家与当地政府的努力是分不开的，2008年全国城乡义务教育免费全面施行，各地均依照新出台政策提出包含"免费入学"在内的农民工子女义务教育推进工作计划。例如，靠近苏南地区的上海市提出的目标是力争2008年实现90%的农民工子女实现"免费入学"，苏州、无锡等地力争实现农民工子女"免费入学"比例达到85%。

8.3.1.2 农民工为子女联系入学方式选择

课题组2007年的调查发现，被访农民工主要"通过亲朋好友介绍"和"向当地教育部门咨询"两条途径来为其子女在打工所在地联系学校（表8-1）。尤

[①] 本节内容及数据主要由课题组负责人高峰指导的苏州大学社会学院社会学系硕士生李晖娟整理分析完成。

[②] 2006~2008年，华中师范大学课题组与中国人民大学、北京师范大学、中央教科所等单位合作，先后承担了教育部基础司、世界银行有关"农民工子女教育问题"课题研究（包括农民工随迁子女和农村留守儿童），课题组对全国十多个省份进行大规模实证调查。

其依靠"亲朋好友"这样"内卷化"的社会资本获取其子女择校信息成为农民工的首选。而学校主动上门推荐招收农民工子女入学方式的微乎其微；且在农民工家长联系学校的过程中，有38%的被访农民工表示"学校非常乐意接受"，有41.8%的农民工表示自己"做了很多努力学校才接受"，但仍有10.1%的农民工表示直接"遭到拒绝"，这显示出农民工子女想要轻易跨过入学门槛依然是障碍重重。信息不对称及信息渠道的不完全公开，使得农民工家长在为子女联系入学时不仅盲目而且在遇到困难时，缺少必要的指导和帮助，农民工子女的城市入学依然存在社会空间排斥的问题。

表8-1 2007年苏州、无锡、常州被访农民工为子女在城里联系学校的方式

联系学校的方式	频次/人	比例/%	有效/%
通过亲朋好友介绍	158	8.1	44.9
从媒体报纸上得知	23	1.2	6.6
向当地教育部门咨询	116	5.9	32.9
家乡教育部门推荐	15	0.8	4.2
学校主动上门推荐	12	0.6	3.3
其他	28	1.4	8.1
合计	352	18.0	100.0
缺省	1 602	82.0	—
总数	1 954	100.0	—

8.3.2 农民工子女的转学与辍学

根据统计，有67%的家长表示子女曾经有过转学的经历，有过转学经历的农民工城居子女中，绝大部分转学1次，占70.8%，主要原因是因为子女从老家来到城市或父母工作经常换地方，导致孩子不得不换学校（表8-2）。另外统计表明，有82名家长表示子女曾经有过辍学的经历，占13.8%，其中辍学1次的56人，占68.3%；辍学2次的14人，占17.1%；辍学3次的9人，占10.9%；辍学4次及以上的3人，占3.7%。这些数据都表明，由于农民工务工流动性强，造成其随迁子女在适龄阶段受教育过程缺乏稳定性，这必然对这些孩子的受教育结果产生不良影响。

表 8-2　2007 年苏州、无锡、常州被访农民工子女转学次数

农民工为子女转学次数	频次/人	比例/%	有效/%
1 次	167	8.5	70.8
2 次	42	2.1	17.8
3 次	15	0.8	6.4
4 次	7	0.4	2.9
4 次以上	5	0.3	2.1
合计	236	14.5	100.0
缺省	1 718	87.9	—
总数	1 954	100.0	—

8.3.3　农民工对城居子女义务教育的评价

8.3.3.1　农民工对子女学业成绩的评价

2007 年被访农民工家庭中，有 50.7% 的家长评价子女的成绩一般，8.5% 的家长评价子女成绩不好，40.8% 的家长评价子女的成绩很好。问及影响孩子成绩的原因时，13.4% 的家长认为是孩子自身的原因，67% 的家长认为是来自家庭的非自身因素造成的，如家长忙于生计没时间管孩子学习（43.5%），没钱送孩子上补习班（17.2%），孩子要帮家里干活（6.3%）等原因（表 8-3）。

表 8-3　2007 年苏州、无锡、常州被访农民工家长对影响孩子学习成绩原因的评价

原因	频次/人	比例/%	有效/%
忙于生计没时间管孩子	153	7.8	43.5
没钱上补习班	61	3.1	17.2
孩子帮家里干活，耽误了学习	22	1.1	6.3
孩子自身的原因	47	2.4	13.4
学校质量不高	33	1.8	9.4
孩子自卑影响学习	3	0.1	0.8
其他	33	1.8	9.4
合计	352	18.1	100.0
缺省	1 602	81.9	—
总数	1 954	100.0	—

从农民工家长对子女学习成绩的评价来看，农民工家庭经济上的弱势直接或间接地影响了其子女的学业表现。但让人感到意外的是，几乎所有的家长都认为孩子的自卑心理不会影响到其学习成绩，这与其他学者相关研究得出的一些结论有出入。但我们认为，一些来自主观层面的评价往往要依据被访者的现实体验来予以"投入理解"。或许对子女的学业期望且因务工繁忙而无暇顾及子女的受教育结果的被访农民工家长看来，子女当前的学习成绩已经"令人满意了"，"孩子没有提出什么学习上难处，能自己解决学习问题，应该不存在学业上的自卑心理"。

在调查中，我们感受到相对于生活在蜜糖中的都市家庭子女，农民工子女更孝顺与懂事。特别是一些被访农民工家庭中十几岁的女孩子，为了减轻父母的负担，几乎挑起了一大半的家务重担。从他们下课回到家开始，烧饭、洗碗、洗衣服、拖地，照看弟弟妹妹，在把所有的家务都做完后，他们才能趴在小小的桌子上开始写作业。然而就是在这样的条件下，有些农民工子女的学习成绩依然很好，他们知道自己上学的机会来之不易，因此，必须加倍努力，用优异的成绩来回报父母。

总体上，被访农民工子女的学习条件受限于家庭经济资源和教育资源，而这也是因为农民工家庭置身被压缩的城市社会空间的结果。与此同时，基于被压缩的农民工子女受教育社会空间实践，农民工家长对子女的学业评价与教育期望也整体偏低，甚至是忽略孩子的学业能力的培养与学习心理健康培育。

8.3.3.2 农民工对子女就读学校的质量评价

调查发现，7%的农民工家长对其子女就读的学校感到非常满意，55%的农民工感到基本满意，这部分农民工的子女大多就读于公办重点学校或公办普通学校；但仍有近30%的农民工家长对子女就读的学校感到不太满意或非常不满意，这部分农民工子女大多就读于民办子弟学校，见表8-4。

表8-4 2007年苏州、无锡、常州被访农民工子女就读学校满意度交叉分布

就读学校	非常不满意	不太满意	比较满意	非常满意	不清楚	合计
公办重点学校	1	3	9	7	3	23
公办普通学校	14	36	135	22	18	225
民工子弟学校	32	19	11	2	4	68
国有民办学校	0	10	7	2	3	22
其他	2	5	4	1	2	14
合计	49	73	166	34	30	352

苏南地区农民工对子女所在学校感到不满意的地方，主要集中在"学校收费不合理"和"学校的硬件设施简陋"，认为"学校师资力量薄弱"和"学校领导与老师不关心学生"的农民工所占比例相当。我们认为，这很大程度上是由农民工子女所在的学校性质决定的。对于子女在公办学校就读的很多农民工而言，为了能入学，就必须交纳一定的赞助费或借读费，相对于城里的小孩入学，这项额外的开支就不可避免地成为农民工感到不满意的地方。而对于子女就读于民工子弟学校或国有民办学校的农民工而言，民办学校与公立学校之间存在着明显的差距，这个差距主要就集中在学校的硬件设施和师资力量上，通过比较就能明确看到差距，农民工父母自然也对此颇为不满。显而易见，无论是对子女入学的"额外学费开支"的不满意，还是抱怨民办与公办教学条件的明显差距，农民工家长对其子女入学环境条件（教育基础）的担忧心境完全源自其子女不易获得体现教育公平和正义的社会空间使然。

8.3.4 农民工子女义务教育面临的困难

关于农民工子女在打工地求学遇到的最大困难，大部分的被调查者选择的是"没有当地户籍"，因为对于大部分的农民工家长而言，他们现在面临的诸多困难都是由于没有当地户籍造成的（表8-5）。

表8-5　2007年苏州、无锡、常州被访农民工子女在城市求学遇到的最大困难

最大困难	频次/人	比例/%	有效/%
没有当地户籍	198	10.1	56.2
费用太高	110	5.6	31.2
住处附近没有学校	8	0.4	2.4
受当地人歧视	5	0.3	1.3
不能在当地参加考试	14	0.8	4.0
毕业后拿不到毕业证	11	0.6	3.2
其他	6	0.3	1.7
合计	352	18.1	100.0
缺省	1 602	81.9	—
总数	1 954	100.0	—

根据调查，有78.1%的农民工家长表示，自己的孩子初中毕业后需要回户籍所在地读书；有个别家庭经济条件较好的农民工家长为了能让子女留在城里参

加中考和高考，正在考虑凑钱买房子；也有一些家长表示，只要孩子成绩特别优秀，并且有老师推荐，还是可以留下来参加中考的。能留在城里继续读书的孩子固然是幸运的，但是对于那些初中毕业后就只能回老家读书的孩子而言，他们又该如何适应新的教材、新的学习环境和由于城乡教育资源的巨大差距所产生的心理落差呢？

对于孩子的教育，被访农民工最大的愿望集中在"降低收费标准""和当地孩子享有同样的待遇"和"减少入学限制"上，分别占29.7%、26.9%和23.1%。

8.3.5 农民工子女教育融城的空间实践结果

在被调查的农民工中，138人表示子女在学校从未受到过不公平待遇，占39.2%；135人表示子女在学校偶尔受到不公平待遇，占38.4%；32人表示子女在学校经常受到不公平待遇，占9.1%；更有10人表示子女的不公平遭遇每天都发生，占3.5%。大部分农民工家长表示自己的子女在城里上学时受到过不同程度的不公平对待。问及孩子和当地的孩子相处是否融洽时，总体上被访农民工认为自己孩子能够融入当地学校，其中59.6%的农民工认为融洽度一般（尚可），30%的农民工表示自己的孩子和当地孩子相处是较为融洽的，只有8.6%的农民工表示不融洽（表8-6）。

表8-6 农民工子女与当地孩子相处融洽度

融洽度	频次/人	比例/%	有效/%
非常不融洽	21	1.1	5.9
不融洽	9	0.5	2.7
一般	210	10.8	59.6
比较融洽	77	3.9	21.8
非常融洽	29	1.5	8.2
不知道	6	0.3	1.8
合计	352	18.1	100.0
缺省	1 602	81.9	—
总数	1 954	100.0	—

不难看出，虽然超过半数的农民工子女在校期间受到过不公平待遇，但是总体而言，农民工的子女还是能和城里的孩子融洽相处。我们分析，造成这一现象

的原因一方面可能是孩子社会经历少，思想比较单纯，相互闹过矛盾的同学之间也不太会记恨对方；另一方面可能是城居子女和当地子女的家长，以及学校、老师平时经常教育同学之间要融洽相处。我们在调查中发现，对于孩子在学校的情况，有部分家长表示完全不清楚，这固然有农民工和子女交流不充分的缘故，但更为主要的，是学校老师与农民工家长之间的沟通不够。课题组统计资料显示，有11.6%的老师平时从不和家长沟通，61.4%的老师只是偶尔和家长沟通，只有27%的老师会经常和家长沟通，而这部分老师绝大多数是公办重点和公办普通学校的老师。可见在农民工子女就学学校中社会空间排斥现象的存在阻碍了农民工子女通过教育途径的融城实践。

8.4 苏南地区推动农民工子女教育空间公平的政策实践

在城市空间社会理论中，资源和权力是主体实践空间发生分异的基本纬度。而显然，从调研的结果来看，农民工子女在现有的城市教育空间中并未能获得充足的教育资源及能够自主选择接受更好教育的权力。多重原因引起农民工子女教育空间剥夺问题的发生，以户籍制度、教育制度、社会保障制度为主的结构性原因和农民工子女家庭、学校及城乡文化差异等多重原因，造就了农民工子女受教育条件和环境即农民工子女的城市教育空间的不平等。对于消除城市"空间剥夺"问题，卡斯泰尔曾指出，在私人资本不愿投资的集体消费领域（如公共教育），政府通过政策手段和行政措施可以起到干预的作用，尤其是在空间实践主体明显缺乏抵抗力量时，制定体现空间公平与正义的政策并顺利施行是相对而言更有效的解决之道。

就政策实践而言，建立一套完善的体现教育公平的城市教育制度最为关键。一直以来，国家义务教育阶段实行的分级办学、分级管理的教育体制被认为是除了户籍制度之外，直接造成农民工子女在城市"失教"的政策原因。我国现行的义务教育实行地方负责、分级管理的办学体制，即基础教育由县（市）财政管理的教育体制，基本形成了中央和地方财政分担、以地方财政拨款为主的义务教育财政管理体制。在这种管理体制下，义务教育阶段的经费主要由地方政府负担。因此，教育规模的规划、中小学校的布局就以满足本地教育需求为依据，每年用于义务教育的经费也主要依据本地区户籍人口中适龄儿童的数量而定，学龄儿童入学由户籍所在地政府负责，按户口划分学区，分派学位，就近入学。现行的这种义务教育财政体制否定了学生对接受义务教育的自由选择权，严重阻碍了农民工城居子女享有流入地教育的权利。外来农民工在城市中参与了经济建设，推动了当地的城市经济发展,服务了人民的生活,直接地为这个城市的财政作出了贡献,这个城市的财政就应该承担为其子女义务教育提供经费支持这样一个义务。近几年,江苏特别是苏南地区政府和教育部门积极采取措施将农民工城居子女义务教育纳入本地区的基础教育行列,逐渐改变了排斥农民工适龄子女教育的做法。

江苏省政府决定,从2008年的2月起,为全省城乡义务教育阶段学生免费提供教科书。发放对象为:全省城乡义务教育公办学校学生(含特殊教育学校学生、进城务工农民子女)、县以上教育行政部门批准的民办学校(含民办民工子弟学校)义务教育阶段学生。有关部门同时规定,在向全省城乡义务教育阶段学生免费提供教科书以后,严禁向义务教育阶段学生再收取教科书费用,严禁向学生统一收费征订各种教辅材料,地方各级教育部门和学校不得以任何名目向学生收取涉及教材的一切费用(凌军辉和王骏勇,2008)。

苏州于2006年秋季最早在国内实现义务教育免费。市政府规定,在苏州全日制中小学校就读的农民工子女,除交纳江苏省规定的借读费外,其他方面和苏州城区的孩子上学享受同等权利,在评优、奖励、申请加入少先队、共青团,参加校内外活动等方面也一视同仁。对于家庭困难的学生,各个公办学校还酌情减免费用。作为联合国儿童基金会和国务院妇女儿童工作委员会"保护流动儿童权益"试点城市,无锡市教育局从2002年起就公开承诺"以流入地政府管理、公办学校就近接纳为主,不让一个农民工子女失学"。通过普通公办学校、10所公办流动人口子弟学校和33所外来流动人口子弟学校,共同构筑起无锡市流动人口子女接受义务教育的"安全网"。无锡市还常年开展特困农民工子女家庭学杂费减免、发动本地学生赠送衣物和学习用品、免费为流动儿童体检等活动。截至2007年年底,无锡市17.2万义务教育阶段的进城务工农民工子女有91.3%在无锡市公办学校就读,江阴市和崇安区更是100%吸纳,名列全省第一(苏雁,2006)。

常州市则把流动儿童义务教育"蓝天计划"列入政府为民办实事项目,通过公办学校吸纳为主,举办蓝天学校、蓝天班,民办学校为补充,使外来务工人员子女与本地孩子一样接受良好教育。自2001年起,市政府专门成立了帮困助学金理事会,每年出资数百万元助残助困,基本形成了"政府主导,社会参与,学校落实"的帮困助学体系。

在中央大力倡导保障农民工子女顺利接受义务教育的号召下,在苏南当地政府的努力下,不可否认,大多数外来农民工城居子女能够顺利接受义务教育,但如果户籍制度和现行教育制度的影响依然存在,则一定会持续制约农民工城居子女进入公办学校接受免费的义务教育。因此,我们期待更进一步的教育改革。

9 农民工融城的心理空间实践：城市生活满意度与城市认同

9.1 外来农民工融城实践的心理空间

在城市空间中寻求"存在感"，是任何社会个体身居城市的心理依据。按照城市空间社会理论的观点，城市在物质、心理和社会三个层面以其空间性对个人的社会实践行动产生根本性影响，城市空间则分别以物质空间、心理空间和社会空间三者辩证统一的形式承载了个体日常生活实践的过程与结果。就都市居者的心理空间而言，它所承载的是个体通过城市实践而形成的对城市的认知、态度和感受，所包含的是个体对城市的心灵归依，个体在其城市心理空间所圈定的范围内找到自我的存在。如果居者置身城市，对包裹其身的物质空间只有身体感知而毫无心灵感知，那么城市空间就只能是作为一种物理容器包围"旅居者"。但偏偏人类是一种主客观融为一体的生物，人类对与其生产与生活实践活动相关的一切人、事、物都会产生主观意念和判断。人的身心不可分，承载人类身体活动的物质空间和承载心灵活动的精神空间亦不可分。与此同时，人除了借助物质空间以自身身体来感知运动和存在（即人与自然环境发生关联）以外，人与人之间也会通过社会交往而感知自身和他人的存在，这种人与人之间形成的社会关联就构成了个体存在所依赖的社会空间。很显然，在人类通过社会实践形成社会空间的同时伴随有人类对社会空间的认知与评价，它同样属于心理空间的范畴，是承载人类社会关系的心理领域。

在城市中，居者身体运动而感知的物质空间及通过关系实践所建构的社会空间，若不能与其心灵感知的精神空间融为一体则无法寻求个人身处都市的"存在感"，这会直接导致城市居者陷入身心矛盾甚至是分裂，并感到自身与他人的隔离。当前被认为存在着城市融入困难的农民工群体，如果站在城市空间性的角度来理解不难发现，正是由于农民工身居城市却不能正常就业和享有城市的公共服务，从而农民工融城实践的物质空间和社会空间相脱离；同时又因不为城市所接纳，导致形成农民工对城市的偏见和心理封闭，进而又产生了与城市社会相隔离的心理空间。

9.2 农民工融城实践的心理空间评价：以苏州为例

城市居者的心理空间由个体对城市的认知、感受与态度所构成，它容括了个体在城市中对日常生活实践过程和结果的体验与评价，以及个体对自身与城市社会之间关系的判断。评价农民工融城实践的心理空间，我们可以运用心理学领域发展很成熟的主观感受类评价指标来进行测度。其中生活满意度是农民工对城市生活现状的直观感受与心理评价，而城市认同则是农民工基于各自的城市生活满意度对城市形成的认知和态度，是农民工对自身与城市关系密疏与否的判断。本书主要运用农民工的城市生活满意度和城市认同两项指标的测度来对农民工融城实践的心理空间作出评价。

9.2.1 农民工的城市生活满意度

本研究中的苏南农民工城市生活满意度部分的调研主要集中于2012年7月和8月以苏州市外来农民工为对象的相关调研中。

9.2.1.1 调查对象基本情况

1）区域分布

农民工生活满意度调查覆盖苏州7区5县（市），共发放问卷2400份，回收有效调查问卷2175份及深入访谈录音12份。其中，除苏州市金阊区和工业园区的样本数量偏少之外，其他区县的样本数量都能达到预计样本量（200份）的90%（图9-1）。

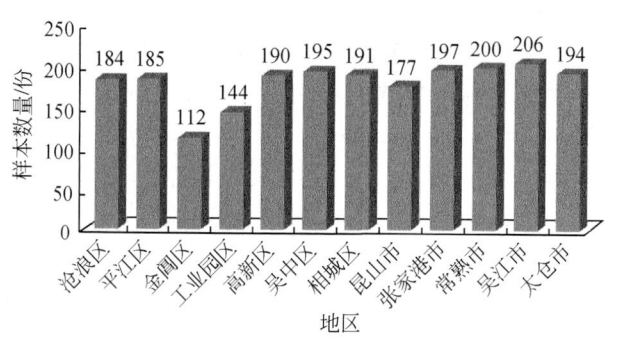

图9-1 苏州市十二区、县（市）调查样本量

2）年龄、性别、受教育及婚姻状况

本次对外来务工人员的调查，男女比例较为均衡，分别为 54.3% 与 45.7%；未婚 43.8%，已婚 54.1%；30 岁以下的外来务工人员约占 63.2%，新生代外来务工人员成为苏州外来务工人员的主体调查的 2165 名外来务工人员中，小学及以下受教育水平的人数仅占总数的 8.4%，拥有初中学历占 37.4%，高中学历占 32.8%，大专及以上占 21.5%，可见被调查对象的受教育情况较好（表 9-1）。

表 9-1 调查对象年龄、性别、受教育及婚姻状况

项目	样本分类/个	比例/%
年龄（2158）	20 岁及以下（284）	13.2
	21～30 岁（1081）	50.0
	31～40 岁（419）	19.4
	41～50 岁（282）	13.1
	51 岁及以上（92）	4.3
性别（2168）	男（1177）	54.3
	女（991）	45.7
受教育（2165）	大专及以上学历（466）	21.5
	高中学历（710）	32.8
	初中学历（810）	37.4
	小学及以下学历（179）	8.3
婚姻状况（2151）	未婚（943）	43.8
	已婚（1162）	54.1
	离婚（33）	1.5
	丧偶（13）	0.6

3）就业状况

参与调查的外来农民工主要涉及制造业、餐饮业及建筑装修业等行业；50.5% 的外来务工人员为普通雇员，技术人员占 23.1%，管理者或雇主占 11.1%（表 9-2）。

4）收入状况

根据 2163 名外来农民工月收入调查数据显示，农民工外出务工收入呈右偏态分布，大部分被访农民工收入水平集中在 2000～3500 元。仅以每年 10 个月测算，被访苏州农民工大部分的人均年收入达 20 000～35 000 元，而对比国家统计

局公布的 2011 年全国城镇居民人年均收入 23 973 元的数据，可认为苏州农民工总体收入水平略高于全国（表9-3）。

表 9-2　调查对象从事的行业情况

项目	样本分类/个	比例/%
从事的行业（2156）	农林牧渔（14）	0.6
	制造业（815）	37.8
	建筑装修业（422）	19.6
	交通运输仓储业（30）	1.4
	批发零售业（78）	3.6
	美容美发娱乐业（52）	2.4
	家政保安环卫业（81）	3.8
	其他（664）	30.8
就业身份（2155）	雇主（90）	4.2
	中层管理者及以上（149）	6.9
	基层管理者及包工头（153）	7.1
	技术员（349）	16.2
	一般雇员（1088）	50.5
	家庭帮工（26）	1.2
	自营劳动者（173）	8.0
	其他（127）	5.9

表 9-3　调查对象的收入情况

家庭月收入状况	频次/人	比例/%
5000 元以上	125	5.8
4000～5000 元	149	6.9
3500～4000 元	169	7.8
3000～3500 元	253	11.7
2500～3000 元	412	19.0
2000～2500 元	574	26.5
1320～2000 元	375	17.3
1320 元以下	106	4.9
合计	2 163	100

9.2.1.2 城市生活满意度评价

1) 城市生活满意度指标体系构建（表9-4）

表9-4 外来农民工城市生活满意度指标体系（含评价）

指标 序号	名称	可接受度/% 满意	一般	合计	不满意度/%
B01	本地社会经济发展	54.5	40.0	94.5	5.5
B02	本地社会治安	54	36.6	90.6	9.5
B03	子女教育	32.3	46.3	78.6	21.4
B04	医疗卫生服务	32.1	47.2	79.4	20.6
B05	交通出行	48.6	39.9	88.5	11.6
B06	环境保护	49.5	38.0	87.5	12.5
B07	单位安全生产与劳动保障	48.1	41.2	89.3	10.7
B08	了解《劳动法》、《合同法》	21.6	43.3	64.9	35.2
B09	居住条件	31.5	46.9	78.4	21.7
B10	业余生活方式	31.7	47.4	79.0	21
B11	本地收入	25.5	44.1	69.6	30.4
B12	获得工作机会	33.1	51.1	84.2	15.8
B13	法律宣传和服务	35.5	48.4	83.8	16.2
B14	与本地人相处	36.8	47.0	83.8	16.2
B15	生活成本	25.1	46.5	71.7	28.3
B16	工作生活幸福	34.1	57.3	91.4	8.6
B17	定居本地	46.4	26.2	72.6	27.4
B18	关注本地发展变化	45.5	45.3	90.8	9.2

2) 外来农民工城市生活满意度评价

（1）对城市生活与工作的满意度。苏州作为外来务工人员移民大市，外来农民工的工作生活满意度直接影响着城市的社会经济发展和地区稳定。根据调查结果显示，34.1%外来务工人员在苏州工作生活较为幸福，91.4%能够接受在苏州的工作与生活现状；84.2%的外来务工人员能够通过各种途径找到工作；对于自己的收入与之前其他务工地相比，69.6%的外来务工人员较为满意；79.0%的外来务工人员能够通过各种业余生活方式基本满足生活需求。

（2）对城市公共服务的满意度。从表9-5中我们可以看出，总体上外来农民工对务工城市的公共服务环境满意，其中经济前景、社会治安、交通与社会保障得到较高认可，而子女义务教育条件和医疗卫生条件满意度相对稍低，但绝大多数仍对这两项条件基本认可。

表 9-5　外来农民工的城市公共服务评价

项目		可接受度/%			不满意度/%
序号	名称	满意	一般	合计	
B01	本地社会经济发展前景	54.5	40.0	94.5	5.5
B02	本地社会治安	54.0	36.6	90.6	9.4
B05	交通出行	48.6	39.9	88.5	11.5
B06	环境保护	49.5	38.0	87.5	12.5
B03	义务教育	32.3	46.3	78.6	21.4
B04	医疗卫生	32.1	47.2	79.4	20.6
B07	社会保障	48.1	41.2	89.3	10.7

（3）城市居留意愿

根据表9-4第B17项，其中三成外来务工人员不愿意搬离本地。根据相关分析，生活工作幸福感与是否愿意搬离本地存在负相关值-0.014，表明"不愿搬离本地"能够从侧面反映外来务工人员在苏州生活工作较为幸福。事实上表9-4第B16项的数据也表明，34.1%的外来务工人员认为生活工作较为幸福，91.4%的外来务工人员认可目前的生活工作现状。

9.2.2　农民工的城市认同

城市认同感是指个人在判断个人与务工地城市关系上所体现出来的态度和看法，这一态度和看法将会对个人在城市中的行为倾向产生重要的影响，并塑造个人的行为倾向。

根据调查结果分析，83.8%的外来务工人员能够与本地人融洽相处，90.8%的外来务工人员较为关注苏州本地的发展变化（表9-4第B18项），这说明总体上农民工对苏州有较高的城市认同。一些城市认同度低的农民工认为：语言阻碍、本地人瞧不起外地人、收入有差距造成心理隔膜是阻碍他们融入务工城市的主要因素，其中语言阻碍占18.2%，收入差异占29.1%，生活观念和习惯不同占20.4%。不同年龄段的外来务工人员面对的融入困难各异，1990年以前出生的外来务工人员认为收入上的差异是融入苏州的最大困难，但是1990年以后出生的外来务工人员认为与苏州本地人不同的生活观念和习惯才是最大的融入困难。

9.2.3 农民工城市融入的心理空间

在我们的调查中，一些对城市认同度较高的对象更愿意称自己为"新苏州人"。这一现象表明，农民工对其务工所在城市存在着一种"选择性"的认同。城市良好的经济发展前景、完备的公共服务都是吸引农民工进入并谋求生存和发展的条件，基于此他们对城市表达强烈的认同。而与此同时，由语言障碍、习俗观念差异等所造成的心理隔膜又将他们融入城市的渴望大打折扣。在城市的务工经历，同之前在农村相比，从生活与工作角度看外来农民工获得了较高的满意度，他们依此而形成了认同城市的某些看法与感受，这是苏州外来农民工城市心理空间所包含重要部分之一。但另一方面，由于文化隔膜与观念差异仍客观存在，外来农民工对自身与城市社会关系的判断则不同于城市本地居民。外来者对城市的认同是一种"选择性"的认同，他们会现实地根据自身真实的城市实践来寻求一种城市的"存在感"，而"新苏州人"正对应此喻义。在苏南地区，"新张家港人""新昆山人""新无锡人""新常州人"的称呼在政界与民间都耳熟能详，尽管都用这些称呼来标签城市的外来务工人员，但标签的含义在城市本地居民和外地居民各自的心理不一定有同样的理解。一些本地居民可能会本能的以"新××人"来区分自己与外来者的界限，而一些外来者也以"新××人"来强调自己对务工城市已有确定的归属感；一些人在言谈中用"新××人"来回避农民工称谓所包含的社会歧视，而也有一些人会用"新××人"向外来农民工投去善意的包容。

但无论怎样，调研结果所呈现是，在苏南农民工通过城市生产与生活实践而建构的心理空间中，我们看到了较令人欣慰的生活与工作的满意度、普遍的留居城市意愿，并创造性的以"新市民"称谓来寄托个人与城市密切关联的态度和期望。型塑目前苏南农民工城市心理空间特征的力量，既来自于提供良好城市公共服务的政府方，也来自于能动地在城市中寻求生活机遇积极实践的外来务工者，当然也不能忽略了苏南在近代以来百年现代工业发展史对本地接纳外来劳动者城市文化的浸淫。

苏南外来农民工的城市心理空间是对苏南农民工融城实践的物质空间、社会空间的精神写照，只有当外来农民工建构了一种与城市融为一体的体验与评价，他们融入城市的物质空间、社会空间及心理空间才能实现在城市中的辩证统一。

10　研究总结论

自工业化、城市化问题席卷全球以来，个人与社会关系的问题成为现代社会转型过程中的本质（元）问题。农民工的城市融入问题正是农民工个体与城市社会关系问题在我国城市化进程中的具体展开。因此，探讨农民工城市融入问题时也应当回到个人与社会关系的问题本质来进行理论解释。当前，在探讨转型社会中的个人与社会关系的问题方面，国际社会理论学界在20世纪中期以后分别经历了语言学、后现代理论和空间理论的研究转向，尤其是空间理论在当前更成为批判社会不公正、构建社会公平和正义研究的重要理论依据。空间社会理论自马克思最早提出，经由齐美尔明确关注，到列斐伏尔以空间生产理论使之初步成型，后又由布迪厄、吉登斯、哈维、卡斯特尔、詹姆逊等人丰富和发展。该理论对社会运行过程中出现的个人与社会关系不协调与冲突的问题予以了基于"空间剥夺""空间隔离""空间非正义"批判立场的解释，相较于以往仅从"结构排斥"或"个体边缘化"的单一角度与静态思维的解释则更具有动态性与综合性优势。空间理论不仅关注由物理空间、社会空间和心理空间对个人行动选择的影响，更关注"空间再生产"本身对个体与社会关系的型塑，因而，从改善公民福利立场出发的政策性问题就不可避免要从空间的理论角度予以审视，特别是在关注总体性公平问题的制度顶层设计与公共政策体系架构方面。

目前，尽管空间理论转向已延伸到了我国农民工问题研究领域（潘泽泉，2007），但运用空间理论，专门针对新生代农民工的城市融入问题的解决，旨在进行顶层制度设计和政策体系构建的分析还不多见，因而还需要我们从空间理论视角出发，廓清当前新生代农民工融入城市的空间机遇、条件与阻力，在经验层面收集翔实而系统的新生代农民工融入城市的公共需求依据，并验证基于空间理论视角提出的新生代农民工融入城市的意愿假设、行动假设与影响因素假设，从而才能够在空间理论下以协调个人与社会关系为目的提出促进新生代农民工融入的政策操作依据。

10.1 研究结论概述

按照我们的课题论证,本研究从个人与社会的关系即社会学元问题出发,立足于空间理论视角来探讨农民工的城市融入问题。借助相关理论,解释当前我国通过实践融入城市行动的农民工与城市社会形成了怎样的互为影响的关系,以及哪些因素影响了两者关系的形成。其中就问题分析的具体理论依据来讲,城市社会空间理论被借用于分析农民工融城实践行动展开的环境与条件,而吉登斯的"结构二重性"理论则用于分析农民工融城实践行动展开的内在逻辑,即分析农民工如何通过融入城市的社会实践而与城市社会结构形成一种互构共变的关系。依据相关理论我们假定:城市空间是农民工展开融城实践行动而与城市社会结构发生互动关联所依赖的环境与条件,在空间要素的直接影响下,农民工与城市社会的各个结构层面通过"个人行动—主体实践反思—社会结构变迁"的内在逻辑不断发生互动而彼此型塑;与此同时,在农民工通过城市融入行动而与城市社会发生关联的过程中,农民工展开融城实践的空间也被"再生产"出来,并从物质、社会、心理三个层面来共同满足农民工与城市社会相互融合的需要。

对于研究提出的"农民工城市融入条件、过程与结果"的相关假设,课题组在苏南地区调研实证的结果包括以下几点。

(1)根据"结构二重性"理论,研究提出的农民工城市融入过程的假定得到验证。被访农民工通过在居住、就业、劳动权益保护与救助、社会保障、日常生活空间(社区)及心理层面展开的城市融入行动,对城市原有的户籍制度、劳动力市场结构、劳动权益保护与救助机制、社会保障制度、城市社会管理体制及城市文化产生了冲击与影响,促成以上城市社会结构要素发生调整与变革;并且被访农民工又基于变迁后的城市社会结构调整个人的融城动机,反思融城需求展开新一阶段的城市融入实践行动。城市社会结构由此与农民工的融城行动之间形成了相互建构与共变的关系。同时,被访农民工子女的教育融入实践对城市原有的教育公共服务体系产生影响,促成城市为满足农民工子女义务教育需求而调整教育公共服务覆盖范围和资源分配规则,从而也形成了农民工子女的教育融入行动与城市教育公共服务体系间的互构共变关系。以上研究结果对吉登斯的"结构二重性"理论予以了实际验证,提供了基于苏南地区农民工城市融入行动与城市社会结构互构共变关系的经验证据。

(2)依据城市社会空间理论,研究提出农民工城市融入的条件与结果的相关假设得到验证。苏南地区农民工进入务工城市后,除了选择在城市居住,还进行着就业、劳动维权、参保、日常生活与消费及子女教育的社会实践活动,且依据农民工自身的城市融入实践结果产生了对务工城市的认知与感受。这表明,城市不只是充当外来务工者展开融城实践活动的地域空间,它也是承载农民工通过融城实践与城市形成各种社会关联及农民工城市心理体验的非地域空间。因此城市社会空间理论所强调的,城市不仅具有地域空间属性,且具有社会空间属性与精神空间属性的观点在苏南地区农民工融城实践的结果中得到印证。

由于农民工需要在城市中展开包括居住、就业、消费等在内的生产与生活实践,因而就对城市的空间形态与结构产生影响。例如,苏南地区出现了满足农民工居住生活需要的集宿区、租赁屋群,从而改变了城市的住宅空间布局(包括依照住宅区空间布局而形成的生活圈布局);城市工业、建筑业、服务业的兴起为农民工提供了大量就业岗位,引起城市的产业结构发生调整;农民工定居苏南的强烈期望和苏南地区工业发展对劳动力资源储备的内在要求,促使苏南城市逐步向农民工开放城市的公共服务系统;大量农民工留居城市,一方面改变了城市的人口结构,另一方面也对市民的日常生活与文化观念产生影响,从而触动城市更新其内在社会秩序的运行机制。

根据苏南地区农民工城市融入实践的现实结果,我们可以看到,农民工进入城市之后,不仅基于城市物质空间展开了生产与生活实践,并且借助个体的能动性实践与城市社会之间互构、共变的过程,实现了满足农民工融城实践需要的物质空间、社会空间及心理空间的"再构",从而在整体上改变了城市的空间形态与结构。苏南地区农民工融城实践的结果证实了城市社会空间理论中"空间参与到人的社会生产与生活实践中,并因满足人的需要而实现空间自身生产"的理论预设。

当然,在我们看到农民工融城实践行动影响城市社会结构发生变迁的同时,我们也看到目前城市中仍然存在着制度、市场、社会网络及文化等各个层面对农民工融入城市行为的制约,导致农民工的融城行动是基于被压缩的城市空间而展开,从而造成农民工对城市的"不融入""半融入"或"融入不畅"等问题。这从本质上说明,城市空间中包含着相应的权力结构,即福柯所言的"权力空间化"。农民工由于客观和主观原因不能在城市空间中获得个体融城实践需要的有利空间位置,也意味着农民工在城市权力结构中处于劣势地位,"空间非正义""空间剥夺"的境遇由此而产生。

尽管农民工的融城实践行动对存在"空间非正义""空间剥夺"问题的城市社会结构提出了转型要求,但转型的过程并非一蹴而就。经过长期历史演变积淀而形成的城市社会结构要素,如制度、市场、社会网络、文化,无论其中哪一方面要素发生转型,其过程都牵扯到复杂利益关系的调整与秩序重构。在保护原有城市人群利益的惯性作用下,制度不公、市场失衡、社会网络匮缺及文化冲突,都会直接阻碍农民工融入城市。这也造成了承载农民工融城行动的物质空间、满足农民工生产与生活需要的社会空间,以及提供农民工城市生活精神依托的心理空间其各自完成空间自身生产的不充分及三者间目前尚未能实现辩证统一的现实。因此苏南地区农民工融城实践结果也验证了城市社会空间理论的观点。

空间既是生产的工具,也消费的工具,不仅物质空间的存在要能够满足个体社会生产实践的需要,并且被再生产出来的城市空间也要能够给予个体充分展开日常生活实践的可能,否则,资本扩张谋利所需空间的生产与劳动者消费所需空间的生产这一对城市空间生产中的基本矛盾就无从解决,必然会引起利益冲突与秩序紊乱。

在解决城市空间生产基本矛盾问题上,城市社会空间理论强调了政府干预城市空间生产过程的重要作用。卡斯特尔指出,城市最主要的功能是消费,劳动者通过消费活动完成劳动力再生产所需的个人生活资料的消耗。其中私人消费品个人可以在市场中独自购买,而集体消费品如交通、医疗、住房、闲暇设施由于存在不可分割性则需要由城市整体提供。由于集体消费品耗资巨大且回报慢,资本往往基于逐利的本能并不愿意进入集体消费品生产领域,因此就需要政府运用行政手段和政策措施直接干预集体消费品的生产。并且,政府干预集体消费品的生产必须要符合城市全体居民的需求而不是只服务于资本的利益,否则当劳动力再生产所需的必要生活资料始终供给不足时,城市空间生产的基本矛盾只能走向恶化。我们在苏南地区调研过程中十分清楚地看到了,苏南地区政府积极介入到了城市集体消费品的生产和管理领域。围绕改善和提升农民工城市居住、交通、医疗、教育等水平的公共政策不断出台与实施,都极大地促进了苏南地区农民工在城市中对集体消费品消费需要的满足。也正是由于农民工能够在苏南地区相对充分的获得自身劳动力再生产所需生活必需品,农民工在城市中的日常生活实践才能够顺利展开,以致产生更为明确的融城动机。政府干预城市空间生产以满足个体生活消费需要的观点在苏南得以验证。

(3) 对研究提出的农民工城市融入过程的假设,课题组还在苏南近代工业化以来流动农民工的融城生活史料中找到了实证依据。近代苏南农民工争取务工待遇的能动性社会实践,促成近代苏南资方为缓解劳资矛盾而纷纷响应政府倡导的"惠工"政策。这些政策既包括对农民工住宿、医疗、饮食等方面基本生活条件的改善,同时还包括对农民工开展识字教育、技术教育等提升劳工人力资本等"惠工之策"的施行。在当时的情形下,资方对农民工务工生活诉求的"让步"及政府为了加强社会管理对农民工融城生活需求满足的介入，都推动着农民工产生尝试适应和融入城市的更强冲动。由此，苏南地方社会借近代以来工业文明先行萌发的历史优势，较早在全国形成了农民工融城行动与城市社会相互建构与共变的关系。事实上，近代苏南农民工城市务工生活实践对苏南现代、当代城市社会发展都产生了深远的历史影响。我们的研究发现，"苏南模式"乃至"新苏南模式"下的当代苏南工业发展路径与城市发展脉络，都能从近代苏南工业化形成的城市史中找到重要的历史根据。

（4）最后，就社会融合情况而言，总体上苏南农民工处于城市的"半融入"状态，农民工户籍融入、就业融入和社会保障融入状况相对良好，而居住融入、社区融入、子女教育融入方面尚待促进。具体表现为：在苏南产业工人日益紧迫的城市融入需求对当地政府和资方形成的"能动者"压力下，苏南农民工的户籍身份融入以居住证制度的探索和施行获得了制度层面的保障。苏南地区提供的相对开放的就业门槛，以及在政府大力倡导和资方积极配合下的人力资源培训制度，有力地促进了农民工在当地城市中的就业融入。苏南地区已能够做到农民工城市生活基本保障和险种的覆盖，且借助城乡一体化的改革实践，实现了农村保障体系建设与城镇保障体系建设的有效对接，尽可能解决农民工流动过程中的社会保障之忧。苏南农民工的居住融入尽管探索了"集宿制"，但资本的力量对城市空间安排的影响仍不利于农民工的城市融入。当前苏南农民工及其子女的社区融入状况仍不容乐观，农民工的居住模式限定了农民工基于居住地融入城市社区的客观条件，以及农民工的城市生存现状也影响其社区参与。尽管苏南当地针对农民工的户籍制度、教育制度和社会保障制度改革成效显著，但苏南农民工子女的教育融入仍然受到城乡文化差异、家庭、学校、社区及同辈群体因素影响而并不顺畅。

由此，依据运用城市社会空间理论与吉登斯"结构二重性"理论对农民工城市融入问题实质及原因的重新解读，我们认为应当基于争取"空间公平、正义"的角度提出农民工城市融入问题解决的总体策略。策略设计应当是顶层性、长期性与综合性的，是涉及人口转型、城乡互融、社会和谐而影响深远社会政策的变革。

10.2 苏南外来农民工城市融入的空间评价

10.2.1 农民工融城实践的物质空间评价

农民工与城市之间的物质关联是由农民工融城实践的物质空间所承载，其中居住空间满足了农民工日常生活需要，是对农民工融城行动产生根本性影响的物质空间。农民工的城市居住空间依其选择的居住场所而决定。根据课题组在苏南地区的考察，城市外来农民工的居住场所选择主要有五种：在务工企业的集体宿舍居住、在雇主家中居住、在亲戚家居住、出租屋居住和自购房居住。概括来看，被访农民工在城市的居住选择主要受到资本、市场及社会网络三种不同力量的主导性影响。

（1）在资本力量的主导下，生产成本最小化是资方考虑生产支出的底线原则，为达到资本增值的最大化，满足劳动力居住需要的成本支出要被尽量控制，因而，资方（企业）往往倾向于向员工提供靠近生产场所的企业集体宿舍、企业出租屋、简易工棚。虽然这样的居住空间安排对资方来说最大可能节省了用工付费，但在很多情形下是以牺牲农民工城市居家需求为代价的。农民工为获得相对满意的劳动收入而被迫选择这种"鸽笼"式的集体居住空间，而这些居住点大多是生活设施简陋，空间狭小，周边缺乏娱乐、社交和学习场所配套且远离城市中心区域。这就意味着，农民工如果居住于由资方提供的仅满足其就寝功能而忽略交往、娱乐、教育等生活需要的居住空间，他们则不能通过在居住地的日常生活实践而与城市发生深度关联，更不要谈能融入城市。

（2）在市场力量的主导下，农民工主要选择租房入住城市。而农民工的收入整体偏低，他们在房屋租赁市场上可选择的适宜住房机会很有限。靠近企业、工地附近的城郊出租屋是一种选择，不过这些地段的居住环境的"脏、乱、差"是难以保证农民工居住安全和社会交往需要的。农民工另一些选择是靠近城市生活中心地段居住（尤其是从事服务行业的），相对而言这种居住方式与城市人群的社会交往几率增加，但也常常由于工作的临时性、变动性而影响农民工城市融入体验的稳定性。

（3）由社会网络主导而作出的居住选择主要有两种，一种是农民工居住在雇主家，靠近工作场所；另一种是农民工寄居在亲戚家（雇主有时也与农民工有着亲缘或同乡的关系）。因为与提供住宿的人熟识且居住场所固定，农民工通过社会网络寻求居住空间的费用成本相对于前两种居住方式要少，同时也可以获得比前两种居住方式更多一些的安全感和熟悉城市的便利条件。但是和在城市能支配自有住房的市民们相比，"寄居"也意味着农民工要根据房屋主人的生活节奏来安排自己的饮食起居，这就不容易形成农民工自己独特的城市生活体验。这样居住方式下的农民工融入城市的过程很多要依赖与雇主、工友和亲戚的渠道来进行，有时甚至会扭曲农民工的城市印象。

从居住融入的角度看农民工融城实践的物质空间，总体上农民工在城市并没有能够顺利获得满足自身劳动力再生产需要和日常生活需要的"公平空间"。无论是哪一种力量主导下形成的农民工融城实践的物质空间，都存在着"空间剥夺"的现象。为了同时满足农民工融入城市过程中工作和生活（劳动力再生产和日常生活）的双重需要，农民工需要的居住空间应当是具备安全、稳定、享受相对完备的城市公共服务和临近城市文化和商业的中心的基本特征，而目前有较高务工收入来源的农民工通过自购房能够解决以上居住要求，但多数农民工还不具备这样的条件。一些企业（资方）能为农民工提供较好的住宿房屋，但因选址限制可能会远离城市中心，如果城市公共交通服务能有所保证，那么农民工仍然可以在这种居住方式下获得进入城市核心社会空间的机会，当然这需要承担公共福利服务责任的政府"有所为"，苏南地区政府针对外来农民工城市居住融入开展的空间政策实践结果验证了这一点。

10.2.2 农民工融城实践的社会空间评价

正如物质空间承载了个人与城市的物质关联，城市社会空间则承载了农民工与城市之间形成的一切社会关联，其中就包括农民工通过就业、劳动维权与社会保障、教育、社区参与、社会交往等实践行动而与城市社会形成的互动关系。农民工融城实践的社会空间一方面为农民工提供了制度、市场和文化层面的融入依据，另一方面则又以其内在的资源和权力结构对农民工的融城行动予以型塑。

10.2.2.1 农民工城市就业的社会空间评价

农民工是就业实践的主体，其自身劳动力素质的高低首先在个人层面决定了各自融入城市就业体系的顺畅，而在宏观层面，通过就业行动融入城市的深浅程度则由农民工的就业空间形态（就业收入多寡和就业职位高低）与结构（就业资源多少和就业支配权大小）所决定。总体上，我国农民工目前的城市就业现状表明，农民工的城市就业行动长期被压缩在高劳动强度、低劳动回报的结构和求职资源匮乏、择业权力有限的空间范围内。

农民工就业空间被压缩的首要原因是农民工人力资源禀赋瓶颈。苏南地区企业高薪就业岗位给出的用人要求往往是高技术专门人才，学历至少是大专以上而且是紧俏专业或者至少是高中学历的高级熟练工。而我们调研的农民工对象学历普遍在初、高中层次，并且达到高级技工水准的并不多。其次，一些忽视农民工"劳动给养"的用工企业和贬低农民工劳动价值的就业市场潜规则都对农民工进入公平公正的就业空间制造了人为障碍。研究认为，解决长期困扰农民工就业空间公平问题最关键的策略是提升农民工的就业资源禀赋,政府和企业要以"劳动给养"而非"劳动替代"的思维积极推动开展农民工知识技能培训;其次是畅通农民工就业信息渠道,完善就业市场法律法规,优化农民工就业市场结构。近年来苏南地区工业发展实践证明:一种注重劳动者人力资本培育,舍得在农民工身上投资教育的"劳动给养"的思维,是实现企业人力资源储备可持续和农民工获得就业发展空间这种双赢局面的正确思维。

10.2.2.2 农民工劳动权益保护与救助及社会保障的社会空间评价

农民进入城市成为产业工人后,劳动权益与社会保障就构成了维持农民工劳动力再生产活动的基本条件。农民工与企业之间形成的劳资关系就形成于农民工的劳动权益和社会保障空间范围中,这一空间的构成要素包括:资方提供给农民工的劳动机会,劳动收益,劳动条件(劳动规章与工作场所);农民工的权益认知,维权意识和行动资源;政府设定的劳动权益保障和社会保障政策与制度。已有的关于我国农民工劳动权益和社会保障状况的研究表明:首先,资方为农民工提供的劳动岗位多数集中在"脏、险、毒、苦、重"的行业领域,有技能提升空间和高薪高酬的劳动机会很少;其次,农民工不仅受文化水平和法律素养的限制,缺乏劳动维权和参保意识,且受社会资本约束而难以获得充足的维权行动资源;另外,为谋求城市管理的短期政绩或迫于财政压力,一些地方政府制定的劳动力市场监管政策和劳动权益保障政策往往压缩甚至是忽略农民工的基本保障需求,从而加重了农民工城市就业待遇恶化的情形。总体而言,当前农民工的劳动维权与社会保障空间内隐含着不平等的权力结构,在此空间,农民工通过劳动权益与保障行动而与资方、政府形成了不平衡的互动关系,这直接破坏了农民工寻求城市认同的积极心理,也是造成农民工展开非制度化利益抗争行动的动因,所形成的社会后果则是农民工城市融入严重受阻及城市社会秩序的紊乱。

根据课题调研结果,苏南地区用工单位履行劳动合同签订责任情况与全国其他地区相比较好。签订劳动合同的务工农民工主要集中在大中型企业,一些私人企业、乡镇企业劳动合同签订的规范性相对不足。在农民工劳动时间(每日工作时间不超过8小时)权益保护方面,苏南地区农民工仍存在超时工作的现象,但比全国范围内务工农民工超时工作现象要轻缓不少。在农民工工资权益保护方面,苏南地区近七成用工企业能按时发放农民工工资。拖欠农民工工资的用人单位主要在建筑行业和一些个体工商行业,这与全国的情况趋同。在农民工职业安全保障方面,主要是大中型企业管理规范,从而为苏南地区农民工的职业安全营造了有利条件,近七成农民工认为自己的职业安全权益得到了相应保障。从苏南地区农民工寻求权利救助的情况看,新生代农民工比第一代农民工具有更强的维权意识,且合法寻求权利救助的途径更多样化。社会保障方面,苏南地区农民工的参保率处于全国范围内的趋高水平。

可见,苏南地区农民工所际遇的是一个相对宽松与公正的劳动权益保护、救助及社会保障的实践空间。这与苏南地方政府在保障农民工合法权益的制度供给和权益改进中的责任担当有很大关联。苏南地区政府的一系列积极作为,如监督企业制订和实施劳工权益保障规章、定期组织或督促企业组织农民工开展职业技能培训等,这些政策性举措对农民工的劳动权益和社会保障都起到了实质性的维护效用。

10.2.2.3 农民工融城实践的日常生活空间(社区)评价

农民工融入城市最关键的是以市民的身份、心态和行为方式定居于城市。而在当前,作为国家社会治理、公共服务覆盖及居民利益表达单元的城市社区,事实上至少在地域空间范围内承载着农民工的日常实践活动及由此形成的社会关系。城市社区就是这样一种直接承载农民工实践市民身份、心态与生活方式的行动空间。理论上,如果城市社区能够满足农民工城市实践的日常生活需求,城市社区才是真正意义上直接型塑农民工的市民角色并促成其发展都市人际关联的"生活空间",并包含物质、社会、心理三个纬度。但根据已有的相关研究,农民工在城市社区的日常生活实践过程中仍然由于多重原因而遭到了"空间排斥"与"空间剥夺",具体表现在:住宅和居住环境选择的因陋就简;日常消费的量入为出;社会交往的就亲近邻;身份认同与心理归属的自我封闭。

我们对苏南地区农民工的调查结果表明,农民工融城实践日常生活空间(社区)中非正义和不公平等问题的解决,在当前非常依赖于城市基本公共服务体系通过社区单元对农民工群体的全面覆盖。城市基本公共服务体系是从义务教育、公共卫生、基础医疗、公共文化体育、基本社会保障及公共就业服务多个方面来保护城市居民(尤其是弱势群体)的日常生活权益,而结合目前我国社区制的城市社会管理体系,城市公共服务资源的输送与配置是以城市社区为单元的,因此,农民工只有通过入住城市社区并获得社区成员资格(也可以认为是基于城市社区的公民身份),才能够被全面纳入城市基本公共服务体系而与市民享有同等的保障底线生存、基本发展、环境和安全的社会服务。苏南地区在推进城市公共服务体系向农民工群体全面覆盖上不遗余力,其政策成效已获得社会的普遍认可。以苏州为例,2010年一项我国城市公共服务质量评价的抽样调查结果显示,苏州成为当年公众对城市公共服务满意度最高的城市。对农民工而言,能否认可他们所生活与工作的"外乡"城市，这取决他们的城市获得即农民工的城市待遇，城市公共服务体系正是提供这种待遇最基本的社会结构。在苏州，城市社会管理部门是借助居住证制度在城市社区层面向农民工兑现"同城待遇"即城市公共服务。而在整个苏南地区，类似于施行居住证制度这样的向农民工覆盖城市公共服务的政策操作经验，正犹如细小入微的"城市关怀"通过社区向外来农民工的日常生活慢慢渗透，换来的自然是外来务工者对苏南城市的普遍认可及更为强烈的融城需求。

10.2.2.4 农民工子女受教育的社会空间评价

由于长期以来农民工子女未能与城市子女获得同等的受教育机会与条件，农民工子女的受教育问题一直备受政界、学界与社会关注。从城市空间社会理论角度，农民工子女正是在城市中遭遇了涉及教育资源和权力的社会空间剥夺，从而导致其受教育机会和条件获得上的不足。城市农民工子女的教育需求属于城市集体消费领域范畴，按照卡斯泰尔的观点，在私人资本不愿投资的集体消费领域（如公共教育），政府通过政策手段和行政措施可以起到干预的作用，尤其是在空间实践主体明显缺乏抵抗力量时，制定体现空间公平和正义的政策并顺利施行是相对而言更有效的解决之道。对在社会空间层面仍遭受教育资源剥夺和权力限制的农民工子女，其显著的弱势地位迫使其更依赖于政府通过政策手段和行政措施来干预公共教育的有效施行，从而来满足他们在城市的义务教育需求。

根据我们在苏南地区的调查，过半的农民工随迁子女能够在城市公办学校中接受义务教育，这和国家及当地政府敦促农民工子女获得义务教育公平性方面的政策努力是分不开的。就苏南地区农民工子女对义务教育的质量评价而言，近七成持基本满意态度，仍有三成是对义务教育质量评价不高。其中，持满意态度的农民工子女绝大部分在当地公立学校就读，而持不满意态度的则主要在民办学校就读。这进一步显示，由政府支持建立的公办学校聚集了城市的优势教育资源，而因各种原因不能获得公立学校就学资格的农民工子女则被排斥在公平义务教育空间之外，只能进入劣势的教育领域。课题组梳理了农民工子女义务教育面临的现实困难，最为突出的是没有当地的户籍，尤其是农民工子女的家长都坚定地认为他们面临的诸多苦难都是没有城市户籍造成的。对孩子的城市入学，农民工家长们最大的愿望就是降低收费标准、减少入学限制及希望自己的孩子和当地孩子享有同样的待遇。由此可见，农民工子女的教育融入过程主要受到了制度因素的阻碍，造成他们在城市难以获得公平的教育空间，亟待借助政府的政策实践来推动体现农民工子女教育公平性方向的制度变革。

为实现解决农民工子女的城市义务教育问题，苏南地方政府结合实际开展了多年的义务教育同城待遇的相关政策实践。当然我们也要看到，除了户籍制度，教育制度、社会保障制度作为主要影响农民工子女受教育公平权利获得的因素外，农民工子女的家庭条件、学校环境及城乡文化差异同样影响了农民工子女教育空间公平性的获得。面对这些农民工子女受教育的中观、微观层面的阻碍因素，政府化解的途径唯有通过提升城市的整体公共服务水平，包括基于农民工家庭同城待遇（收入、就业、居住、福利等），学校教育资源的均衡化，以及倡导城乡融合理念等来加以改善。

10.2.3　农民工融城实践的心理空间评价

按照列斐伏尔的观点，城市空间包含着物质、社会与精神三个层面，是物质空间、社会空间和心理空间的统一，心理空间包含的是个体通过城市实践而对城市形成的认知、态度和感受，个体在城市心理空间中获得市民身份认同与城市生活的意义。总体上，我国农民工中大部分人群仍未能获得充分的市民身份认同，在居住和就业不稳定，城市公共服务享有的不平等和城市文化排斥等现实生存现状下，农民工对城市生活意义的评价整体偏低，形成了与市民的城市实践不一致的心理空间，它也在心理层面阻碍着农民工融入城市。

我们对苏南地区农民工城市融入现状调查的结果表明，城市良好的经济发展前景是吸引农民工进入城市稳定就业的主因，充分考虑农民工城市生活需求的公共服务则是农民工城市居住稳定、生活便利的基本保障。城市公共服务水准高低（惠及农民工群体的）直接影响到农民工的城市认同与生活满意度，而农民工融城实践心理空间的构筑正是基于其城市认同和生活满意评价。农民工的城市生活满意度越高，留居城市的意愿则越强，就更倾向于认同城市和淡化差别，也更易基于此而形成与市民相一致的心理空间。以苏州为例，根据我们2012年的跟踪调查，九成以上的外来农民工关注苏州本地的经济社会发展变化趋势，八成以上的苏州外来务工者表示能够和本地居民融洽相处。总体上，被访农民工十分认可苏州市的城市公共服务环境，生活满意度较高，一些城市认同度低的农民工主要认为是语言阻碍、本地人排外、收入差距及生活观念和习惯这几项因素在阻碍他们从心理和行动上融入城市。在苏南地区我们发现，当地城市外来务工者更愿意称呼自己为"新苏州（无锡、常州）人"，这一现象表明农民工正是基于某种"想融入但又受阻隔"的融城实践状况而对务工所在城市产生了"选择性认同"。农村生活境遇的收入提升和生活质量改善吸引农民工对城市产生强烈的融入心理,但与城市的文化隔膜和与市民的生活差距又造成了农民工对融入城市的怀疑,从而,外来务工者更倾向于根据城市务工生活的亲身实践而有选择地寻求城市生活的意义,通过"新××人"的身份标签来定位自己的都市存在感,并依此来寄托个人与城市社会的种种关联。

农民工的城市心理空间是其融城实践的物质空间和社会空间的精神写照,只有当农民工建构了与城市融为一体的心理体验和生活评价,其融城实践的物质空间、社会空间和心理空间才能在城市实现与市民同等城市实践水平的辩证统一。

10.3 农民工融城行动与社会结构相互建构的空间解读

根据城市社会空间理论与吉登斯"结构二重性"理论,农民工的融城过程可以看成是个人的融城行动与社会结构相互建构的逻辑在城市社会空间中展开的过程。农民工依据自身的融入条件(个体素质与家庭资源)通过具体的融城行动与城市空间中的社会结构(制度、市场、社会网络与社区)发生互动关联,通过"个人行动—实践反思—社会结构"持续的互为影响,农民工展开融城实践的条件"空间"被重新建构或"再生产"出来,从物质、社会、心理三个层面来共同满足农民工与城市社会相互融合的需要。以上有关农民工融城行动与城市社会结构相互建构的空间解读与假设,在我们对苏南地区外来农民工城市融入问题研究结果中得到验证。

10.3.1 农民工融城行动与城市社会结构的相互建构

10.3.1.1 农民工融城居住实践与城市户籍制度变革的相互建构

农民工的融城实践首先以融入城市的物质空间作为行动展开的基点。农民工在城市的居所及居所周围的物质环境构成了对农民工融入城市产生直接影响的物质空间。在城市中寻求栖居之所,农民工会基于个人层面的因素如收入、学历及就业的岗位和地点来考虑其选择,而来自于结构层面的因素如制度、市场、社会网络和社区更是对农民工的居住选择产生重要影响。在我国,城市户籍制度是赋予城市人口居住权利合理化意义和确认城市居民身份、保障市民各类权益的根本性制度,因此城市户籍制度是影响农民工城市居住实践的第一结构性因素,同时也参与型塑农民工融城实践的物质空间。然而,由于城乡二元分割的社会体制的长期存在,旧有的城市户籍制度既不能确认农民工的城市居民身份,也无法保证农民工在城市享有与市民同等的各类权益，在这种情形下，城市的物质空间对农民工而言只具有居所的物理含义。由于被隔离在权益体系之外，农民工难以真正融入城市从而更倾向于在城乡之间或各个城市之间持续流动，由此带来的城市劳动力供给的不稳定性也必然会限制城市自身的发展，因而无论是从农民工融城诉求的角度还是从城市发展需要的角度，旧有的排斥农民工城市居住生活合法权益的户籍制度变革都势在必行。事实上自 20 世纪 80 年代第一代农民工大规模入城务工以来，我国城市户籍制度变革进程就从未停止过，大到国家政策小到地方法规，各地对农民工城市居住生活权益保障的制度约束逐步放开，这进一步推动农民工产生更为强烈的融城冲动，当前日趋明显的我国第二代农民工"家庭移居"潮和第三代农民工"城市定居"潮最能说明。以吉登斯的"个人行动和社会结构相互建构"的观点来解释，正是由于农民工的融城行动不断地冲击旧有城市户籍制度壁垒，从而引起户籍制度的松动。在农民工更易获得基于城市居者身份的各类资源时会加剧农民工融入城市的渴望，而随后的农民工融城行动则再度引起户籍制度应新的城市社会需求发生深度变革。随着农民工城市居住的各类权益逐步得到保障，农民工城市居住生活的物质空间也通过城市户籍制度的松动得以向公平正义的方向扩展。

农民工的城市居住生活实践与城市户籍制度变革相互建构的过程在我们对苏南地区的调研结果中得到验证。苏南地方社会从近代至今已积淀了百年的农民入城务工生活史，当地政府顺应时代变化而变革城市社会制度的"神经"更为敏感，因此早在 1978 年苏南地区就率先启动了针对外来务工人员而逐步放开城市户籍制度管束的政策沿革。作为长江三角洲经济圈腹地，苏南地区稳而快速的工业发展和城镇化步伐始终吸引大量本地和外地农民工涌入，促成当地政府一直不能轻易忽视产业工人日益紧迫的城市融入需求。时至今日，苏南地方政府应城市外来农民工户籍身份融入的强烈要求出台了居住证制度，通过淡化户籍身份概念，以居住证来过渡农民工身份到市民身份的转换。苏南城市户籍制度变革具有建设意义的尝试，不仅十分注重对居住证制度推行方面可行性问题的严密论证和研究，同时在施行居住证制度过程中也担当了责任主角。这样一种人本化和开放的社会管理心态是对农民工劳动价值的充分尊重，是对农民工城市权益的积极保护，是一种促进农民工与城市社会融合型关系构建，努力回应农民工城市融入需求的理性思维。因而在目前全国普遍遭遇"民工荒"问题时期，苏南地区仍能够吸引相当多外来务工人员工作和定居。

10.3.1.2 农民工融城就业行动与城市劳动力市场结构优化的相互建构

根据人口迁移的"推-拉"理论及我国城乡收入差距现实,对农村劳动力流动入城动因的解释不仅包括农民工通过城市就业来增加收入,更进而在可能的情况下受城市经济、政治、社会、文化的影响而带来个人人力资本及政治、社会和文化资本的提升。当然目前从我国农民工城市就业现状的整体情况看,农民工入城务工的动因仍主要集中在增加收入,通过就业享受城市福利和文明和提升自我的夙愿并未普遍实现,这与农民工实际进入的城市就业空间密切有关。尽管城市工业发展需要大量农村劳动力(长期以来在我国城乡二元分割体制下,城市本地劳动力远远不能满足城市工业发展需求),但不具备城市户籍和劳动素质不高则将大多数农民工挡在了城市传统经济部门和工业企业招工门槛之外。而随着市场经济体制在我国的逐步建立,快速成长的城市新生非传统经济部门和工业企业(如个体、三资企业等)对劳动力产生大量需求,这些主要以劳动密集型经营为主的部门和企业,基于用工成本和生产效率的现实考虑而更偏好招收愿意接受低工资和高劳动强度工种的农民工,而一些城市的政府部门出于基础设施和公共福利负担的压力又倾向于直接干预劳动力市场来保护本地居民而排斥外来农民工,这就导致多数农民工只能进入就业门槛低的非传统经济部门和非正规企业,尽管在这些部门和企业的就业收入明显超过农业经营收益,但相对于城市本地居民而言,农民工进入的只是城市二元劳动力市场结构中的次级领域,也就是说农民工进入的实际上是一个劳动力价格和就业权益都被明显压缩的城市就业空间。

当然,农民工作为能动性个体对所进入被压缩的城市就业空间并非不能有主观判断和选择。根据我们对苏南地区外来农民工就业动因、就业培训意愿的调查结果显示:城市外来农民工尽管受自身和外在原因限制而只能进入次级劳动力市场,但他们已日益注重外出务工的综合收益(就业的稳定性、收入高低、工种及劳动强度、劳动福利与安全、人力资本提升等)而采取"用脚投票"(赵曼和刘鑫宏,2010)的方式来选择就业所在城市和用工企业。众多外来农民工为寻求和争取更好的城市就业空间而从个体层面作出的就业选择仍汇成了一股宏观力量触动城市产业结构布局决策方(政府和企业)的政策思维,受城市产业结构布局直接影响的城市劳动力市场结构随之也因地、因时而逐步微调。我们对比了珠江三角洲和长江三角洲地区的城市产业布局、劳动力市场结构,政府和企业给予外来农民工的劳动待遇,结果说明,当前受外出务工综合效益吸引,更多外来农民工从我国闽东南、珠江三角洲地区流向了长江三角洲地区。"民工荒""技工荒"不仅直接触动城市产业结构、劳动力市场结构的改变,最终也会引起外来农民工城市就业空间结构与特征的改变。

就目前我国城市外来农民工主体人群（第二代或新生代农民工）而言，能够借助城市就业而融入城市的需求即现实又迫切，而苏南地区提供的相对开放的就业门槛，以及在政府大力倡导和资方积极配合下的人力资源培训制度，有力地促进了农民工在当地城市中的就业融入。同时我们的调研数据也表明，农民工在主观动机上存在强烈的技能培训、知识培训的需求，但是融入行动实践的效果还取决于就业市场（结构）对行动者（农民工）的回应，即关键是看当地政府和用工企业是采取一种"劳动替代"的思维还是"劳动给养"的思维。苏南的地方工业发展实践证明，一种注重劳动力人力资本培育，舍得在劳动力身上进行人力教育投资的"劳动给养"思维才是保障高素质劳动力供给源，保障劳动力再生产能力和创造剩余价值能力的正确思维。

10.3.1.3 农民工权益保护实践与社会保障制度完善的相互建构

农民工融入城市社会空间的基础是获得城市公民的生存权、发展权与财产权，而企业设定的社会保险和劳动福利的相关规章、城市的社会保障制度则主要架构了农民工融城权益保护实践的社会空间。总体上，农民工权益保护实践的社会空间一直都存在被压缩的现象，与城市居民相比，各地农民工普遍上都未能获得较好的劳动权益保护和社会保障。不过相较而言，目前苏南地区政府和企业实施的各项有益政策创新和社会保障制度改革，对农民工城市公民权益的保护起到了较好效用。以结构与行动相互建构的观点来解释，正是由于苏南地区城市外来农民工日益紧迫的保障需求和当地社会经济发展对劳动力要素稳定积累的迫切需要，共同促成了苏南地区城市社会保障制度和劳动权益保护体系向有利于农民工权益保护实践的方向发生变革。

目前在农民工的社会保障制度建设方面，苏南地区已能够做到农民工城市生活基本保障和险种的覆盖，另外一个突出特点是借助城乡一体化的改革实践，当地有关政策部门相当注重农村保障体系建设与城镇保障体系建设的对接，尽可能地解决农民工流动过程中的社会保障之忧。在苏南地区企业向农民工提供劳动权益保护方面，如苏州市已实现企业农民工与城镇职工统一参保、统一经办流程和统一社保待遇的政策履新，实际操作层面苏州市大中型企业均已履行政策要求，个别私营企业在政府督促中持续完善；无锡市和常州市当地政府不断出台具体政策逐步将农民工的参保范围覆盖到所有企业类型，这些解决农民工城市社会保障问题的具体政策与措施制定的依据本身就来自于农民工的城市务工实践，为了能够留住外来农民工保持城市工业劳动力常年稳定补给，一些外来务工人员入城后的养老、医疗、工伤、失业、生育等多个方面的社会保障问题就需要得到妥善解决。政府作为社会保障制度的设计者、资方作为制度设计的责任者都只有积极回应农民工的现实保障需求，才能够坚定农民工入城务工和发展的决心。尽管目前在农民工社会保障制度具体设计中还存在有待改进之处（以苏南农民工医疗制度建设研究为例），但总体上，苏南地方层面的积极努力已为促进农民工的城市社会保障融入提出了正确的政策设计方向与设想。

10.3.1.4　农民工城市社区融入实践与城市社会管理体制转型的相互建构

当前在我国，作为国家治理社会的基本单元及居民参与社会生活的基础平台，城市社区已现实地成为居民展开城市实践的最小空间单元，它直接承载居民城市生活中的物质关联、心理归属和社交圈。作为"外来者"，农民工通过融入城市而完成从角色身份、心理体验到生活方式、交往模式的"市民化"过程，仅仅通过就业是难以实现的，更何况农民工所进入的往往又是城市主体人群所排斥的"脏、险、苦、毒、重"这样一些高风险、低酬劳的就业领域。真正与农民工市民化过程密切相连的仍然是农民工展开城市实践的日常生活领域社区，尤其是以地域空间形态承载农民工衣食住行活动、社会交往行动及城市认同与心理归属的城市社区。一些农民工为谋得城市生存而自发形成的相对封闭的城市内群体或初级群体，如北京"浙江村"，这并不能成为促进农民工与城市和谐交融的生活圈，因为往往这样"内卷化"①的交往圈缺乏与城市社会结构核心层面接触和碰撞的机会。很多类似于北京"浙江村"的农民工聚居区大多艰难地生存与延续在城市社会管理正式体系的缝隙间，或者是迂回于一次又一次的"城市清理"运动中。很显然，农民工需要能够"扎根"城市才能够借助一个稳定的城市生活空间来实践市民角色、接纳与肯定"都市自我"并按城市社会规则来组织和实践自己的城市日常生活。为了能够"扎根"城市，就农民工个体而言所

---

① "内卷化"（involution），又译为"过密化"，该词源于美国人类学家吉尔茨（Chifford Geertz）《农业内卷化》（Agricultural Involution）。根据吉尔茨的定义，"内卷化"是指一种社会或文化模式在某一发展阶段达到一种确定的形式后，便停滞不前或无法转化为另一种高级模式的现象。这一概念随着黄宗智研究20世纪中国农村社会变迁的著作《长江三角洲小农家庭与乡村发展》在国内的出版，引起了国内学者的注意，黄宗智在《长江三角洲小农家庭与乡村发展》中，把"内卷化"这一概念用于中国经济发展与社会变迁的研究，他把通过在有限的土地上投入大量的劳动力来获得总产量增长的方式，即边际效益递减的方式，称为没有发展的增长即"内卷化"。美国学者杜赞奇提出了"国家政权内卷化"的概念，借"政权内卷化"一词表达没有实际发展的增长（即效益并未提高）。这里的"内卷化"的概念用以描述和演绎农民工以同类为交往对象形成的较为封闭的同质性社会网络，且不利于农民工尽快融入城市、在城市发展自我，拓展社会发展空间与机遇的现象。

能采取的社会行动就是定居城市，至少要能够在城市稳定就业和有固定的居所。在我们对苏南地区调研的农民工社区融入类型中，只有那些在苏南城市已有稳定收入来源并购置了私人住房的农民工才具备了融入城市社区类型的基本条件，而随时发生就业流动和暂居城市的外来农民工，只能分属于未融入城市社区类型和准融入城市社区类型。三种农民工城市社区融入现状的类型中，具备稳定收入和固定住所的农民工人群为数并不多。

尽管融入城市会遇到这样或那样的难处，但农民工群体尤其是第二代农民工群体对进入城市仍"趋之若鹜"，究其原因正是由于显著的城乡差距使农民工强烈期望通过融入城市来追求公平待遇。面对农民工群体的融城需求，同时又限于农民工群体自身融城的劣势条件，城市社会如何对待农民工的融城行动就在很大程度上决定了农民工融城的现实状态。当农民工的城市生活诉求已成为城市社会发展中的既定事实，那么满足这一群体的生活需求就成为城市社会管理不可回避的内容。从过去以"盲流"标签来暗示农民工定居城市的"非合理性"到后来又以"新都市人"的称谓来表达容纳农民工城市定居的暧昧态度，再到当前直接用居住证来淡化农民工非城市户籍身份引起的城乡区隔，城市社会管理体系针对农民工群体融城行动的历次回应性变革都清楚表明，农民工群体的融城实践与城市社会管理实践是相互建构的关系。相应的，城市社区作为现实中城市社会管理的基层单元及农民工城市日常生活实践的基础空间，承载的正是具体的农民工融城行动与社区内部社会管理机制相互建构的关系。因此无论从理论逻辑还是实践逻辑，在农民工融入城市社区的个体条件弱势境遇下，迫切需要城市社会透过社区主动回应农民工群体的融城需求，在城市社区层面就给予他们分享城市社会发展良果的合理性和各种机遇。由此农民工的融城实践行动才能够首先与城市社区形成良性互动关系，并进而使农民工群体与城市社会形成和谐共赢的互动关系。

依据空间理论来解读农民工融入城市社区受阻的原因我们发现，正是由于大多数农民工是基于某种"被压缩"的社区空间来展开城市日常生活实践，这就造成农民工难以首先在构成城市社会最基本的空间单元层面即社区中经历和完成市民化过程。而事实上，社区作为城市社会的一个缩影，对农民工而言，是其实践城市生活方式和寻求城市认同的最基本场所和最微观空间。因此对于从社区层面着手改善农民工的融城现状策略思考，关键就在于如何帮助和引导农民工进入体现空间公平和正义的城市社区，即进入与市民享有同等社会待遇（基本生活保障、社会交往与公共参与）的社区。当前在我国旨在提升城市公共服务水平、改善城市公共服务环境、保障公共服务空间享有公平性的城乡公共服务体系建设工程，实施面向的不应当只是城市户籍居民，还应包括留居城市的所有外来农民工。实现城市公共服务向全体居民的覆盖，具体操作是在社区层面，即在社区层面具体落实基本公共服务均等化的政策要求，将城市公共服务资源配置延伸至承载城市居民日常生活实践的社区。当外来农民工真正被全面纳入到城市公共服务体系中，他才能和市民同等地享有稳定和安全的生存与发展空间。当然，农民工透过社区享受到城市的公共服务还只是解决了其融入城市的基础性问题，从发展的角度而言，真正融入城市社会的农民工还应当能够在社区层面实现普遍的社会交往和公共参与。这就需要农民工所置身的城市社区能够为其提供实现社会交往和公共参与的机会和渠道。以空间理论来阐释就是使农民工基于城市社区空间而达成融城物质实践、社会实践和心理实践三者的统一。

苏南地区正是基于以下两个方面开展了促进农民工融入城市的社区建设实践。第一，全面建立覆盖城乡的公共服务体系，将基本公共服务均等化服务目标延伸至基层社区。尤其针对外来农民工，苏南地区创新推行居住证制度来保障农民工群体的同城待遇，且将居住证制度的运行操作确定在城市社区，居住证所涉及的其持有者的个人信息、社会权益的各类确认工作均以社区为单位划点落实。通过以上举措，对以外来农民工为主体城市流动人口的社会管理，苏南地区正在实现由劳动力管理模式向居住管理模式的转变，逐步消解农民工城市居住生活的后顾之忧，帮助农民工无论从工作、生活还是心理上都认可自己的城市居民身份和担当城市居民的角色，有效引导农民工主动履行城市居民的公共责任。第二，借助建设与完善城乡公共服务体系之契机，苏南地区还积极探索了促进农民工群体融入城市而不是控制农民工进入城市的社区建设新路子。例如，普遍在各社区建立专门的农民工就业信息发布与交流电子平台，倡议和推动关爱外来务工人员各类"社区结对"活动，定期在社区开展农民工维权法律援助咨询和宣传教育活动，链接社区志愿者资源为外来务工人员子女提供生活照顾、学习辅导、兴趣培养及情绪疏导服务（包括为农民工子女专设的学习、娱乐的场所和设施等）。总而言之，采取对外来农民工接纳而不是排斥的社会态度。

10.3.1.5 农民工子女的教育融入实践与城市教育公共服务体系的相互建构

尽管农民工子女融入城市正规教育体系的困难重重，但农民工子女融城主体实践性的发挥并未因此而受阻，很大程度上其实践的结果也触动城市教育公共服务体系的调整。城市的教育制度、教育设施和教育资源共同架构了城市的教育公共服务体系。苏南地区是我国城市外来农民工的聚居高地，由于当地经济发达，就业机会多及相对优厚的落户条件，农民工举家迁移至苏南地区谋求更好发展的诉求强烈，苏南地方政府相继出台的政策也积极地回应了农民工子女教育融入的实践需求。例如，苏州市2006年秋季首先在国内实现了义务教育免费。按照苏州市政府文件规定，在苏州全日制中小学校就读的农民工子女，除缴纳江苏省规定的借读费外，其他方面（入学、评优、奖励、加入学校社团和参与校内外社会活动）和苏州城区孩子享有同等的受教育权利。2008年，江苏省政府又明文规定，为全省城乡义务教育阶段学生免费提供教科书，并严禁各学校以任何名目向义务教育阶段学生再收取教材和教辅材料费用，这些政策实践都明确有利于农民工子女受教育空间公平的获得。从早期落实国家"两为主"义务教育政策，到持续扩展义务教育资源向农民工子女的覆盖面，再到立法建章改革歧视性的教育制度，所有的相关政策实践都旨在构建体现公平性的城市教育公共服务体系。而日趋完善的城市教育公共服务体系，也为农民工家庭提升其子女城市教育融入需求层次的主观愿望赢得了实践基础。据我们在苏南地区的调查，近九成的农民工家长希望孩子能够接受教育至大学甚至更高，而坚持认为孩子可以"不用读书，只要会挣钱"者的比例仅占3%。这清楚表明，农民工子女的教育融入实践与城市的教育公共服务体系间存在着相互建构的互动关系，其中良性的互动体现为城市教育公共服务体系越完善，农民工子女则有更高的教育融入期望，更愿意积极地发挥融入的主观能动性而争取与市民平等享有城市教育资源的权利；相反两者间不良的互动则表现为城市教育公共服务体系越排斥农民工子女，农民工及其子女则持有越低的教育融入期望，并产生对城市教育制度安排的强烈不满，导致从客观到主观对城市的"不融入"，更进而恶化了农民工子女的城市受教育处境。

10.3.1.6 农民工融城的心理空间实践与城市文化形态的相互建构

按照城市空间社会理论的观点，城市在物质、心理和社会三个层面以其空间性对个人的社会实践行动产生根本性影响。就都市居者的心理空间而言，它所承载的是个体通过城市实践而形成的对城市的认知、态度和感受，所包含的既是个体对城市的心灵归依，也是个体在城市中所确认的"自我存在"。农民工同样属于城市的居者，因此与市民一样通过感知和体验城市的物质环境和社会交往圈而寻求自我在城市中的心理归属域，回答城市中的"我是谁"。只是当前，农民工在城市所获得物质环境和所能建立的社会交往圈、社会参与圈与市民都市生活实践的物质空间、社会空间仍存在差别，因而，农民工根据现实的城市生活实践而形成的心理空间就难以与其所置身的现代都市物质空间相合一；农民工不易同市民一样基于现代都市的空间展开与之相匹配的人际交往和社会参与行动，从而构建与市民角色心理协调一致的社会空间。也正是这种错位、不匹配形成的张力，推动农民工产生对自身都市心理归属的追问，从而在充满内在矛盾的城市认知中建构混杂了乡村—都市双重体验的农民工群体文化心理与形态，而这种农民工文化也构成了当前城市亚文化内容之一。由于文化包含了心理体验、思维模式、行动规范、价值取向等多个层面，因此，农民工亚文化就为农民工群体的城市生存意义提供了解释框架。而只有当农民工对自我都市生存意义的解释与市民文化相一致或互融时，农民工群体才真正能被认同或自我认同为市民。农民工是具有实践能动性的个体，因此其融城过程中也包含着体现农民工主体性、创造性的文化实践。当都市主流文化对农民工群体的文化创造予以包容、融合的胸怀，而不是持以偏见、排斥的态度时，农民工群体才获得了进入城市主流文化的机会，才能够借以文化融入实现城市融入。与此同时，城市主流文化也因为吸纳入农民工群体亚文化而发生了有利于农民工展开市民生活意义的变迁，我们在苏南地区看到，"新苏南人"称谓为坊间百姓习以为常的现象就充分说明了这一点。

10.4 基于空间理论的外来农民工融城对策建议

城市社会空间理论对农民工城市融入问题的解读新意在于：农民工融入城市不是只涉及结构性（制度、市场、社会网络、文化）与个体性（个体心理与行动）层面，而是还包括农民工融城实践所发生的空间层面。这里的空间不是仅仅充当农民工融城实践发生的物理环境，即空间并不是静止的、单纯的作为承载农民工融城实践的"有形容器"。而是空间与时间一样都卷入农民工融城实践活动，作为农民工融城实践条件和工具并渗透"空间中的权力关系"而直接影响农民工融城实践的结果。这表明，对农民工城市融入问题的研究要从具体的空间纬度来展开，即考察农民工个体与城市社会的关系如何在城市空间中展开又发生了哪些演变。

城市社会空间理论还指出，物质的城市空间中一旦展开个体的生产与生活实践，由于人的能动性与社会性，由此，城市空间则开始包含人类从事社会实践所形成的关系圈与精神域，因此，城市空间在物质空间层面之外，又表现出社会空间、心理空间的层面。并且，对于在城市展开生产与生活实践的个体而言，城市空间是其实践的物质空间、社会空间、心理空间的辩证统一。从这样一个将城市空间理解为与农民工城市实践密切有关，并表现为物质、社会、心理三个层面的角度来分析农民工城市融入问题，我们看到，农民工的城市融入就不仅仅是如何受制于社会结构及个体选择，而是农民工的融城实践基于怎样的城市空间来展开，在物质、社会、心理三个层面又形成了怎样的空间实践结果。如果农民工城市实践的物质空间、社会空间与心理空间三者不能辩证统一，农民工自身及所展开的社会实践就并非是城市化的，农民工就不能融入城市而成为城市的一部分。

因此，对农民工城市融入问题的解决，我们的政策建议是基于空间理论视角的，并且围绕实现个人与社会关系和谐、城市可持续发展及人的全面发展三个总目标来提出。以空间理论阐释概括就是，城市演变为尊重农民工权利、保护农民工权益、给予农民工发展机会的正义空间，而农民工在城市中实现融入实践的物质空间、社会空间与心理空间的辩证统一。

根据以苏南地区为典型探究农民工城市融入问题获得的重要经验，我们提出的具体政策建议包括以下几个方面。

第一，政府和资方（企业）应当承担起改善农民工城市居住条件与环境的责任，而不能只索取农民工的劳动力价值却不顾劳动力可持续再生产的需要。此项政策建议是从保障农民工融城实践的物质空间公平角度而提出的。

居住空间是农民工融城实践的起点，也是农民工城市生存的基本需要。政府作为住房资源分配政策的制定者与施行监管方，有责任保障其所管辖范围内成员获得平等的居住权。企业则是依靠农民工提供有价值的劳动谋求自身生存和发展，企业更应当直接保障农民工能够获得满意的包含居住成本在内的劳动力价格。政府制定的土地政策既要满足企业赚取利润的物质空间需要，也应当满足为支撑企业运转的劳动力的居住空间需要；同时政府也要制定相应的政策引导企业合理承担农民工居住保障的责任，以及约束企业，避免剥夺农民工合法居住权益的行为发生。这样，农民工的城市居住权才能基于空间政策层面得以保障。苏南地区探索的"集宿制"（由政府支持和监管、企业出资建设的职工集体宿舍楼或集体承租的社会住房）有效解决了农民工城市居住不稳定的问题，是值得借鉴的经验。但考虑到农民工城市融入的现实生活需求，集宿区应当尽可能与城市公共服务设施网络相配套建设，保证农民工能有足够的机会与便利条件进入城市的核心生活圈。与此同时，政府要对企业为员工提供的集体宿舍和社会出租住房内设施、卫生、环境等制订建设标准，并对其中最低标准的执行进行强制性规定，确保房屋建设符合农民工生活居住安全舒适要求。政府还可以探索土地供应、税收方面的优惠政策，吸引企业或开发商建设面向流动农民工的低租金住房。

第二，扩展农民工城市就业的社会空间，确立"劳动给养"的思维，并建立长期而有效地面向农民工人力资本提升的教育培训机制。

当前，在农村劳动力城市就业这一块，全国各地面临的普遍问题是：一方面，农民工主观上都有着较为强烈的人力资本提升要求，可囿于有限的经济社会资源条件而无法通过个人力量实现；另一方面，农民工所务工城市政府和企业也都面临着产业结构转型升级的突出压力，但考虑到短期内有较大的人力资本提升成本支出，从而趋于放弃面向农民工的教育培训。所以造成的直接后果就是，农民工在城市中务工始终得不到实质性的人力资本提升，不得不降低个人在城市谋求稳定发展的预期，而辗转于城乡之间、城市之间反复流动；企业自然也因此始终不能稳定地获得符合自身转型要求的高素质农民工，随时面临经济下滑、经济危机期倒闭的风险；政府则同时面临更大的、更复杂的流动人口服务与社会管理的压力。近些年我国工业发展聚群区域和重镇同时出现"民工荒"的现象就充分说明了以上问题。农民工是有能动选择性的个体，他们并不是没有自我判断而可以被城市"招之即来，挥之即去"。因此，如果城市要彻底解决自身经济发展和社会管理的问题，就应当给予其充分展开就业实践的社会空间，给予农民工平等的、多样化的城市就业机会选择，然后再由农民工根据理性判断确定城市去留，而不是反复搜寻各种短期的、重复的城市就业机会，最终又因城市产业结构升级与社会结构转型所淘汰。农民工城市就业的社会空间包含了城市就业市场与农民工的互动关系，包含了资方与农民工之间的利益关联，包含了政府与农民工之间的对话链接。这些空间中的"权力关系"是均衡或非均衡，就决定了农民工和城市彼此的关系是融洽与不融洽。因此基于空间公平的角度，政府也好、企业也好都应当拿出诚意吸纳农民工成为城市可持续发展的产业军，以一种"劳动给养"而不是"劳动替代"的思维对待农民工的城市就业需求。即便是政府考虑到城市社会服务和管理成本、企业运营人力成本的因素而希望农民工有序进入务工城市，或者政府考虑城市人口素质结构升级和企业人力资本结构转型需要而希望高素质农民工留居务工城市，那也不应当是政府根据当下的城市运行需要和企业现有的经济实情人为"拉动"农民工或"推走"农民工。而应当是农民工根据自我发展的需要和能力水平选择入城还是返乡，选择留居这座还是那座城市，选择进入哪个行业。城市就业社会空间对每一个进入其中的农民工是开放的、公平的。苏南地方工业发展的实践证明，这种注重劳动力人力资本培育，舍得在劳动力身上进行人力教育投资的"劳动给养"思维，才是保障高素质劳动力供给、保障劳动再生产能力的正确思维。

第三，构建完善的农民工劳动权益保护与社会保障的实践空间，具体涉及农民工权益保护和社会保障的制度构建、利益表达机制的构建与个体维权能力建设。

农民工的劳动权益受损、得不到及时有效救助及缺失社会保障权，是由于城市空间满足了市民的就业权益保护与社会保障实践需求，而压缩了农民工参与劳动权益保护、救助及社会保障权利行使的实践空间。首先，制度层面上排斥了农民工享有城市公民劳动权益保护的权利，没有承认农民工合法劳动者的地位；其次，利益表达层没有提供农民工诉诸权益保护和权利保障要求的沟通渠道，不给农民工运用合法手段争取维权的机会；与此同时，农民工大多没有经历现代公民素质教育，缺乏城市维权的意识和能力，也容易被迫接受权利被剥夺的现实，不表达、不参与维权行动。因此扩展农民工维权实践的社会空间，要在制度、机制及个人层面同时构建进行。

制度层面，最根本的是建立满足农民工现实需要的社会保障制度，而不是不计成本将尚处于流动中的农民工全部纳入现有城市社会保障制度运行轨道，又或出于对农民工不稳定就业的考虑而将其城市社会保障需求不管不顾。这类针对农民工群体的社会保障制度，是考虑到城乡社会保障制度的衔接、农民工城市务工收入水平（参保能力）、农民工城市留居意愿及行为等多方面而分类别设计、制订，分步骤运行。全国各省份都探索了农民工城市社会保障模式，如城保模式、双底模式、综合保险模式（郭秀云，2010）、独立—衔接模式（张瑞恺，2011）等，对比下来发现，只有充分考虑农民工社会保障现实需要和参保能力，考虑城乡衔接等诸多因素而设计实施的社会保障模式最受农民工欢迎，企业、政府也能承受。苏南地区探索农民工社会保障模式的创新经验，突出表现在注重了社会保障的城乡衔接性与分类设计。利用当地早已开始的城乡一体化进程优势，大力推进城乡社会保障制度及配套制度（如户籍制度、医疗制度、养老制度、教育制度等）的改革破题，促使苏南地区抓住了制度建构解决农民工城市社会保障问题的机遇。当然，苏南地区创设的农民工社会保障模式仍有待改善，包括各个险种之间的综合统筹及农民工参保险种的选择性问题等，这同时也是全国其他地区要面临和解决的问题。

而在利益表达机制层面，则相当依赖于农民工维权法律依据的出台与实施、农民工维权组织建设与合法化、农民工权利救助政府部门与民间机构的联动。由于农民工在城市空间权力结构中缺少话语权，导致即使其劳动与社会保障权益维护有法可依，仍无法通过合法渠道表达利益受损后的赔偿诉求，"血泪讨薪""报复性索赔工伤案"等一系列逼迫农民工采取极端方式维权且收效甚微事件的发生，就缘于城市缺少农民工表达个人利益诉求的合法畅通机制。苏南地区政府十分注重维护农民工合法权益法律法规的建设与出台，这体现了一种积极的城市社会管理责任心态。此外，苏南地区政府相关部门联合企业工会组织、民间权利救助机构，大量开展了以企业社会责任、企业社会工作为主要内容的理念推广与社会实践工作。这些努力都大大改善了苏南当地的劳资关系，丰富了农民工利益表达的渠道选择，促进了农民工维权组织建设及部门联动，一些实践经验十分值得借鉴。

在以上保护农民工合法权利与权益的制度、机制构建基础之上，提升农民工个人劳动维权能力的关键就在于维权意识和能力的教育培训及合法维权行动的实践。政府可以委托专业的权利救助机构向农民工定期、普遍性开展维权意识和能力的教育培训，利用媒体开展农民工正确维权的普法教育；企业则配合政府的指导与监督要求履行维权知识与能力培训任务责任和义务；政府、企业与社会共同尊重农民工合法维权行动实践要求，鼓励农民工采取正确渠道、合法手段维权，实现权利救助。

第四，深化户籍制度改革，促使城市社会公共服务向农民工群体的全面覆盖和在社区层面的落实。这项政策针对的则是农民工城市日常生活空间的扩展。

旧的城市户籍制度之所以遭受诟病，缘于附着在户籍制度上居民社会权益的城乡差别。从居住、交通、医疗、教育到社会保障涉及的都是居民的日常生活实践的各个层面。政府提供怎样的社会公共服务空间，居民就展开什么样水平与质量的日常生活实践。然而，长期以来在城乡二元体制下，尤以户籍制度为"分水岭"，我国城市居民和农村居民获得政府提供的社会公共服务资源与条件是存在明显差别的。早期发展城市工业牺牲了农村的土地和人力，限制农民流动，保障了城市居民的低成本高福利的生活需求，而如今，当城市又因发展而需要吸纳大量农民进入时，就不能再逃避对农民工城居生活需求的回应。不仅如此，还要确保农民工能够与市民一样享受等值的城市社会公共服务。否则，流动中的农民工并不会持久地给城市带来财富和繁荣，反而因公共服务需求得不到满足而持续流动，这只会增加城市社会管理的成本，降低市民自身的社会公共服务满足水平。因此，破除城乡居民社会权益享有分割格局的唯一途径是改革户籍制度，平等对待城乡居民，共享社会发展成果。我国城乡户籍制度的改革早在20世纪90年代初期就已开始，各地依次探索了暂住证制度、小城镇落户制度、居留证制度等户籍制度改革举措。户籍制度改革观念上也依次经历了从管理限制到服务开放的重要转变。总体上，我国户籍制度改革的目标是促进农民工城市落户并平等享有城市公共服务资源。但不可否认，长期以来盘错在旧有户籍制度上市民利益专享的情结是不易断裂的，农民工在一些地区至今被视为"是来与市民瓜分而非共享城市利益的外来者"。因此，户籍制度要继续向深层次改革，直抵利益剥离的核心。要通过这种深度变革促使城乡差别首先在社会公共服务提供层面得以消解。除此之外，由于目前我国城市基层社会管理与服务体系建构在社区层次，并且城市居民与农民工都是基于其所居住的社区空间展开日常生活，因此由城市户籍制度确认的居民身份及相关权益保障乃至城市社会公共服务的到达，都要具体地操作化和落实在社区。此外，社区还能够成为农民工社会权益表达的基础平台，成为农民工参与社会公共生活的基层领域，成为农民工真正融入城市的空间归属。

苏南地区户籍制度改革探索了在全国较有影响的居住证制度。例如，苏州，截至2011年，已依托社区发放证件700多万张，实现了应发放居住证人群的全覆盖。居住证赋予了城市外来人口市民身份，持有居住证，意味着外来农民工和市民一样拥有享受城市社会公共服务的权利。目前，苏州市在继续探索如何将优化居住证信息的采集应用；如何深入研究居住证惠民政策，实现农民工市民化的差别化选择，在考虑城市社会公共服务资源承受利的情况，分步骤、分阶段逐步实现农民工城市公共服务享用的无差别化等更深层次的城市户籍制度的改革。苏南地区淡化户籍身份概念，以居住证来过渡农民身份到市民身份转换的有益尝试，是对农民工劳动价值的充分尊重，是对农民工城市权益的积极保护，是为农民工争取城市空间公平的政策实践。

第五，重视农民工群体健康精神文化生活的引领，培育农民工的城市心理归属，实现农民工融城实践物质空间、社会空间与心理空间的统一，实现农民工与城市社会关系的和谐。

精神文化生活是个体心理空间层面的实践，它对人的重要意义在于，确立了个人的价值观念、生活态度与社会认同，而这些都是个人寻求生活意义的内在支持。人是主客观的统一体，个人生活的正常展开需要物质实践、社会实践与心理实践三个层面的统一，因此，心理实践是个体生活的必需。在城市空间中，农民工依据自己的融城物质实践、社会实践而建构个人的心理空间，这其中就包含了农民工建构的对城居生活的态度、价值观念与社会认同。农民工在城市的居住、日常消费实现了物质生活实践，同时也在城市就业、交往实现了社会生活实践，但恰恰是缺少丰富的精神文化生活实践。其中，原因是多方面的，既有主观层面的，如农民工原有的价值观念、生活态度和城市居民存在反差，从而不易寻求社会认同；也有客观层面的，城市尚未能提供符合农民工过渡阶段身份转型需要的精神文化活动场所与内容；更有主体层面的，农民工由于收入微薄、务工繁重和文化水平受限，从而难以产生对丰富精神文化生活的迫切需求。这些现实的困难阻碍了农民工融城心理空间的实践，也造成了农民工融城物质、社会、心理三个层面空间实践的同协合一，造成农民工对城市心理的不融入，无从寻求城市社会心理归属，自然也难以与城市社会形成和谐关系。因此就需要政府重视对农民工公共文化服务资源的提供；呼吁社会关注农民工的精神需求，引领农民工以健康、积极向上和有意义的方式实践精神文化生活；敦促企业面向农民工开展形式多样、内容丰富的精神文化活动。我们相信，只有在农民工的城市精神文化生活需求得到了满足，并与其城市物质生活实践、社会生活实践过程同步协进之后，农民工才能够获得认同城市、确立市民的价值观念与生活态度的心理空间，最终选择积极地融入城市成为其中的一员。

参 考 文 献

A．英克尔斯．1985．人的现代化．殷陆君译．成都：四川人民出版社．
A．刘易斯．1989．二元经济论．北京：经济学院出版社．
W·L·托马斯，F·兹纳涅茨基．2000．身处欧美的波兰农民．张友云译．南京：译林出版社．
阿净．2006．"他们"和"我们"：融入才能和谐．社区，（9）：9．
爱德华·W·苏贾．2005．第三空间：去往洛杉矶和其他真实和想象地方的旅程．陆杨，刘佳林，朱志荣，等译．上海：上海教育出版社．
安东尼·吉登斯．2003．社会理论与现代社会学．文军，赵勇译．北京：社会科学文献出版社．
安东尼·吉登斯．2003．社会学（4版）．北京：北京大学出版社．
安芹，贾晓明，．2006．外来务工人员子女自我意识的现状分析．心理学杂志，（4）：395-398．
敖德玉，黄雪梅，周相勇．2006．农村劳动力转移对农村的影响——对农民外出打工现象的分析．安徽农业科学，（23）：376-377，379．
白云．2007．城市农民工心理状况研究综述．农村经济与科技，（6）：59-60．
蔡昉．2001．劳动力迁移的两个过程与制度障碍．社会学研究，（4）：44-51．
蔡昉．2007．中国流动人口问题．北京：社会科学文献出版社．
蔡昉等．2003．劳动力流动的政治经济学．上海：上海人民出版社．
蔡禾，刘林平，万向东，等．2009．城市化进城中的农民工：来自珠江三角洲的研究．北京：社会科学文献出版社．
曹永玲．2007．把农民工当成企业的主人翁．中国职工教育，（1）：35．
曹子玮．2003．农民工的再建构社会网与网内资源流向．社会学研究，（3）：99-110．
柴海瑞．2009．关于农民工劳动权益保障机制的构建的思考．山东社会科学，（8）：125-127．
长子中．2009．农民工就业新趋势．改革内参，（11）：34．
陈大寅，周信德．2004．宁波市民工子弟学校管理的现状与对策．宁波教育学院学报，（9）：22-25．
陈丰．2007．集宿化管理：农民工居住管理的模式选择——以江苏吴江市小城镇为个案的实证分析．农村经济，（3）：120-122．
陈广桂．2004．房价、农民市民化成本和我国的城市化．中国农村经济，（3）：43-47．
陈翰笙，薛暮桥，冯和法．1989．解放前的中国农村（第三辑）．北京：中国展望出版社．
陈佳贵，王延中．2007．中国社会保障发展报告（2007）No.3——转型中的卫生服务与医疗保障．北京：社会科学文献出版社．

陈健敏．2004．中国农业剩余劳动力的转移与城镇化．北京：中国人民大学出版．

陈立双，吴光炳．2005．武汉市农民工子女教育问题的现状和对策分析．湖北函授大学学报，18（3）：5-7．

陈美芬．2007．外来务工人员子女父母教养方式的研究．心理科学，（5）：1211-1213．

陈世平．2001．乐国安城市居民生活满意度及其影响因素研究．心理科学，（6）：664-666，765．

陈星博．2003．农民工问题与城市社区建设．特区实践与理论，（7）：37-40．

成思危．1999．中国城镇住房制度改革：目标模式与实施困难．北京：民主与建设出版社．

池子华，叶继红，马德峰．2011．农民工待遇问题研究．哈尔滨：黑龙江人民出版社．

池子华．2001．流民问题与社会控制．南宁：广西人民出版社．

池子华．2006．农民工与近代社会变迁．合肥：安徽人民出版社．

达尼洛·马尔图切利．2007．现代性社会学：二十世纪的历程．姜志辉译．北京：译林出版社．

党国英．2006-05-10．让有条件的农民工在城市住下来．南方都市报．

邓大才．2008．农民打工：动机与行为逻辑——劳动力社会化的动机-行为分析框架．社会科学战线，（9）：94-99．

邓大松，胡宏伟．2007．流动、剥夺、排斥与融合：社会融合与保障权获得．中国人口科学，（6）：12-24，95．

段成荣，王莹．2006．流动人口居住问题．北京行政学院学报，（6）：4-7．

段丽华，周敏．1999．流动人口子女义务教育问题研究．现代中小学教育，（2）：7-9．

范先佐．2004．流动儿童：教育面临的财政问题与对策．教育与经济，（4）：1-5．

范先佐．2006．民工子弟学校存在的问题及对策．教育导刊，（1）：17-19．

方东辉．2009．在城农民工子女受教育适应性问题研究——来自浙江城镇的调查．浙江：浙江大学．

费孝通．1992．行行重行行．银川：宁夏人民出版社．

冯杰．2007．完善农民工医疗保障制度的几点思考．西南交通大学学报（社会科学版），（6）：153-157．

冯宪．2004．农民工留城定居的影响因素分析．现代经济探讨，（2）：28-30，80．

冯宪．2005．农民工进城和留城的政策刍议．现代经济探讨，（7）：31-34．

符平．2006．青年农民工的城市适应：实践社会学研究的发现．社会，（3）：136-158，208-209．

高淮成．2006．关注农民工的城市住房问题．理论建设，（4）：22-25．

葛新斌．2007．"两个为主"政策：演进、问题与对策．教育理论与实践，（8）：35-38．

弓永振．2007．农民工社会保障制度的缺失、成因及构建．经济师，（9）：33-34．

龚吴．2003．城市化进程中的民工心理．青年研究，（3）：34-38．

关信平，刘建娥．2009．我国农民工社区融入的问题与政策研究．人口与经济，（3）：1-7．

广东省青少年工作领导小组.2007.广东省青少年发展报告.广州：广东人民出版社.
广田康生.2005.移民和城市.北京：商务印书馆.
郭建平,申来津.2004.小康中正确认识弱势群体权利.理工高教研究,(1)：82-84.
郭建鑫.2007.教育公平、公共财政与农民工子女义务教育的保障机制.农村经济,(1)：96-100.
郭姗姗,周谊.2007.从美国的"隔离但平等"的判决看我国的农民工子女教育问题.外国中小学教育,(3)：34-36.
郭星华,储卉娟.2004.从乡村到都市：融入与隔离.江海学刊,(3)：91-98.
郭秀云.2010.制度供给与权益改进——农民工社会保障权实现与政府责任.太平洋学报,(11)：71-77.
国家教育发展研究中心.2004.2004年中国教育绿皮书.北京：教育科学出版社.
国家人口和计划生育委员会.2012.报告称全国超7成流动人口家庭租房居住.http//news.xinhuanet.com/yuqing/2012-08/07/c_ 123542537.htm.[2013-01-27].
国家统计局.2012.2011年我国农民工调查监测报告.http：//www.stats.gov.cn/tjfx/fxbg/t20120427-402801903.htm[2012-08-19].
国务院.2006.国务院关于解决农民工问题的若干意见.北京：人民出版社.
国务院研究室课题组.2006.中国农民工调研报告.北京：中国言实出版社.
哈克,陈传显.2004.印度农民工的权益保护.上海城市管理职业技术学院学报,(1)：17-19.
韩长赋.2007.中国农民工的发展与终结.北京：中国人民大学出版社.
韩俊,金三林,何宇鹏.2011.农民工在城镇落户定居意愿强烈.http：//bbs.jjxj.org/thread-1080650-1-1.html.[2011-03-31].
韩俊.2009.中国农民工战略问题研究.上海：上海远东出版社.
韩克庆.2007.农民工的社会保护研究：以苏州市为例.山东社会科学,(11)：17-24.
韩利文,付华英.2004.我国农民工现象的制度分析.市场经济研究,(1)：40-42,50.
何灵,谢光超.2004.论我国弱势群体的社会保障.北京工业职业技术学院学报,(3)：106-111.
洪梅.2004.城市化进程中城郊农民融入城市社会问题研究.社会科学,(7)：73-78.
侯靖方,方展画,林莉.2002.杭州市民工子弟学校调查报告.教育研究,(1)：49-54.
胡大洋,张晓.2005.苏南、苏中地区农民工医疗保障现状与对策.http：//www.jshrss.gov.cn/pub/ldbzw/ylsybx/yblt/t20051112_ 0870.htm[2005-11-12].
胡光华.2005.农民工为何逃离城市.发展,(3)：54.
胡卫.2001.民办教育的发展与规范.北京：教育科学出版社.
胡务.2005.上海与成都综合社会保险比较.经济管理,(3)：79-83.
胡务.2006.农民工城镇医疗保险与新型农村合作医疗的衔接.社会保障制度,(8)：93-99.
胡玉萍.2007.留京,还是回乡——北京市流动人口迁移意愿实证分析.北京社会科学,(5)：40-45.

黄匡时，嘎日达.2010."农民工城市融合度"评价体系研究——对欧盟社会融合指标和移民整合指数的借鉴.西部论坛，(5)：27-36.

黄黎若莲，郑功成.2007.中国农民工问题与社会保护.北京：人民出版社.

黄陵东.2011.结构性制约下新生代农民工城市融入致路径.福建行政学院学报，(1)：5-9.

黄平，杜铭那克.2006.农民工反贫困：城市问题与政策导向.北京：社会科学文献出版社.

黄平，郭于华，杨宜音.1997.寻求生存：对农村人口外流的微观社会学研究.昆明：云南人民出版社.

黄平.2007.寻求生存：当代中国农村外出人口的社会学研究.昆明：云南人民出版社.

黄胜民.2010."苏南模式"形成的理论与实践——以苏州、无锡、常州三市乡镇企业经济为例.中国集体经济，(1)：66-67.

黄晓燕.2009.外来工子女的城市融入状况与政策调适.江西师范大学学报（哲学社会科学版），(2)：15-22.

黄晓燕.2010.新市民社会融入维度及融入方式——以天津外来人口为例.社会科学家，(3)：100-104.

黄育文，姜鹏.2010.两为主"政策执行：困境与超越.现代教育科学（8）：25-26.

黄岳辉，黄皓华.2005.农民工子女义务教育：现状、问题及对策.现代教育科学，(5)：8-9，15.

贾君，徐新永.2006.进城农民工子女义务教育制度化建设探讨.现代教育科学，(2)：6，38-40.

贾玉洁.2005.移民理论与中国国际移民问题探析.沙洋师范高等专科学校学报，(3)：57-59.

简新华，黄锟.2008.中国工业化和城市化进程中的农民工问题研究.北京：人民出版社.

简新华.2011.新生代农民工融入城市的障碍与对策.求是学刊，(1)：60-63.

江苏省人力资源和社会保障厅.2008.无锡市2008年春风行动圆满结束.http：//www.jshrss.gov.cn/xwzx/ztbd/2008cfxd/cfkx/200804/t20080409_16478.htm［2008-03-30］.

江苏省人力资源和社会保障厅.2009.无锡市开展"春风行动2009"六个一活动.http：//www.js.lss.gov.cn/dfpd/gddt/200902/t20090206_26218.htm［2009-09-29］

江苏省人力资源和社会保障厅.2011.无锡近82万农民工参加工份保险.http：//www.jshrss.gov.cn/xwzx/gddt/201101/t20110107_78850.htm［2011-01-07］.

江苏省统计局.2005.1～10月江苏城镇居民人均可支配收入过亿元.http：//www.gov.cn/ztzl/2005-12/04/content_116890.htm［2005-12-04］.

江苏省统计局.2007.常州市外来人口现状分析.http：//www.jssb.gov.cn［2007-04-06］.

姜保雨.2005.农民工子女教育问题的现状与对策.农村经济与科技，(12)：45.

姜和忠，徐卫星.2007.基于输入地政府视角的农民工子女教育研究——以浙江为例.宁波大学学报（教育科学版），29(2)：100-103.

金万成.2006.论解决农民工子女接受义务教育问题的路径.理论界，(4)：117-118.

景跃军,高月,高双.2010.我国南北中三城市农民工社会保障比较分析.人口学刊,(6):33-37.

康宇.2006.当代中国社会教育公平的理论探析.兰州学刊,(8):182-184.

柯兰君,李汉林.2001.都市里的村民.北京:中央编译出版社.

寇学军.2004.上海市民工对城市社会适应状况的调查.社会,(8):16-20.

劳动和社会保障部.2004.江苏苏州对外来劳动力开放门户.http://www.chinajob.gov.cn/NewsCenter/content/2004-09/02/content_503224.htm[2004-09-02]

雷世平.2005.农民工子女入学问题研究.湖南社会科学,(5):145-149.

李爱慧.2007.论19—20世纪之交美国公立学校对"新移民"子女的同化作用.历史教学(高校版),(6):59-63.

李斌.2004.中国劳动力市场结构:从"刚性"走向"渗透".求实,(1):24-26.

李定国.2007.农民工医疗保障问题研究.决策与信息,(9):67-69.

李芳.2010.对"两为主"政策实施情况的调研与反思.教育发展研究,(3):48-53.

李惠斌,杨雪冬.2000.社会资本与社会发展.北京:社会科学文献出版社.

李景治,熊光清.2006.中国城市中农民工群体的社会排斥问题.江苏行政学院学报,(6):61-66.

李景治,熊光清.2007.中国城市新移民的政治排斥问题分析.文史哲,(4):155-160.

李力.2006.吴文化与"苏南模式".中国市场,(4):90-91.

李丽.2004-07-29.民工生活数据.宁波日报.

李路路.2002-04-19.需关注移民新趋势.发展导报.

李明欢.2000.20世纪西方国际移民理论.厦门大学学报,(4):12-18,140.

李陪林.1996.流动民工的社会网络和社会地位.社会学研究,(4):42-52.

李培林,李强,孙立平,等.2004.中国社会分层.北京:社会科学文献出版社.

李培林,田丰.2011.中国新生态农民工:社会态度与行为选择.社会,(3):1-23.

李萍,陈志舟,李秋红.2006.统筹城乡发展与效率公平的权衡.成都:西南财经大学出版社.

李强,唐壮.2002.城市农民工与城市中的非正规就业.社会学研究,(6):13-25.

李强.1995.关于农民工的情绪倾向及社会冲突问题.社会学研究,(4):63-67.

李强.2003.影响中国城乡流动人口的推力与拉力因素分析.中国社会科学,(1):125-136,207.

李强.2004.农民工与中国社会分层.北京:社会科学文献出版社.

李树茁,任义科,费尔德曼,等.2006.中国农民工的整体社会网络分析.中国人口科学,(3):19-29,95.

李文海.2005.民国时期社会调查丛编.福州:福建教育出版社.

李阎魁,袁雁.2005.城市化过程中农民的主体性建设——基于科学发展观的思考.小城镇建设,(11):51-54.

参考文献

李英东，石红溶.2006.进城农民工的困境与城市政府政策选择.生产力研究,(3): 56-58.
李英东.2005.阻碍农民工在城市定居的因素及其解决路径.经济与管理研究,(2): 77-80.
李迎生.2002.从分化到整合：二元社会保障体系的起源、改革与前瞻.教学与研究,.(8)：17-22.
李真.2005.流动与融合——农民工公共政策改革与服务创新论集.北京：团结出版社.
联合国教科文组织.1996.学会生存——教育世界的今天和明天.北京：教育科学出版社.
联合国人居署.2006.贫民窟的挑战：全球人类住区报告2003.于静,斯淙曜,程鸿译.北京：中国建筑工业出版社.
梁波,王海英.2010.城市融入：外来农民工的市民化——对已有研究的综述.人口与发展,(4): 73-85, 91.
梁莉.2006.对进城务工农民子女教育问题的思考.山西农业大学学报,6(6): 132-134.
廖为海.2004.美国择校制度对解决我国农民工子女就学问题的启示.河南职业技术师范学院学报,(6): 48-50.
林广,张鸿雁.2000.成功与代价——中外城市化比较新论.南京：东南大学出版社.
凌军辉,王骏勇.2008-02-13.江苏：义务教育阶段教科书免费.新华每日电讯,2.
凌月.1997-01-18.冲突与宽容.中国青年报
刘传江,程建林,董延芳.2009.中国第二代农民工研究.济南：山东人民出版社.
刘传江,徐建玲.2006."民工潮"与"民工荒"：农民工劳动供给行为视角的经济学分析.财经问题研究,(5): 73-80.
刘传江,徐建玲.2007.第二代农民工及其市民化研究.中国人口、资源与环境,(1): 6-10.
刘传江,周玲.2004.社会资本与农民工的城市融合.人口研究,(5): 12-18.
刘芳.2007.国外"农民工"社会保障经验及其借鉴.乡镇经济,(6): 49-53.
刘光宇.2004.论中国快速人口城市化进程中的公共住宅问题.社会科学家,(4): 16-18.
刘华,苏群.2005.农村女性劳动力留城意愿实证分析——以江苏省为例.中国农村经济,(9): 42-47.
刘怀廉.2005.中国农民工问题.北京：人民出版社.
刘辉武.2007.文化资本与农民工的城市融入.农村经济,(1): 122-125.
刘建娥.2011.中国乡-城移民的城市社会融入.北京：社会科学文献出版社.
刘军.2004.社会网络分析导论.北京：社会科学文献出版社.
刘林平,程建林,董延芳.2009.中国第二代农民工研究.济南：山东人民出版社.
刘林平.2002.关系、社会资本与社会转型——深圳"平江村"研究.北京：中国社会科学出版社.
刘明逵.1985.中国工人阶级历史状况.北京：中共中央党校出版社.
刘少杰.2002.后现代西方社会学理论.北京：社会科学文献出版社.
刘巍巍.2012.苏州：建设单位拖欠农民工工资将上"黑名单".http://news.xinhuanet.com/fortune/2012-11/27/c_113820541.htm［2012-11-27］.

刘小年. 2005. 中国农民工行为分析：政策过程的视角. 南京：南京大学出版.

刘晓峰. 2003. 我国农村劳动力进入城市的制度性障碍研究. 北京：中国社会科学院研究生院..

刘应杰. 2000. 中国城乡关系与中国农民工人. 北京：中国社会科学院出版社.

刘玉照, 梁波. 2006. 上海市"新移民"身份获得与结构分化——转型期外来人口的"移民化"研究//上海市社会科学界联合会. 中国的前沿：文化复兴与秩序重构（上海市社会科学界第四届学术年会青年文集）. 上海：上海人民出版社.

卢祖洵. 2003. 社会医疗保险学. 北京：人民卫生出版社.

陆炳炎. 1997. 外来流动人口管理研究. 上海：华东师范大学出版社.

陆波. 2006. 关于农民工子女义务教育公平问题的探讨. 常熟理工学院学报, (3)：108-111.

陆康强. 2010. 特大城市外来农民工的生存状态与融入倾向——基于上海抽样调查的观察和分析. 财经研究, (5)：67-77.

陆学艺. 1997. 社会结构的变迁. 北京：中国社会科学出版社.

陆学艺. 2002. 当代中国社会阶层研究报告. 北京：社会科学文献出版社.

陆益龙. 2003. 户籍制度——控制与社会差别. 北京：商务印书馆.

路金勤, 皮东山. 2001. 城市外来人员住房政策研究——据武汉的典型调查. 中外房地产导报.

吕青. 2005. 新市民的社会融入与城市的和谐发展. 江南论坛, (5)：12-13.

吕世辰. 1998. 国外学术界关于农民流动与社会结构变迁的研究综述. 中国农村观察, (3)：33-38, 44.

罗桂华, 张亮. 2007. 农民工参加医疗保险的难点与政策建议. 医学与社会, (4)：7-9.

罗家德. 2005. 社会网分析讲义. 北京：社会科学文献出版社.

罗义, 杨宏山. 2006. 流动人口基础教育的府际责任分析——农民工子女义务教育的探讨. 湖南师范大学教育科学学报, 5(5)：41-44, 64.

马斌, 杨一鸣. 2007. 从社会学的视角探究农民工被歧视的原因. 黑河学刊, (5)：140-141.

马九杰, 孟凡友. 2003. 农民工迁移非持久性的影响因素分析——基于深圳市的实证研究. 改革, (4)：77-86.

马九杰. 2004. 农民工迁移非持久性的影响因素分析. 农村改革, (2)：77-86.

马泰来. 2001. 流动在城市中的农民工. 党建与人才, (5)：25-26.

马薇. 2006-05-18. 无锡为外来工建职业培训基地. 新华日报, A03.

马西恒, 童星. 2008. "敦睦他者"与"化整为零"——城市新移民的社区融合. 社会科学研究, (1)：77-83.

毛迎春. 2006. 对民工子女学校管理与发展的思考. 新疆农垦经济, (8)：18-21.

孟广宇, 邓红. 2006. 农民工子女教育状况存在的问题及对策. 活力, (10)：53.

米庆成. 2004. 进城农民工的城市归属感问题探析. 青年研究, (3)：25-32.

米歇尔·福柯. 2007. 规训与惩罚：监狱的诞生. 刘北城, 杨远婴译. 北京：商务印书馆.

参考文献

默顿，唐少杰，齐心．2006．社会理论与社会结构．南京：译林出版社．
牛建宏．2007．农民工眼中的住房公积金．中国经济周刊，（16）：22-23．
潘朝晖．2011．600 万外来人口领"苏州绿卡"．http//www. news. 163. com/［2011-04-02］．
潘维．2003．农民与市场：中国基层政权与乡镇企业．北京：商务印书馆．
潘泽泉．2007．社会、主体性与秩序．北京：社会科学文献出版社．
彭庆恩．1996．关系资本和地位获得——以北京市建筑行业农民包工头的个案为例．社会学研究，（4）：53-63．
彭志华．2006．在农民工中建立住房公积金的几点思考．中国房地产，（6）：41-42．
钱再见，耿晓婷．2007．论农民工子女义务教育政策有效执行的路径选择．南京师大学报（社会科学版），（2）：89-94．
秦晖．2003．农民中国：历史反思与现实选择．郑州：河南人民出版社．
邱岚，卞鹰，王一涛，等．2005．浅议城镇农民工的医疗保障．卫生经济研究，（8）：18-19．
曲雅萍．2007．农民工医疗保险模式初探．卫生经济研究，（5）：20-21．
任远，乔楠．2010．城市流动人口社会融合的过程、测量及影响因素．人口研究，（2）：11-20．
任远，邬民乐．2006．城市流动人口的社会融合：文献述评．人口研究，（3）：87-94．
瑞雪·墨菲．2009．农民工改变中国农村．杭州：浙江出版社联合集团，浙江人民出版社．
尚赞娣，李扬，王先进．2004．全面建设小康社会与弱势群体的交通问题．公路运输文摘，（9）：16-18．
邵彩玲，张茈颖，赵岩．2008．农民工子女城市融入的逻辑、功能与政策分析．河北大学学报（哲学社会科学版），（4）：50-53．
邵峰．2005．善待农民工．今日浙江，（3）：25
邵国栋．2006．城市农民工子女受教育状况调查——以南京市某民工子弟小学为例．江西农业学报，18（5）：186-188．
沈新坤，张必春．2009．农民工"返乡潮"背景下的农村基层治理困境及其对策．安徽农业科学，（28）：13881-13884．
时立荣．2005．透过社区看农民工的城市融入问题．新视野，（4）：64-65．
史柏年．2005．城市边缘人——进城农民工家庭及其子女问题研究．北京：社会科学文献出版社．
斯科特．2001．农民的道义经济学：东南亚的反叛与生存．北京：译林出版社．
宋林飞．2005．"农民工"是新兴工人群体．江西社会科学，（3）：17-23．
宋言奇．2005．解读新苏南模式．城镇化研究，（1）：68-72．
苏黛瑞．2009．在中国城市中争取公民权．王春光，单丽卿译．杭州：浙江出版社联合集团，浙江人民出版社．
苏雁．2006-08-03．无锡：91.3%的农民工子女入读公办学校．光明日报．
苏振兴．2006．拉美国家现代化进程研究．北京：社会科学文献出版社．

苏州市劳动和社会保障局 . 2004. 江苏省苏州市各级劳动社保部门实施五大措施维护外来民工权益 . http：//www. szldbz. gov. cn/news_ content. asp？id＝2384〔2004-07-26〕

苏州市人民政府 . 2008. "新苏州人"职业教育亟待重视 . http：//www. eng. suzhou. gov. cn/asp/lh08/page- zx. asp？bh＝152〔2008-05-22〕.

孙立平 . 2004. 转型与断裂——改革以来中国社会结构的变迁 . 北京：清华大学出版社 .

孙树函，张思圆 . 2002. 都市边缘群体及其社会保障权益 . 经济与管理研究，（6）：8-12.

孙霄兵，孟庆喻 . 2005. 教育的公正与利益 . 上海：华东师范大学出版社 .

孙小林 . 2009-01-08. 以中小企业兼并重组推动长三角产业结构升级 . 21 世纪经济报道，7 版 .

孙秀林 . 2010. 城市移民的政治参与：一个社会网络的分析视角 . 社会，（1）：46-68.

孙永丽 . 2007. 外来务工人员子女融入城市的心理学研究 . 上海：华东师范大学 .

谭克俭 . 2007. 农民工城市定居影响因素研究 . 中共山西省委党校学报，（4）：46-48.

唐灿，冯小双 . 2000. "河南村"流动农民的分化 . 社会学研究，（4）：72-85.

唐新民 . 2005. 城市农民工社会保障制度过渡性方案的路径选择 . 思想战线，（6）：30-33.

田凯 . 1995. 关于农民工的城市适应性的调查分析与思考 . 社会科学研究，（5）：90-95.

童星，张海波 . 2006. 农民工社会保障政策及其构建 . 社会保障制度，（8）：182-194.

童星 . 1991. 社会管理学概论 . 南京：南京大学出版社 .

童星等 . 2010. 交往、适应与融合：一项关于流动农民和失地农民的比较研究 . 北京：社会科学文献出版社 .

托达罗 . 1992. 经济发展与第三世界 . 印金强译 . 北京：中国经济出版社 .

万向东，刘林平，张永宏 . 2006. 工资福利、权益保障与外部环境——珠三角与长三角外来工的比较研究 . 管理世界，（6）：43.

汪国华 . 2006. 断裂与弥补：农民医疗保障的理性思考 . 医学与哲学（人文社会医学版），（11）：31-32.

王波 . 2006. 城市居住空间分异研究 . 上海：同济大学出版社 .

王博 . 2006. 关于长沙市区农民工子女接受义务教育情况的调查与思考 . 中国教育学刊，（8）：18-21.

王春光 . 1995. 社会流动和社会重构：京城"浙江村"研究 . 杭州：浙江人民出版社 .

王春光 . 2001. 新生代农村流动人口的社会认同与城乡融合的关系 . 社会学研究，（3）：63-67.

王春光 . 2005. 农民工：一个正在崛起的新工人阶层 . 学习与探索，（1）：38-43.

王春光 . 2004. 农民工群体的社会流动//陆学艺 . 当代中国社会流动 . 北京：社会科学文献出版社 .

王春光 . 2009. 对中国农村流动人口的"半城市化"的实证分析 . 学习与探索，（5）：94-103.

王春光 . 2010. 新生代农民工城市融入进程及问题的社会学分析 . 青年探索，（3）：5-15.

王东 . 2010. "两为主"政策背景下流动儿童家长择校行为分析 . 教育发展研究，（12）：82-85.

参考文献

王飞跃. 2004. 城乡社会保险制度并轨研究. 北京：经济科学出版社.

王建民，胡琪. 1997. 中国流动人口. 上海：上海财经大学出版社.

王婧，蔡永彤. 2010. 上海市务工人员子女犯罪问题实证研究. 中南大学学报（社会科学版），(4)：56-61.

王君健. 2007. 浅议农民工融入城市的社会支持系统. 重庆科技学院学报（社会科学版），(3)：42-43.

王玲玲. 2006. 苏州外来民工子女接受基础教育的途径. 教育评论，(1)：82-86.

王善坤，卢清波，范国平. 2006. 农民工城居子女教育问题刍议. 现代教育科学，(1)：46-48.

王思斌. 1998. "相对剥夺"与改革环境的建造. 社会科学，(3)：32-37.

王文英. 2001. 城市化进程中应倡导建设适宜健康居住的城市. 当代建设，(4)：3.

王晓燕. 2010. 农民工随迁子女学校适应性的比较及相关因素分析. 当代教育与文化，(1)：56-62.

王延中，陈佳贵. 2007. 中国社会保障发展报告. 北京：社会科学文献出版社.

王艳峰，刘永红. 2007. 公平视角下的农民工子女教育问题探析. 内蒙古农业大学学报（社会科学版），(2)：263-265.

王耀辉. 2002. 关注农民工. 政策，(7)：30-32.

王毅杰，高燕. 2010. 流动儿童城市社会融合. 北京：社会科学文献出版社.

王毅杰. 2005. 流动农民留城定居意愿影响因素分析. 江苏社会科学，(5)：26-32.

王宗萍，段成荣，杨舸. 2010. 我国农民工随迁子女状况研究——基于2005年全国1%人口抽样调查数据的分析. 中国软科学，(9)：16-24，32.

韦克难. 2007. 进城农民工子女教育困境的原因及其对策探讨. 中共四川省委省级机关党校学报，(1)：66-68.

温辉. 2007. 农民工子女义务教育平等权——问题与法律保障. 国家行政学院报，(2)：74-77.

温铁军. 2011. 解读苏南. 苏州：苏州大学出版社.

文军. 2001. 从生存理性到社会理性选择：当代中国农民外出就业动因的社会学分析. 社会学研究，(6)：19-30.

文军. 2008. 是流动人口，还是劳动力移民？——中国城市农民工群体的分化动因及其结构性意义. 上海："人口流动与城市适应"学术会议.

吴红宇，谢国强. 2006. 新生代农民工的特征、利益诉求及角色变迁——基于东莞塘厦镇的调查分析. 南方人口，(2)：21-23.

吴宏超，吴开俊. 2010. "两为主"政策执行困境的实证考察——以广东省东莞市某镇为例. 教育发展研究，(21)：1-5.

吴炜. 2006. 社会医疗保险覆盖农民工的难点及对策. 厦门特区党校学报，(6)：60-62.

吴晓. 2002. 城市中的"农村社区"——流动人口聚居区的现状与整合研究. 城市规划，

(12)：25-29，41.

吴新慧，刘成斌.2007.接纳？排斥？——农民工子女融入城市的社会空间.中国青年研究，(7)：13-16.

吴新慧.2009.农民工子女社会融入状态分——基于杭州的实证调查.经济论坛，(8)：103-105.

吴兴陆，元名杰.2005.农民工迁移影响决策的社会文化因素探析，中国农村经济，(1)：26-32，39.

吴兴陆.2005.农民工定居性迁移决策的影响因素实证研究.人口与经济，(1)：5-10，43.

吴至信.2004.中国惠工失业//李文海.民国时期社会调查丛编：社会保障卷.福州：福建教育出版社.

吴志宏，陈韶峰，汤春林.2003.教育政策与法规.上海：华东师范大学出版社.

奚琳，王顺洪，李敏.2007.我国农民工子女义务教育问题——基于教育券的分析.湖南农机，(5)：63-65.

奚山青，胡巧绒.2009.民工子女犯罪与教育问题专项调研.法制与社会，(28)：340-341.

夏青，孙雯雯.2006.天津市流动人口中弱势群体居住状态研究.青岛理工大学学报，(3)：59-63.

项飚.2000.跨越边界的社区——北京"浙江村"的生活史.北京：生活·读书·新知三联出版社.

项继权.2005.农民工子女教育：政治选择与制度保障.华中师范大学学报，(5)：2-11.

肖祥敏，王向志.2006.农民工医疗保障的政策性缺陷与对策建议.国际医药卫生导报，12(23)：115-118.

谢德成.2005.劳动法与社会保障法.北京：中国政法大学出版社.

谢建设.2009.风险社会视野下的农民工融入性教育.北京：社会科学文献出版社.

辛祥.2007.农民工定居城里后还享有土地承包经营权吗.新农村，(3)：36.

熊贵彬.2009.国家权力与社会结构视野下的农民工城市化.北京：中国社会出版社.

熊辉.2008.群体偏见、污名化与农民工的城市融入.民族论坛，(3)：41-43.

徐光兴.2000.跨文化适应的留学生活.上海：上海辞书出版社.

徐丽敏.2009.农民工随迁子女教育融入研究：一个发展主义的研究框架.天津：南开大学.

徐韬，姜维.2007.论流动人口子女教育问题与和谐社会发展.职业圈，(16)：4-5.

许经勇，曾芬钮.2004."农民工"：我国经济社会转型期的一个特殊范畴.学术研究，(2)：32-34.

许经勇.2006.我国城市化现状引发的深层思考.厦门特区党校学报，(4)：33-35.

许欣欣.2000.当代中国社会结构变迁与流动.社会科学文献出版社.

严晓冬.2007.进城民工住房问题探讨.企业经济，(2)：147-149.

严征，李鲁，叶旭军.2005.进城农民工的健康问题及对策分析.中国农村卫生事业管理，(7)：9-10.

杨成军.2003.出汗流血泪沾衣离乡进城梦难圆——城市农民工生存状态探析.中国改革：农村版，(12)：16-19.

杨东平.2004.教育公平是一个独立的发展目标.教育研究，(7)：26-31.

杨端.2004.农民工社会保障缺失的原因分析.中国劳动，(6)：15-16.

杨慧芳.2006.建立外来务工人员医疗保障制度的障碍及对策分析.浙江金融，(2)：52-53.

杨建平，吴汉钧，仲维华.2007.不能忽视农民工外出对村委会换届选举的影响.中国民政，(10)：42.

杨玲.2004.以家庭为单位参加新型农村合作医疗与城镇化的两难选择.中国农村经济，(12)：59-64.

杨艳，陈立坤，唐荣.2005.农民工医疗保障问题探讨.北京市计划劳动管理干部学院学报，(3)：12-15.

姚上海.2010.结构化理论视域下农民工社会角色转型问题研究.学术论坛，(8)：20-24，80.

于辉.2007.应更深层次考虑上海外来农民工居住问题.经济咨询，(2)：2-13.

余红，丁骋骋.2003.中国农民工考察.北京：昆仑出版社.

余伟，郑刚.2005.跨文化心理学中的文化适应研究.心理科学进展，(6)：34-144.

袁文英.2005.政府在甘肃城市化进程中的作用.兰州交通大学学报，(2)：9-83.

悦中山，杜海峰，李树茁，等.2009.当代西方社会融合研究的概念、理论及应用.公共管理学报，(4)：14-121，128.

云南省少工委.2006.昆明市农民工子女教育状况调研报告.中国德育，(5)：58-63.

曾丽红.2006.教育公平——一个历史与理论的分析.山西师大学报（社会科学版），33：25-128.

曾旭晖，秦伟.2003.在城农民工留城倾向影响因素分析.社会学，(3)：50-54.

翟学伟.2000.社会心理承受力与社会价值选择——理论探讨与经验研究.社会学研究，(2)：32-39.

张国胜，王征.2007.农民工市民化的城市住房政策研究——基于别国经验的比较.中国软科学，(12)：39-46.

张海波，童星.2006.我国城市化进程中失地农民的社会适应.社会科学研究，(1)：128-134.

张泓铭.1998.住宅经济学.上海：上海财经大学出版社.

张晖，许琳.2004.中西部农民工留城倾向影响因素分析.西北大学学报（哲学社会科学版），(7)：114-117.

张鹃.2005.论进城农民工子女义务教育面临的问题与建议.中国科技信息，(18)：394.

张莉.2005.农民工社会保障的反思与制度建构.理论学刊，(10)：59-61.

张良才，李润洲.2002.关于教育公平问题的理论思考.教育研究，(12)：35-38.

张明友，范刚常.2008.关于外出务工人员寄养子女犯罪的调查报告.中国检察官，(10)：21-22.

张人杰.1991.国外教育社会学基本文选.上海：华东师范大学出版社.
张瑞恺.2011."独立—衔接"型农民工社会保障模式研究——基于北京市三个区县的抽样调查.人口与经济,（1）：69-75.
张时玲.2006.农民工融入城市社会的制约因素与路径分析.特区经济,（6）：36-137.
张仕平.1999.经济型乡一城流动人口生存状况初探.人口学刊,（2）：1-34,37.
张太海,程茂金.2003.解决城镇弱势群体医疗保障问题的思路与对策.中国公共卫生,19（32）：131-132.
张涛.2007.农民工群体内部分层及其影响：以收入分层为视角——武汉市农民工思想道德调查分析报告.青年研究,（6）：30-35.
张玮.2009.城市户籍制度的地方实践.武汉：华中师范大学.
张文宏,雷开春.2008.城市新移民社会融合的结构、现状以及影响因素分析.社会学研究,（5）：117-141,244-245.
张文宏,阮丹青.1999.城乡居民的社会支持网.社会学研究,（3）：14-19,22-26.
张晓山.2011.解读苏南.读书,（6）：3-11.
张兴华.2007.农民工与城市可持续发展.经济与管理,21（10）：5-9.
张雪筠.2008.群体性排斥与部分的接纳——市民与农民工群集关系的实证分析.广西社会科学,（5）：175-178.
张英红,雷晨晖.2002.户籍制度的历史回溯与改革前瞻.湖南公安高等专科学校学报,（1）：43-47.
张友琴,李一君.2004.城市化政策与农民的主体性.厦门大学学报（哲学社会科学版）,（3）：123-128.
张志莹.2006.关于城市农民工住房问题的思考.上海住宅,（12）：30-32.
张子珩.2005.中国流动人口居住问题研究.人口学刊,（2）：16-20.
章辉美,陈强玲.2006.农民工子女义务教育公平问题探析.学术界,（6）：169-173.
赵立航.2006.和谐社会与农民工社会保障问题.社会保障制度,（1）：71-74.
赵利军.2006.农民的社区融入与社区支持研究.云南社会科学,（6）：71-75.
赵曼,刘鑫宏.2010.农民工就业与社会保障研究.北京：中国劳动与社会保障出版社.
赵蓉,李泉.2006.农民工子女教育问题探析——农民工社会保障系列.甘肃农业,（1）：62-63.
赵旭,王钢.2007.农民工的城市住房问题研究.特区经济,（8）：227-228.
赵耀辉,刘启明.1997.中国城乡迁移的历史研究：1949—1985.中国人口科学,（2）：26-35.
赵中建.1996.教育的使命——面向二十一世纪的教育宣言和行动纲领.教育科学出版社.
郑功成.2003.社会保障学——理念、制度、实践与思辨.北京：商务印书馆.
郑功成,黄黎若莲.2007.中国农民工问题与社会保护.北京：人民出版社.
郑功成.2000.社会保障学.北京：商务印书馆.
郑功成.2006.科学发展与共享和谐.北京：人民出版社.

| 参 考 文 献 |

郑杭生,洪大用.1994.重视和发展城市农民工的社会保障事业.学术交流,(5):122-128.
郑杭生,杨敏.2005.中国特色社会学理论的探索(第一卷).北京:中国人民大学出版社.
郑杭生.1987.社会学概论新编.北京:中国人民大学出版社.
郑雪,王磊.2005.中国留学生的文化认同、社会取向与主观幸福感.心理发展与教育,(1):48-54.
植村广美.2006.关于农民工儿童的学习上进心分析——与北京市当地儿童的比较.青年研究,(3):20-26.
中国农民工战略问题研究课题组.2009.中国农民工现状及其发展趋势总报告.改革,(2):5-27.
中央教科所教育发展研究部课题组.2007.中国进城务工就业农民子女义务教育研究.华中师范大学学报(人文社会科学版),46(2):129-134.
钟水映.2000.人口流动与社会经济发展.武汉:武汉大学出版社.
周大鸣.2005.渴望生存:农民工流动的人类学考察.广州:中山大学出版社.
周佳.2004a.简易学校:从自力救济走向自助安置.中国教育学刊,(8):25-28.
周佳.2004b."自助安置"与农民工子简易学校的扶持.比较教育研究,(9):53-57.
周建越,尤静芳.2007.上半年苏州政府出资加快紧缺工种培训.http://www.js.xinhuanet.com/suzhou/2007-08/27/content_ 10968083.htm〔2007-08-27〕.
周军,李广义.2004.农民工生存状况透视.农村、农业、农民,(9):44.
周凯.2010.农民工与社会主义新农村建设的矛盾分析.理论月刊,(4):168-170.
周敏.2006.美国华人社会变迁.上海:上海三联书店.
周萍.2006.把农民工在城区务工的合作医疗问题摆上议事日程.理论界,(1):28-29.
周霞.2005.回乡,还是留城?——对影响农民工理性选择的因素分析.重庆工商大学学报(社会科学版),(8):68-71.
周晓焱.2005.从农民工权益保护——谈我国社会政策的缺陷与完善.中国社会观察网http://www.lookinto.cn/article.asp?id=1949〔2005-11-15〕.
周振华,刘义程.2006.农民工子女受教育的双重困境与出路.教育探索,(3):33-34.
朱曹健.2011.2010年我市农村外出劳动力从业情况分析.http//www.sztjj.gov.cn/〔2011-02-28〕.
朱力.2002.论农民工阶层的城市适应.江海学刊,(6):82-88,206.
朱玲.2003.加快建立非正规产业医疗保险制度.中国经贸导刊,(14):22-23.
朱宇新.2005.说不清的"农民工"?.中国经济周刊,(50):46-47.
朱蕴丽,卢忠萍.2006.农民工子女教育必须走多元化均衡发展的路子.江西师范大学学报(哲学社会科学版),39(5):25-27.
住房和城乡建设部.2006.2006年全国住房公积金缴存使用情况的报告.
邹农俭.2002a.我国现阶段城市化中的若干问题.甘肃社会科学,(5):47-51.
邹农俭.2002b.论农民的非农化.社会科学战线,(1):1-7.

邹农俭. 2004. 也谈解决"三农"问题的根本途径. 中共福建省委党校学报,（2）：65-67.

Ballantine J H. 1983. The Sociology of Education. Englewood Cliffs：Prentice-Hall Inc.

Böheim R, Taylor M P. 2007. From the dark end of the street to the bright side of the road? The wage returns to migration in Britain. Labor Economics, 14（1）：99-117.

Coleman J S. 1973. Equality of opportunity and equality of result. Harvard Educational Review.

Coleman J S. 1990. Foundation of Social Theory. Cambridge：Belknap Press of Harvard University Press.

Gordon Milten M. 1964. Assimilation in American Life. New York：Oxford University Press.

GU S Z, ZHENG L Y, YI S. 2007. Problems of rural migrant workers and policies in the new period of urbanization. China Population Resources and Environment, 17（1）：1-6.

Gugler J, Flanagan W. 1978. Urbanization and Social Change in West Africa. Cambridge：Cambridge University Press.

Hockschild J L. Scovronick N. 2003. The American Dream and The Public Schools. New York：Oxford University Press.

Jordan B. 1996. A Theory of Poverty and Social Exclusion. London：Polity Press.

LU Z G, SONG S F. 2006. Rural-urban migrantion and wage determination：the case of Tianjin, China. China Economic Rewiew, 17（3）：337-345.

Martikainen P. Sipiläp, Blomgren J, et al. 2008. The effects of migration on the relationship between area socioeconomic structure and mortality. Health & Place, 14（2）：361-366.

Meighan R, Harber C. 1981. A Sociology of Educating. Holt：Rinehart and Winston Ltd.

Oppenheim C. 1998. An Inclusive Society：Strategies for Tackling Poverty. Institute for Public Policy Research.

Ravitch D. 2004. Brookings Papers on Education Policy 2002. Washington：Brookings Institution Press.

Townsend P. 1979. Poverty in the United Kingdom：A Survey of Household Resources and Standards of Living. Colifornia：University of California Press.

Tsang M C, Ding Y. 2005. Resource utilization and disparities in compulsory education in China. The China Review, 5：1-31.

Tsang M. 2002. Intergovernmental grants and the financing of compulsory education in China. HarDard China Review, 3（2）：15-20.

附　　录

外来农民工融入城市调查问卷

样本编号：_____

亲爱的朋友：

　　您好！

　　首先感谢您参加本次调查！

　　我们是苏州大学"外来农民工融入城市问题研究调研组"访问员，现基于国家社科基金重大项目"外来农民工融入城市"课题研究的需要向您征询宝贵意见。

　　本调查以不记名方式进行，并且只作学术研究之用，希望能得到您的真实情况和想法。您只需根据实际情况，将答案写在题目后的横线上即可（未注明多选的即为单选）。

　　谢谢您的配合！

课题组：苏州大学社会学系
2007 年 9 月

　　(附注："外来农民工融入城市调查问卷"包括五个部分，分别为 A 基本情况；B 城市适应状况；C 定居城市意愿状况；D 子女义务教育情况；E 医疗保障情况。报告所涉及的问卷与访谈提纲附录此处。)

A 基本情况

A1. 您的性别：_____

    1. 男

    2. 女

A2. 您的年龄：_____

    1. 18 周岁以下

    2. 18～25 周岁

    3. 26～35 周岁

    4. 36～45 周岁

    5. 45 周岁以上

A3. 您的文化程度：_____

    1. 未受教育

    2. 小学

    3. 初中

    4. 高中

    5. 中技、中专

    6. 大专

    7. 本科及以上

A4. 您现在的职业：_____

    1. 私营企业主（经理）

    2. 各类专业技术人员

    3. 单位负责人

    4. 部门负责人

    5. 办事人员

    6. 技术工种

    7. 非技术工种

    8. 其他

A5. 您现在的家庭月收入（包括各种奖金、补贴等）：_____

    1. 1000 元以下

    2. 1000～1500 元

    3. 1501～2000 元

4. 2001~2500 元

5. 2501~3000 元

6. 3001~3500 元

7. 3501~4000 元

8. 4501 元以上

A6. 您觉得自己的收入水平在当地城市中属于_____

    1. 下层

    2. 中下层

    3. 中层

    4. 中上层

    5. 上层

A7. 依您现在的收入水平，您觉得自己的经济地位在家乡属于_____

    1. 下层

    2. 中下层

    3. 中层

    4. 中上层

    5. 上层

A8. 您外出务工的动机是（可多选）_____

    1. 农村没有什么发展机会，外出有利于个人及后代发展

    2. 挣钱养家，赡养老人、供子女上学

    3. 向往城市里的生活，想成为城里人

    4. 看到村里人/亲戚朋友出来挣了钱了，也就跟着出来了

    5. 躲避在农村的麻烦与责任（债务、计划生育等）

    6. 其他

A9. 您出来务工以后，老家的责任田是怎么处理的?_____

    1. 集体收回，无地可种

    2. 租给别人种

    3. 免费让别人种

    4. 家里人种，农忙时回去帮忙

    5. 荒掉不种了

    6. 其他

A10. 您目前的婚姻状况是?_____（回答 1、3、4 的请跳过下一题继续作答）

    1. 未婚

2. 已婚

3. 离异

4. 丧偶

A11. 您的配偶是否也在同一城市务工？_____

  1. 在同一城市务工

  2. 不在同一城市务工

  3. 在老家务农

A12. 您第一次进城务工的时间是_____年_____月？

A13. 从第一次外出务工至今，在外务工时间累计_____年_____月？

A14. 至今变动工作的次数_____

  1. 零次

  2. 一次

  3. 二次

  4. 三次及以上

A15. 您现在每年从事农业劳动的时间_____

  1. 不再从事

  2. 偶尔从事（如农忙时间）

  3. 三个月至半年时间

  4. 半年以上

A16. 您的家里人对您外出务工的态度_____

  1. 支持

  2. 反对

  3. 无所谓

  4. 有反对的，也有支持的

A17. 您进城务工是否受到过当地人的排挤？_____

  1. 是

  2. 否

  3. 说不清

B 城市适应状况

B1. 您现在的住房情况是？_____

  1. 住单位集体宿舍

2. 住在老板家里

3. 自己租房住

4. 住亲戚家

5. 在城里买了自己的商品房

6. 其他

B2. 您对自己的居住状况满意吗？_____

1. 很满意

2. 满意

3. 一般

4. 不满意

5. 很不满意

B5. 如果条件许可，您愿意在现在打工的城市定居吗？_____

1. 很愿意

2. 比较愿意

3. 无所谓

4. 不太愿意

5. 很不愿意

B6. 如果搬家，您会对现在的住房小区感到留恋？_____

1. 会

2. 不会

B10. 您是否会为了赶时间，从草地上抄近路走？_____

1. 会

2. 不会

B11. 您是否有意识地去认识更多的新朋友？_____

1. 有

2. 没有

B13. 您觉得您与当地人的关系怎么样？_____

1. 很友好

2. 一般

3. 没什么关系

4. 不友好

5. 很不友好

B14. 您觉得与城里人交往最大的困难是？_____

— 181 —

1. 自己素质差，不好意思和他们交往

2. 语言不通

3. 工作忙，没有时间，没有机会

4. 自己干自己的，没有必要和他们交往

5. 城里人看不起我们，不愿意与咱交往

6. 其他

B15. 您认为个人发展最重要的因素是什么？_____

1. 个人的勤奋工作和能力

2. 运气和命运

3. 知识

4. 政府的扶助

5. 亲人和朋友的帮助

6. 其他

B17. 您认为社会机会是否公平？_____

1. 很公平

2. 比较公平

3. 一般

4. 不太公平

5. 很不公平

B18. 您希望您的子女：_____

1. 不用读书，只要会挣钱就好

2. 能读完初中就好

3. 能读完高中就好

4. 能读到大学甚至更好

B19. 您对在未来五年内改变自己的生活状况是否有信心？_____

1. 很有信心

2. 比较有信心

3. 一般

4. 不太有信心

5. 没信心

B20. 总的来说，您对您打工所在城市的归属感如何？_____

1. 很强

2. 较强

3. 一般

4. 较弱

5. 很弱

C 定居城市意愿状况

C1. 您现在的户口情况是? _____

    1. 江苏省农村户口

    2. 打工所在地城市户口

    3. 江苏省其他城市户口

    4. 外省农村户口

    5. 外省城市户口

    6. 其他

C2. 若您的户口在农村，但您在城市工作，您觉得自己还是农民吗？（选择 2 的，请回答 C4）_____

    1. 是

    2. 不是

    3. 说不清

C3. 为什么觉得自己是农民呢？_____

    1. 户口在农村

    2. 其他人都这么认为

    3. 自己确实这么认为

    4. 三者兼有之

C4. 为什么觉得自己不是农民呢？_____

    1. 大部分时间不种田就不算是农民了

    2. 在城市生活工作的就不算是农民

    3. 说不清楚

C5. 您是否担心过您及您家人将来的养老问题？_____

    1. 担心过

    2. 不担心

    3. 没考虑过

C6. 您采取了什么措施以备将来养老？（可多选）_____

    1. 未采取任何措施

2. 在老家参加了农村社会养老保险

3. 在打工的单位参加了养老保险

4. 购买了商业保险

5. 定期存钱，用来养老

6. 养儿防老

7. 其他

C7. 您对未来的打算是_____

1. 想长期留在城市安家立业

2. 做几年就回老家继续务农

3. 学门手艺或技术，回老家找个好工作

4. 回去办企业，自己当老板

5. 没想过或不知道将来怎么办

6. 其他

C8. 如果可能，您是否愿意将户口迁入现居城市？_____

1. 愿意

2. 不愿意

3. 说不清

C9. 如果户口迁入城市要求您放弃承包土地，您会选择_____

1. 即使失去土地承包权也要迁入城市

2. 放弃迁入城市的打算

3. 不确定

4. 其他

C10. 若您愿意留在城市不回农村，您的理由是什么？_____

1. 农村务农不赚钱

2. 耕地太少，在农村无事可干

3. 喜欢城市生活

4. 城市赚钱容易

5. 在城市已经建立了自己的事业

C11. 您觉得您能适应城市里的生活吗？_____

1. 能

2. 不能

附　录

D　子女义务教育情况

D1. 您有几个子女（回答选项1者D部分不用回答）＿＿＿
　　1. 零个
　　2. 一个
　　3. 二个
　　4. 三个及以上

D2. 您的孩子中，有在您打工所在地上学的吗？（回答选项2者D部分不用回答）＿＿＿＿
　　1. 有
　　2. 没有

D3. 若有孩子在您打工所在地上学，就读在什么性质的学校？
　　1. 公办重点学校
　　2. 公办普通学校
　　3. 民工子弟学校
　　4. 国有民办学校
　　5. 其他

D4. 您的孩子几岁开始上一年级？＿＿＿＿
　　1. 7周岁以下
　　2. 7～8周岁
　　3. 8～9周岁
　　4. 9周岁以上

D5. 您的孩子是否有过转学的经历？＿＿＿＿
　　1. 没有
　　2. 有（回答选项1者请跳过D6继续回答）

D6. 您的孩子有过几次转学的经历？＿＿＿＿
　　1. 一次
　　2. 二次
　　3. 三次
　　4. 四次
　　5. 四次以上

D7. 您的孩子是否有过辍学经历？＿＿＿＿

1. 没有

2. 有（回答选项 1 者请跳过 D8 继续回答）

D8. 您的孩子有过几次辍学经历？_____

　　1. 一次

　　2. 二次

　　3. 三次

　　4. 四次

　　5. 四次以上

D9. 您当时通过何种方式为孩子在打工所在地联系学校？_____

　　1. 通过亲朋好友介绍

　　2. 从媒体报刊得知

　　3. 向城市教育部门咨询

　　4. 家乡教育部门推荐

　　5. 学校主动上门

　　6. 其他

D10. 您在为孩子联系打工地的学校时，遭遇如何？_____

　　1. 遭到拒绝

　　2. 作了很多努力学校才接受

　　3. 学校非常乐意接受

　　4. 其他

D11. 您的孩子在打工地就读每学期需要多少学杂费？_____元

D12. 您的孩子在打工地上学需要交纳赞助费或借读费吗？（回答选项 1 者请跳过 D13 继续回答）_____

　　1. 不需要

　　2. 需要

D13. 您的孩子在打工地上学需要交纳多少赞助费或借读费？_____元

D14. 您的孩子在打工地学校受到过不公平待遇吗？_____

　　1. 从来没有

　　2. 偶尔

　　3. 经常

　　4. 天天发生

　　5. 不知道

D15. 您的孩子和当地的孩子相处融洽吗？_____

1. 非常不融洽

2. 不太融洽

3. 一般

4. 比较融洽

5. 非常融洽

6. 不知道

D16. 您的孩子学习成绩如何？_____

1. 非常不好

2. 不太好

3. 一般

4. 比较好

5. 非常好

D17. 您认为影响孩子成绩的主要原因是什么？_____

1. 忙于生计没时间管孩子

2. 孩子自身的原因

3. 没钱上补习班

4. 家庭贫困孩子帮忙家里

5. 学校质量不高

6. 孩子自卑影响学习

7. 其他

D18. 您的孩子课外时间主要做什么？_____

1. 做功课

2. 看电视

3. 上网

4. 参加课外兴趣小组

5. 其他

D19. 老师平时和你们沟通情况如何？_____

1. 从不沟通

2. 偶尔沟通

3. 经常沟通

D20. 您的孩子初中毕业后需要回户籍所在地读书吗？_____

1. 不需要

2. 需要

D21. 您对孩子所在的学校满意吗？（回答选项 3、4 或 5 者请跳过 D22 继续回答）_____

　　1. 非常不满意

　　2. 不太满意

　　3. 比较满意

　　4. 非常满意

　　5. 不清楚学校的状况

D22. 您对孩子的学校不满意表现在哪些方面？（可多选）_____

　　1. 学校硬件设施简陋

　　2. 学校师资力量薄弱

　　3. 学校领导与老师不关心学生

　　4. 学校收费不合理

　　5. 其他

D23. 您接受过来自政府或社会对于孩子教育的资助吗？_____

　　1. 没有

　　2. 有

D24. 您的孩子在打工地求学遇到的最大困难是什么？_____

　　1. 没有城市户籍

　　2. 费用太高

　　3. 住处附近没有学校

　　4. 受城里人的歧视

　　5. 不能在城里参加考试

　　6. 毕业后拿不到毕业证

　　7. 其他

D25. 对于孩子的教育，您最大的愿望是什么？_____

　　1. 减少入学限制

　　2. 降低收费标准

　　3. 提高学校硬件设施和师资力量

　　4. 有供农民工子女上学的专门学校

　　5. 和城里孩子享有同样的待遇

　　6. 其他

E　医疗保障情况

E1. 您认为您的健康状况如何？_____

  1. 很好

  2. 好

  3. 一般

  4. 差

  5. 很差

E2. 您在打工期间生过病吗？_____

  1. 生过

  2. 没有

  3. 不记得了

E3. 如果您生过病，生过哪种病？（可多选）_____

  1. 感冒

  2. 肠胃疾病

  3. 外伤

  4. 五官科疾病

  5. 呼吸道疾病

  6. 其他

E4. 生病时，一般您会：_____

  1. 立即上正规医院检查、治疗

  2. 去街头小医院、私人诊所、游医进行检查、治疗

  3. 自己去药店买药

  4. 能忍则忍，不能忍则拖，不到万不得已不去医院

  5. 其他

E5. 您不去看病的原因？_____

  1. 看病费用太高

  2. 自己能撑过去

  3. 没时间

  4. 其他

E6. 您打工期间因为生病而住过院吗？_____

  1. 有

2. 没有

3. 不记得了

E7. 如果您在打工期间住过院，您的住院费用是多少？_____

  1. 1000 元以内

  2. 1000～2000 元（含 2000 元）

  3. 2000～3000 元

  4. 3000 元以上

E8. 您生病后一般会选择下面哪种医疗机构就诊？_____

  1. 市医院及以上

  2. 二级医院

  3. 社区卫生机构

  4. 私人诊所

  5. 回老家治疗

  6. 其他

E9. 您选择该医疗机构的原因？_____

  1. 就医方便

  2. 价格便宜

  3. 服务态度好

  4. 对医疗质量放心

  5. 其他

E10. 如果您的住院费用超过您的经济承受能力，您会_____

  1. 借钱继续治疗

  2. 放弃治疗

  3. 向政府求助

  4. 其他

E11. 您生病时的医疗费用由谁负担？_____

  1. 全部由个人或者家庭负担

  2. 全部由单位负担

  3. 单位和个人负担

E12. 您认为哪项社会保障对您来说最重要？_____

  1. 医疗保障

  2. 养老保障

  3. 生育保障

4. 失业保障

5. 工伤保障

E13. 您是否愿意参加医疗保险？_____

    1. 愿意

    2. 不愿意

    3. 无所谓

E14. 您选择医疗保障范围？_____

    1. 保大病

    2. 保小病

    3. 两者都保

    4. 都不愿意参加

E15. 您愿意选择下面哪种医疗保障方案？_____

    1. 方案1：每月缴30元，住院医疗费报销30%左右

    2. 方案2：每月缴50元，住院医疗费报销50%左右

    3. 方案3：每月缴80元，住院医疗费报销80%左右

    4. 方案4：每月缴100元，门诊和住院医疗费报销80%左右

E16. 您愿意参加哪种医疗保险？_____

    1. 城镇基本医疗保险

    2. 农村合作医疗保险

    3. 商业保险

    4. 不参加任何医疗保险

E17. 您希望参加下列哪个地方的医疗保险？_____

    1. 打工所在城市

    2. 老家

    3. 其他

E18. 您参加医疗保险的情况？_____

    1. 城镇基本医疗保险

    2. 农村合作医疗保险

    3. 商业保险

    4. 没有参加任何保险

    5. 其他

E19. 您没有参加医疗保险的原因？_____

    1. 没有听说过

2. 不知道自己能否参加

3. 自己流动性太大，不方便参加

4. 自己身体好，没必要参加

5. 参保费用太高

6. 其他

E20. 您感觉目前的医疗费用？_____

    1 贵　　2. 比较贵　　3. 还可以，能忍受

    4. 比较便宜　　5. 很便宜　　6. 不了解

农民工医疗保障情况访谈提纲

1. 您觉得自己的身体状况如何？是否体检过？
2. 您一周工作几天，一天大概工作多长时间？
3. 您觉得您的工作对健康有影响吗？
4. 你觉得医院目前的医疗费用如何？
5. 您有没有采取什么措施以防生病后付不起医疗费？
6. 您是否参加了医疗保险？如果参加了，您参加的是哪种形式的医疗保险？如果没有参加，谈谈您没有参保的原因。
7. 能谈谈您对医疗保障的认识吗？
8. 关于医疗保障，对政府有什么期望或建议吗？

农民工居住意愿访谈提纲

1. 您为什么来城里打工/当初为什么想到要从家里出来呢？
2. 城里工作好找吗/您在城里是做什么工作的？
3. 您现在月收入多少啊？
4. 以您现在的收入，能负担得起城里的生活吗？
5. 您感觉城里怎么样啊？
6. 您现在的住房情况怎样？
7. 您想过在常州落户没有？
8. 您与当地人联系多吗？您觉得您与当地人关系怎样？
9. 您对以后有什么打算么？您对未来有何打算吗？
10. 您还打算回老家么/您将来打算一直在城里待下去吗？

| 附　录 |

农民工子女教育访谈提纲

（问家长）

1. 您的孩子现在就读于哪个学校？上几年级？
2. 您的孩子上学需要交多少钱？包括哪些方面的费用？
3. 您的孩子在学校适应情况如何？
4. 您的孩子平时和你们沟通的主要内容是什么？如果不沟通，请问原因是什么？
5. 您的孩子在学校受到过不公平对待吗？如果有，请您举例详细说明。
6. 请您谈谈您孩子所在学校的领导和老师。
7. 请您详细谈谈你的孩子目前求学有什么困难。
8. 您对您的孩子有什么样的期望？您对于您的孩子初中毕业后有什么打算？
9. 对于您孩子的教育，您对政府有什么意见和建议？

（问子女）

1. 你现在就读于哪个学校？上几年级？
2. 你上学需要交多少钱？包括哪些方面的费用？
3. 你在学校适应情况如何？
4. 你平时和父母沟通的主要内容是什么？如果不沟通，请问原因是什么？
5. 你在学校受到过不公平对待吗？如果有，请你举例详细说明。
6. 请你谈谈你学校的老师和同学，你对他们有什么特别想说的话吗？
7. 在学习上，你对自己有什么样的希望？

后　　记

本书是在国家哲学社会科学基金项目（06BSH022）"外来农民工城市融入问题研究：以苏南为例"结项报告基础上修改完成的。研究同时还受到了苏州大学 211 工程第三期项目以及教育部人文社科重点研究基地重大项目（11JJD840004）"城乡一体化背景下的人口城镇化研究"的资助。

课题组在 2007 年 9 月至 2012 年 8 月近 5 年期间，集中在苏南地区（苏州、无锡、常州）以问卷、访谈、观察等主要方法大量收集了涉及农民工城市融入问题的第一手调研资料。这里首先对接受我们调查访问过的近 5000 名城市"新工人"表示衷心的感谢！

此外，课题组调研活动之所以能顺利进行，同样离不开大力协助我们开展调研活动的苏南三市相关政府部门，它们是：苏州市人口和计划生育委员会、无锡市滨湖区人口和计划生育局、常州市武进区人口和计划生育局、太仓市工商局。

由于调研工作跨度数年，资料的收集和整理工作任务艰苦，因此也十分感谢课题组成员们的辛苦付出！我的研究生：曹莹、李晖娟、杨华、王荷、王亚娟、张丽娜；苏州大学 MSW 专业研究生胡月华、杨玉；苏州大学社会学专业本科生唐荷玉、姚烨——感谢他（她）们陪同我一起深入调研地倾听城市外来务工者的心声与渴望，共同感受被访对象城市生活的挣扎、努力与向往；感谢他（她）们对课题研究设计的理解与支持，这样我们才能通过密切地团队合作而凝结成这份研究成果。

在研究过程中，课题组参考了大量国内外文献，借鉴了诸多专家、学者的研究结果，在此也向他们表示感谢。尽管倾注了大量的精力和时间完成了这本专著，但疏漏难免，恳请读者指正与批评。

高　峰
2013 年 4 月